清 史 論 集

(九)

莊 吉 發 著

文 史 哲 學 集 成

文史哲出版社印行

國家圖書館出版品預行編目資料

清史論集 / 莊吉發著. -- 初版. -- 臺北市：文史哲，
民 86 -
　　冊；　公分. -- (文史哲學集成；388-)
　　含參考書目
　　ISBN 957-549-110-6(第一冊：平裝).--ISBN957-549-
111-4(第二冊).--ISBN957-549-166-1 (第三冊).—ISBN 957-
549-271-4 (第四冊).-- ISBN957-549-272-2(第五冊).--ISBN
957-549-325-7 (第六冊).--ISBN957-549-326-5 (第七冊).--
ISBN 957-549-331-1(第八冊).--ISBN957-549-421-0(第九冊)
.--ISBN957-549-422-9(第十冊).--ISBN957-549-512-8(第十一
冊).-- ISBN 957-549-513-6(第十二冊).--ISBN957-549-551-9
(第十三冊).--ISBN957-549-576-4(第十四冊)-- ISBN957-549-
605-1(第十五冊).-- ISBN957-549- 671-x (第十六冊) ISBN 978-
957-549-725-5(第十七冊).--ISBN978-957-549-785-9(第十八
冊) ISBN978-957-549-786-6 (第十九冊：平裝)

1.中國 - 歷史 – 清(1644-1912) – 論文，講詞等

627.007　　　　　　　　　　　　　　　　86015915

文史哲學集成　　550

清 史 論 集 (九)

著　　　者：莊　　　　　吉　　　　　發
出 版 者：文　史　哲　出　版　社
http://www.lapen.com.tw
登記證字號：行政院新聞局版臺業字五三三七號
發 行 人：彭　　　　正　　　　雄
發 行 所：文　史　哲　出　版　社
印 刷 者：文　史　哲　出　版　社
臺北市羅斯福路一段七十二巷四號
郵政劃撥帳號：一六一八〇一七五
電話 886-2-23511028 · 傳真 886-2-23965656

實價新臺幣四五〇元

中華民國九十七年（2008）五月初版

ISBN 978-957-549-786-6

清　史　論　集

(九)

目　次

清史論集
出版說明

　　我國歷代以來，就是一個多民族的國家，各民族的社會、經濟及文化方面，雖然存在著多樣性及差異性的特徵，但各兄弟民族對我國歷史文化的締造，都有直接或間接的貢獻。滿族以非漢部族入主中原，建立清朝，參漢酌金，一方面接受儒家傳統的政治理念，一方面又具有滿族特有的統治方式，在多民族統一國家發展過程中有其重要的地位。在清朝長期的統治下，邊疆與內地逐漸打成一片，文治武功之盛，不僅堪與漢唐相比，同時在我國傳統社會、政治、經濟、文化的發展過程中亦處於承先啓後的發展階段。蕭一山先生著《清代通史》敘例中已指出原書所述，爲清代社會的變遷，而非愛新一朝的興亡。換言之，所述爲清國史，亦即清代的中國史，而非清室史。同書導言分析清朝享國長久的原因時，歸納爲二方面：一方面是君主多賢明；一方面是政策獲成功。《清史稿》十二朝本紀論贊，尤多溢美之辭。清朝政權被推翻以後，政治上的禁忌，雖然已經解除，但是反滿的清緒，仍然十分高昂，應否爲清人修史，成爲爭論的焦點。清朝政府的功過及是非論斷，人言嘖嘖。然而一朝掌故，文獻足徵，可爲後世殷鑒，筆則筆，削則削，不可從闕，亦即孔子作《春秋》之意。孟森先生著《清代史》指出，「近日淺學之士，承革命時期之態度，對清或作仇敵之詞，既認爲仇敵，即無代爲修史之任務。若已認爲應代修史，即認爲現代所繼承之前代。尊重現代，

必不厭薄於所繼承之前代,而後覺承統之有自。清一代武功文治、幅員人材,皆有可觀。明初代元,以胡俗為厭,天下既定,即表章元世祖之治,惜其子孫不能遵守。後代於前代,評量政治之得失以為法戒,乃所以為史學。革命時之鼓煽種族以作敵愾之氣,乃軍族之事,非學問之事也。故史學上之清史,自當占中國累朝史中較盛之一朝,不應故為貶抑,自失學者態度。」錢穆先生著《國史大綱》亦稱,我國為世界上歷史體裁最完備的國家,悠久、無間斷、詳密,就是我國歷史的三大特點。我國歷史所包地域最廣大,所含民族份子最複雜。因此,益形成其繁富。有清一代,能統一國土,能治理人民,能行使政權,能綿歷年歲,其文治武功,幅員人材,既有可觀,清代歷史確實有其地位,貶抑清代史,無異自形縮短中國歷史。《清史稿》的既修而復禁,反映清代史是非論定的紛歧。

　　歷史學並非單純史料的堆砌,也不僅是史事的整理。史學研究者和檔案工作者,都應當儘可能重視理論研究,但不能以論代史,無視原始檔案資料的存在,不尊重客觀的歷史事實。治古史之難,難於在會通,主要原因就是由於文獻不足;治清史之難,難在審辨,主要原因就是由於史料氾濫。有清一代,史料浩如煙海,私家收藏,固不待論,即官方歷史檔案,可謂汗牛充棟。近人討論纂修清代史,曾鑒於清史範圍既廣,其材料尤夥,若用紀、志、表、傳舊體裁,則卷帙必多,重見牴牾之病,勢必難免,而事蹟反不能備載,於是主張採用通史體裁,以期達到文省事增之目的。但是一方面由於海峽兩岸現藏清代滿漢文檔案資料,數量龐大,整理公佈,尚需時日;一方面由於清史專題研究,在質量上仍不夠深入。因此,纂修大型清代通史的條件,還不十分具備。近年以來因出席國際學術研討會,所發表的論文,

多涉及清代的歷史人物、文獻檔案、滿洲語文、宗教信仰、族群
關係、人口流動、地方吏治等範圍，俱屬專題研究，題爲《清史
論集》。雖然只是清史的片羽鱗爪，缺乏系統，不能成一家之
言。然而每篇都充分利用原始資料，尊重客觀的歷史事實，認眞
撰寫，不作空論。所愧的是學養不足，研究仍不夠深入，錯謬疏
漏，在所難免，尚祈讀者不吝教正。

　　　　　　　　　二〇〇八年六月　莊吉發

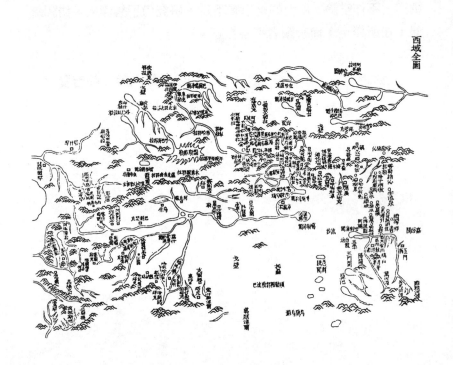

西域示意圖《欽定皇輿西域圖志》

天高皇帝遠——清朝西陲的邊臣疆吏

一、前　言

　　清朝西陲，大致可以劃分爲三個區塊：滇黔、新疆、西藏。這三個邊陲的民族關係，邊區與內地及相鄰國家的關係，錯綜複雜。把西陲的疆臣邊吏作爲社會關係的總和起來考察，是一個最基本的方法。處於同一個時代及社會關係中，邊臣疆吏有大致相同的經歷，但同時也不能忽視邊臣疆吏的個性傾向。有的邊臣疆吏憂患意識濃厚，而獻身於遐方絕域；有的邊臣疆吏任性乖張，而縱酒於朔漠異域；有的邊臣疆吏粉飾太平，而苟安於崇嶺秘境。不同個性的邊臣疆吏，對邊陲地區的經營治理，君臣互動關係，以及邊臣疆吏在貫徹中央政府的邊疆政策過程中所產生的輔助作用，常常彼此不同。因此，在邊疆歷史舞臺上，有的邊臣疆吏扮演了喜劇的角色：有的邊臣疆吏扮演了悲劇角色。

　　清朝初年，由於雲南、貴州的歷史背景較特殊，邊疆危機較嚴重，當三藩之變平定後，康熙皇帝即諭令免除雲南、貴州等省的苛捐雜稅，與民休息。爲了因應雲南、貴州的積極整理，雍正皇帝對雲貴總督的任命，都經過精挑細選。從現藏《宮中檔》硃批奏摺的記載，有助於了解高其倬、鄂爾泰等人在雲南總督任內的治績，貫徹中央政策的過程，君臣一體內外夾輔的互動關係，高其倬、鄂爾泰是邊臣疆吏的楷模。考察雍正年間的邊臣疆吏，高其倬、鄂爾泰是典型的邊臣疆吏。

　　天山南北路，東捍長城，北蔽蒙古，南通衛藏，西倚蔥嶺，

是關隴地區的屏藩。清初以來，天山北路的準噶爾倚藉俄羅斯的
勢力，積極向東發展，清朝西北邊患，日益嚴重，康熙皇帝御駕
親征，未能直搗巢穴。雍正皇帝籌備多年，和通泊一役，全軍覆
沒。乾隆年間，清軍長驅深入，犁庭掃穴，將天山南北路收入清
朝版圖，由巴里坤以西直抵伊犁，派兵屯田，攜眷駐防，同時設
置伊犁將軍，這種類似「移民實邊」的駐防屯田政策，有利於西
北邊防的鞏固。伊犁將軍明瑞、阿桂等人的周詳規畫，功不可
沒。從現藏《上諭檔》所載諭旨、供詞等資料，也可以反映邊臣
疆吏天高皇帝遠的個性。

　　西藏是青海、四川、雲南的屏藩，在清朝國防上處於重要的
地位。清初以來，屢平藏亂，西藏久隸職方，雍正年間，正式設
置駐藏辦事大臣。乾隆年間，廓爾喀兩次入侵後藏。清軍擊退廓
爾喀，乘軍事勝利餘威，提高駐藏辦事大臣的地位與權力。從現
藏《宮中檔》硃批奏摺，《軍機處檔‧月摺包》供詞、呈文，有
助於了解道光年間駐藏辦事大臣琦善奏報內容，多有捏飾，虛應
故事，粉飾太平，天高皇帝遠，而苟安於藏地秘境。雍正年間的
雲貴總督，乾隆年間的伊犁將軍，道光年間的駐藏辦事大臣，反
映了三個時期西陲邊臣疆吏的不同實踐過程。

二、雍正年間的雲貴總督－以高其倬、鄂爾泰爲中心

　　探討雍正年間的邊臣疆吏，把焦點放在雲貴地區，有其歷史
背景。順治年間（1644-1661），南明桂王永曆帝即位於廣東肇
慶。清軍南下，桂王走廣西。平西王吳三桂自四川，洪承疇出湖
南，都統趙布泰由廣西，三路進攻明軍，桂王由雲南騰越走緬
甸。南方軍事告藏後，平西王吳三桂鎮守雲南，兵力強盛。康熙
年間（1662-1722），三藩之變，平西王吳三桂即以雲貴等省爲

根據地，起兵反清。清初以來，由於雲南、貴州的歷史背景較特殊，滿漢矛盾較尖銳化，漢族避難人口大量進入雲貴地區，當三藩之變平定之後，康熙皇帝即諭令免除雲南、貴州等省的苛捐雜稅，與民休息。

雍正年間（1723-1735），在諸王大臣中，內有怡親王胤祥，外有高其倬、鄂爾泰等人，內外夾輔。為了因應雲南、貴州等省的治理，雍正皇帝對雲南、貴州兩省督撫的任命，都經過斟酌妥當，精挑細選，補授賢臣。為了便於說明，先將雍正年間歷任雲貴總督列出簡表於下：

雍正年間（1723-1735）雲貴總督年表

年　　分	雲貴總督		雲貴廣西總督	
	姓名	記　　事	姓名	記　　事
元年（1723）	高其倬			
二年（1724）	高其倬			
三年（1725）	高其倬	十月初四日，調浙閩總督。		
	伊都立	十月初四日，由署山西巡撫陞。十月二十六日，調山西總督。		
	楊名時	十月二十六日，由雲南巡撫陞，仍管雲南巡撫事務。		
	鄂爾泰	十月二十六日，由廣西巡撫調雲南巡撫，管雲貴總督事務。		
四年（1726）	楊名時	七月二十一日，陞吏部尚書，仍留巡撫任。		
	鄂爾泰	十月二十六日，實授雲貴總督，加兵部尚書銜。		

五年（1727）	鄂爾泰			
六年（1728）	鄂爾泰		鄂爾泰	十月初十日，奉命總督雲貴廣西三省。
七年（1729）			鄂爾泰	
八年（1730）			鄂爾泰	
九年（1731）			鄂爾泰	七月初六日，進京陛見。
			高其倬	七月初六日，以兩江總督署雲貴廣西總督。
十年（1732）			高其倬	
十一年（1733）			高其倬	正月初十日，調兩江總督。
			尹繼善	正月初十日，自署兩江總督調雲貴廣西總督。
十二年（1734）	尹繼善	十二月十二日，以用兵事峻，仍改爲雲貴總督，廣西省就近仍歸廣東總督統轄。	尹繼善	
十三年（1735）	尹繼善			

資料來源：《清史稿校註・疆臣年表一》；《清世宗憲皇帝實錄》。

　　由前列簡表可知雍正年間高其倬、尹都立、楊名時、鄂爾泰等人先後補授雲貴總督。雍正六年（1728）十月初十日，雲貴總督奉命兼轄廣西，改稱雲貴廣西總督。鄂爾泰、高其倬、尹繼善先後補授雲貴廣西總督。雍正十二年（1734）十二月十二日，以用兵事峻，恢復雲貴總督舊制，廣西省就近仍歸廣東總督統轄。

　　高其倬（1676-1738），漢軍鑲黃旗人。康熙三十三年（1694），進士。曾兼佐領，五遷至內閣學士。康熙五十九年

（1720），補授廣西巡撫，親往招撫叛苗。康熙六十一年（1722）十一月，雍正皇帝即位後，擢高其倬為雲貴總督。青海羅卜臧丹津叛亂，入侵西藏，高其倬檄諸將自中甸進駐察木多。雍正二年（1724），清軍平定青海，中甸喇嘛率眾納土請降，雍正皇帝褒獎高其倬籌畫周詳，料理妥當。高其倬具摺奏陳開墾馬廠，以濟兵食。原摺奉硃批：「周詳之極，可嘉之至，如此方是封疆大臣也！①。」籌畫周詳是疆臣邊吏的職責。高其倬奏聞開墾中甸田地，原摺奉硃批：「用心籌畫料理，可嘉之至，但此事可與年羹堯商酌。今西海已定，藏兵議徹[撤]，中甸一帶，若歸內地，此事妙不可言矣；若不歸內地，仍駐兵彈壓，亦甚好事。但外地不宜留兵，若將來兵馬全回之時，恐此事空舉，可商酌定時，汝二人合同議奏②。」平定青海，善後措施，經高其倬用心料理，深合聖意。

外任臣工，定期請安，是君臣倫理，從請安奏摺，可以反映雍正皇帝和高其倬的君臣關係。雍正元年（1723）十二月二十日，高其倬具摺請安。原摺奉硃批：「朕安，你好麼？新正新禧，伏賴天地神明之賜佑，願爾兩省風調雨順，兵民樂業，一切平安如意也③。」雍正二年（1724）六月二十九日，高其倬具摺請安，原摺奉硃批：「朕躬甚安，都中內外平靜，你好麼？今歲上蒼垂佑，直省等秋成可書大有，此皆仰賴皇考在天之靈，慈護之所致，朕實感喜不盡，惟有朝乾夕惕，與諸臣共勉敬畏二字耳，特諭，賜你眼鏡兩個，不知可對眼否④？」同年十二月二十二日，高其倬具摺請安，原摺奉硃批：「朕安，你好麼？卿之可嘉，朕實諭不盡，誠所謂求忠臣於孝子也，朕視卿實日重一日也⑤。」雍正皇帝以忠臣孝子嘉勉高其倬，對待高其倬日重一日。

雍正二年（1724），高其倬年四十九歲，每當燈下寫字，即

眼苦昏翳。同年九月十九日，高其倬接捧御賜眼鏡二個，使高其
倬遂覺「光明頓復」。高其倬與雍正皇帝（1678-1735）年歲相
近，高其倬曾奏請陛見。雍正皇帝批諭時指出，「便來陛見，並
無可喻，道路甚遠，地方責任重大，無益往來何必，我君臣年
紀，相見有日⑥。」高其倬在雲貴總督任內，諸事料理妥當，俱
合聖意，屢蒙嘉勉，所以「便來陛見，亦無可喻。」

　　邊陲路遠，封疆大吏，凡事都不能欺隱，君臣一體，一心一
德，始能形成政治生命共同體。高其倬具摺時坦承凡事「不敢稍
隱，僅據實奏聞。」雍正皇帝針對「據實」二字批諭說：「朕生
平只喜此二字⑦。」據實無隱是雍正皇帝對疆臣邊吏的基本要
求。雍正皇帝認爲，「爾等封疆大臣能體朕之委曲，件件據實入
告不肯掩厳〔蔽〕朕之耳目，則與吏治民生大有裨益也。但君父
之前那得出眞來絲毫不隱，亦是難事，非常人之所能也，勉爲
之，朕實嘉喜之至⑧。」

　　高其倬獲得雍正皇帝的知遇，畀以雲南、貴州兩省重任，又
屢奉聖旨褒獎，主要是由於高其倬具備了擔任邊臣疆吏的條件。
雍正皇帝披覽奏摺後指出，「覽此奏，足見忠君愛國之心，朕實
嘉之⑨。」高其倬治理苗疆，謹愼周密，不敢輕忽。雍正皇帝批
諭說：「知道了，你辦事，朕是放心⑩。」高其倬在雲貴總督任
內，悉心盡力，所以雍正皇帝可以放心。「總之，內外上下不必
存一點忌諱之心，凡事務無隱爲要，如此內外一體，上下一心，
何愁吏治民生不能盡善也⑪。」當雲南巡撫鄂爾泰具摺謝恩時，
原摺奉硃批云：「朕又得高其倬一人矣，可嘉之至，朕惟以手加
額，爾等福壽綿長，永永輔弼朕躬，以利養生也。汝二人實朕之
寶棟樑之器，高其倬朕視較汝還優。朕原許你第一大臣，今日要
許你第二人也，朕實慶幸之至⑫。」封疆大吏貴能「輔弼朕

躬」，同時具備國家棟樑之材。雍正皇帝對高其倬的嘉許，並非溢美之詞。

高其倬、鄂爾泰堪稱雍正朝邊臣疆吏的楷模。鄂爾泰（1680-1745），滿洲鑲藍旗人，他自幼兼習滿漢文。康熙三十八年（1699），中舉。四十二年（1703），襲佐領，授三等侍衛。五十五年（1716），遷內務府員外郎。雍正元年（1723）三月二十二日，擢江南江蘇布政使。三年（1725）八月二十五日，補授廣西巡撫。同年十二月二十六日，調雲南巡撫，管雲貴總督事務。四年（1725）十月二十六日，實授雲貴總督，加兵部尚書銜。

鄂爾泰因受雍正皇帝非常知遇，所以能由員外郎在四年之內超擢巡撫、總督。雍正皇帝不輕許人，惟獨對高其倬、鄂爾泰的嘉許，遠逾其他臣工。雍正皇帝對鄂爾泰更是深信不疑。雍正皇帝批諭時指出，「朕有時自信，不如信鄂爾泰之專。」鄂爾泰在江蘇布政使任內，無時不以「報君恩，盡臣職」為念，移風易俗，整頓吏治，不遺餘力。當署理浙江布政使佟吉圖途經江蘇時，曾向鄂爾泰口宣諭旨稱：「鄂爾泰自到江蘇，聲名甚好，毫不負朕恩，是天下第一布政。」鄂爾泰補授雲南巡撫管雲貴總督事務後具摺謝恩，原摺奉硃批：「覽奏，朕甚為欣慰，新正大禧，諸凡平安如意也。朕與卿一種君臣相得之情，實不比泛泛，乃無量劫善緣之所致，期共勉之⑬。」鄂爾泰無時不以報雍正皇帝知遇之恩為念。雍正四年（1726）二月二十四日，鄂爾泰具摺覆奏稱：「自顧鈍根，實何修而得此，若不勉力精進，稍有墮落，現在不作善因，未來定受孽果，既不敢亦不忍，惟願生生世世依我慈父，了臣一大事，以求多福而已⑭。」

鄂爾泰與雍正皇帝年歲相近，但他事君如父。雍正皇帝關愛鄂爾泰，遠勝己子。鄂爾泰曾具奏，「臣之一身疾痛，疴癢呼吸

之間，上關聖慮。」雍正四年（1726）五月二十五日，鄂爾泰具
摺奏陳圖報聖恩，原摺奉硃批云：「聞你總不惜力養精神，朕實
憂而憐之，若如此則爲不知朕，負朕也。似爾如此大臣，朕之關
心若不勝朕頑劣之子，天地神明共鑒⑮。」雍正四年（1726）十
月初二日，雲南府知府袁安煜到任，口傳諭旨云：「你到雲南下
旨與總督鄂爾泰，聞得他些許小事，每辦到二、三更天，若是勞
壞了時，不是欲報朕恩，反爲負朕矣。嗣後但辦大事，斷不可如
此⑯。」鄂爾泰具摺奏稱：「臣之受恩至矣，盡矣，內外臣工無
有如臣者。」鄂爾泰凜遵慈訓，加意調攝，並奏請雍正皇帝稍就
暇豫，勿過於任勞。雍正皇帝日理萬幾，立志以勤先天下，外任
臣工奏摺晚間批諭者十居八、九。鄂爾泰捧讀硃批，每當讀至
「又係燈下字，墮日批覽」等語時，即氣咽涕垂，無以自處。直
省外任大臣入京陛辭時，雍正皇帝不忍別至於落淚者，只有鄂爾
泰一人，君臣之情如同手足腹心。

　　雍正年間，怡親王胤祥、雲貴總督高其倬、鄂爾泰三人，都
是輔弼雍正皇帝的股肱心腹，內外合作無間，爲清朝經營雲貴苗
疆創造了最有力的條件。其中最值得大書特寫的，就是改土歸流
的措施。順治、康熙年間，雖然已在雲南、四川、貴州等邊境省
分開始改土歸流，但當時仍以綏撫爲主。到了雍正初年才大規模
進行改土歸流，高其倬勤撫兼行。鄂爾泰接任雲貴總督後日夜籌
思，雷厲風行。

　　明清時期，在雲貴少數民族分佈地區，因其社會經濟發展的
不平衡，在政治形態方面大體同時存在著三種不同類型：第一類
是流官統治的地區，其各項制度，與內地州縣基本相同；第二類
是土司流治的地區，由朝廷授給當地部族首領各種官職，例如土
府、土州、土縣、或宣慰司、宣撫司、招討司、安撫司、長官司

等名目，准其世襲，並實行與內地不同的各種制度，包括各少數民族的習慣法等苗疆條例；第三類是既未派駐流官，亦未設置土司的所謂生界部落，或稱生苗部落，各部落對朝廷並無納貢、輸賦、供征調的義務⑰。據統計，清初以來，在西南沿邊省分曾經存在過的土司，大約有八百多個，主要分佈於雲南、貴州、四川、湖廣、廣西等省。土司制度是一種特殊的地方政權形式，具有濃厚的割據性，土司勢力不斷發展，邊患日益嚴重。雍正四年（1726）九月十九日，鄂爾泰具摺奏稱：

> 苗猓逞兇，皆由土司，土司肆虐，並無官法，恃有土官土目之名，行其相殺相劫之計，漢民被其摧殘，職任封疆，日夜籌思，若不盡改土歸流，將富強橫暴者漸次擒拿，懦弱昏庸者漸次改置，縱使田賦兵刑，盡心料理，大端終無頭緒。稍有瞻顧，必不敢行，稍有懈怠，必不能行，不敢與不能之心，必致負君而累官民，故以臣愚昧，統計滇黔，必以此為第一要務。然改歸之法，計擒為上策，兵勦為下策；令自投獻為上策，勒令投獻為下策⑱。

改土歸流的進行，是以計擒，或令土司自行投獻為上策。改土歸流以後，地方田賦兵刑，始有頭緒。雲南布政使常德具摺時亦指出，「雲貴遠處邊徼，幅員遼闊，除石山陡崖以外，非盡不毛之地，若能因時制宜，近者種秔稻，高陸者藝菽粟，莫非膏腴沃壤。總緣流官管轄者十之三、四，土司管轄者十之六、七，土司不識調劑，彝人不知稼穡，俗語雷鳴田，遇雨則耕，無雨則棄，坐守其困⑲。」土司佔據土地，禁止開墾，以致地荒民窮。

雍正年間，在雲南、貴州等省廣大的苗疆地區，大規模進行改土歸流。據統計，當時被改流的土司、土縣和長官司以上，共計六十多個⑳。改土歸流後，原來被土司佔有的可耕地，准許貧

民開墾，並減輕農人的賦稅負擔，有利於生產的發展。「改土歸流」一詞，滿文讀如 ʺaiman i hafan be halafi, irgen i hafan obumbiʺ，意即「改土官為民官」。改土歸流後，土司苗疆，與內地無異，於是更換世襲的少數民族土官，而任命內地民官治理。改土歸流的結果，使邊疆逐漸內地化，在原來苗疆地區實行和內地各省一致的制度及措施，廢除土司制度，改設府廳、州縣，委任內地民官進行統治，變間接統治為直接統治，設立保甲、編查戶口、丈量土地、清理錢糧、治河修路、建立學校。改土歸流後，苗疆既成內地，於是提供內地漢人落地生根的廣大空間，內地過剩人口，攜家帶眷地湧入苗疆，開山力作，搭廠墾荒，具有移民實邊的意義，對鞏固邊防，也產生了重大的作用。高其倬、鄂爾泰等邊臣疆吏的視角是值得肯定的。

　　高其倬、鄂爾泰都是旗人，也都曾兼佐領，具有帶兵經歷。楊名時（1661-1736），江南江陰人，康熙三十年（1691），進士，為李光地所器重。五十九年（1720），由貴州布政使擢雲南巡撫。清軍征西藏，楊名時留駐雲南，頗能約束兵丁。雍正三年（1725）十月二十六日，擢雲貴總督，仍管雲南巡撫事務。因楊名時熟諳地方事務，所以繼伊都立補授雲貴總督。但是，由於雍正皇帝對漢人的防範，楊名時與雍正皇帝的互動關係，並不密切。楊名時在雲南巡撫任內由雲貴總督高其倬具摺代繳硃批奏摺，原摺奉硃批：「知道了，楊名時前日之題奏，朕看來只知有身而不知君之人[21]。」奏摺制度是一種密奏制度，各報各的，彼此不能相商。巡撫奏摺由總督代繳，其例罕見。從奏摺數量的多寡，也可以反映君臣互動關係的密切與否？檢查《宮中檔》中高其倬、楊名時、鄂爾泰三人在雲貴督撫任內的奏摺可列出簡表如下。

雍正元年至五年雲貴督撫奏摺件數比較表
（1723-1727）

年分	高其倬	楊名時	鄂爾泰
元年（1723）	28	17	
二年（1724）	52	17	
三年（1725）	58	1	1
四年（1726）		18	52
五年（1727）		12	60
合　　計	138	65	113

資料來源：臺北故宮博物院出版《宮中檔雍正朝奏摺》，1977-1978年。

　　由前列簡表可知雍正元年至三年（1723-1725），現存高其倬奏摺共計 138 件，年平均 46 件。從元年至五年（1723-1727），現存楊名時奏摺共計65件，年平均13件。從四年至五年（1726-1727），現存鄂爾泰奏摺共計112件，年平均56件。以年平均百分比來考察，高其倬奏摺占百分之四十；楊名時奏摺占百分之十一；鄂爾泰奏摺占百分之四十九。楊名時奏摺所占比例偏低，反映楊名時與雍正皇帝的互動關係，並不密切。雍正四年（1726）十二月初二日，楊名時收到御書《魏徵十思疏》一卷。十二月十八日，楊名時具摺謝恩。原摺奉硃批：「看你至於文字奏對，更覺精神吏治，乃一篇大文章。若徒務此空文章，毫無益於世道民生，恐非聖門中人物，為名教中罪類也，慎之，戒之，失之毫釐，則差千里矣，可不可畏乎㉒。」雍正五年（1727）十月初八日，鄂爾泰具摺奏明雲南省籌畫養廉事宜，原摺硃批提及楊名時云：「此亦楊名時沽名釣譽之舉，不管可行與否，暫沽一時之名，而又縱容屬員，設法取巧，而又置之不聞，又取悅與屬員，成其寬厚，毫無實心惠民利官之意，大巧大詐之

作用耳㉓！」楊名時雖聲望頗高，是漢人中的領袖，又熟諳地方
事務，但雍正皇帝認爲楊名時沽名釣譽，有臣無君，徒尙空文，
大巧大詐。雍正皇帝對楊名時的不悅，躍然紙上。同年十一月初
十日，雲南巡撫朱綱題參楊名時狥隱廢弛，藩庫不清。《清史
稿》記載，雍正四年（1726），楊名時由兵部尙書轉吏部尙書，
仍以雲貴總督管雲南巡撫。楊名時具題時，誤將密諭載入，被雍
正皇帝嚴責。朱綱題參楊名時後，諭鄂爾泰嚴訊。楊名時自承沽
名邀譽，不敢巧詐，部議以楊名時始終掩護，朦朧引咎，無人臣
事君體，坐狹詐欺公，當斬。奉旨寬免，命侍郎黃炳會同朱綱按
治。黃炳等主張刑訊，鄂爾泰堅持不可，僅坐楊名時得鹽銀規八
萬兩，除捐補銀廠缺課外，追銀五萬八千餘兩㉔。楊名時出身漢
人，又不得君心，君臣之間缺乏良好的互動關係，雍正皇帝並未
以楊名時爲股肱心腹，註定了楊名時悲劇的命運。

三、乾隆年間的伊犁將軍——以奎林爲中心

　　準噶爾在天山北路，回部在天山南路，天山南北路可以遮罩
關隴。明清之際，正值俄羅斯積極東進之時，清軍進討準噶爾，
實含有遏阻俄羅斯東進的意義。乾隆皇帝的本意，原欲俟蕩平準
噶爾後，即分封四汗，恢復四衛拉特舊規，令其各守疆界，以屏
藩清室。因準噶爾汗阿睦爾撒納降而復叛，遂導致清軍第二次用
兵，直搗伊犁。乾隆皇帝亦嘆稱，「此或上天將以全部衛拉特賜
我國家耳。」被清軍征服的四衛拉特，對清朝而言，可以說是
「天上掉下來的禮物」。準噶爾既盡入清朝版圖，乾隆皇帝即明
降諭旨，將準噶爾星辰分野，日月出入，晝夜節氣，載入時憲
書，頒賜正朔，其山川道里，亦載入《皇輿全圖》，以昭中外一
統之盛。北京東堂天主教傳教士天文學者傅作霖（Felix da Ro-

cha）、欽天監監正高慎思（Joseph d'Espinhs）等遵旨前往伊犁，測量其北極高度，東西偏度，各地形勝，繪圖呈覽。

清軍既定準噶爾，隨即派兵屯田，以期盡地利，而足兵食，並使遠竄的厄魯特人無從退回復踞故地。陝甘總督黃廷桂奏請由巴里坤以西，烏魯木齊、瑪納斯等處，以次建堡屯田，派兵駐防，由近及遠，漸次舉辦，直達伊犁。因厄魯特人不習耕作，而以綠旗兵丁及維吾爾人從事屯糧。駐防屯兵，准其攜眷前往，分地墾種，各安其業，生聚畜牧，以期邊陲可以漸成內地。

伊犁將軍的設置，始自乾隆二十七年（1762），以明瑞為首任伊犁將軍。其後阿桂、伊勒圖、永貴、增海、舒赫德、明亮、奎林、保寧、永鐸、永保等人先後為伊犁將軍。明瑞是富察氏，滿洲鑲黃旗人。乾隆十四年（1749），明瑞由官學生承襲世爵，授三等侍衛。二十一年（1756）五月，赴西路軍營，在領隊大臣上行走。乾隆皇帝以其奮勇行陣，授副都統。二十四年（1759）三月，授參贊大臣。同年五月，隨將軍兆惠，進討回部。二十六年（1761）五月，授正白旗漢軍都統。二十七年（1762）十月十六日，授伊犁將軍。明瑞在伊犁將軍任內，對駐兵、屯田、設卡倫、添設理事同知等項，籌畫周詳。

阿桂（1717-1797），章佳氏，滿洲正藍旗人。乾隆三年（1738），中式舉人。十三年（1748），隨兵部尚書班第赴金川軍營辦事。二十年（1755）六月，清軍進討準噶爾，阿桂奉命駐烏里雅蘇台辦理台站。二十一年（1756）九月，授參贊大臣。二十四年（1759），隨同副將軍富德剿辦回部。阿桂在伊犁遵旨專辦耕作營造，其規畫俱稱旨。阿桂奏陳伊犁河以南海努克地方，水土沃衍，請於此處先行屯種。乾隆皇帝以阿桂所辦甚是，果能實心奮勉，則屯田一事，當錄阿桂經始之功[25]。伊犁屯田，阿桂

確實有「經始之功」。二十八年（1763）六月，以阿桂在軍營殊為出力，在伊犁辦事，俱甚妥協，加恩抬入上三旗，隸滿洲正白旗。同年七月，調正紅旗滿洲都統。二十九年（1764）三月，署伊犁將軍。三十二年（1767）三月初六日，實授伊犁將軍。三十三年（1768）二月二十八日，阿桂授征緬副將軍，滿洲正白旗人伊勒圖，以喀什噶爾辦事大臣署伊犁將軍。同年十月二十九日，伊勒圖回京守制，命滿洲正白旗人永貴署伊犁將軍。三十四年（1769）十月初七日，永貴免，命滿洲正藍旗人宗室增海署伊犁將軍。同年十二月初三日，宗室增海回福州將軍本任，授伊勒圖為伊犁將軍。三十六年（1771）七月初九日，命伊勒圖往烏什辦事，授滿洲正白旗人舒赫德為伊犁將軍。三十八年（1773）七月初一日，召舒赫德回京，命伊勒圖為伊犁將軍。

乾隆五十年（1785）七月初十日，伊勒圖卒。同年七月二十八日，滿洲鑲黃旗人奎林自烏魯木齊都統調伊犁將軍。五十二年（1787）十一月二十二日，奎林革職，遞解入京，授蒙古正白旗人保寧為伊犁將軍。

奎林（？-1792），富察氏，滿洲鑲黃旗人，一等承恩公富文之子，明瑞弟。奎林由拜唐阿（baitangga）承襲雲騎尉，乾隆三十三年（1768）正月襲公爵。同年五月，授御前侍衛。六月，兼鑲白旗護軍統領，管理健銳營。三十七年（1772）十二月，授領隊大臣，隨副將軍阿桂征金川。四十五年（1780）三月，授烏魯木齊都統。四十六年（1781）七月，授烏里雅蘇台將軍。五十年（1785）七月二十八日，授伊犁將軍。奎林為人倨傲嗜酒，性情躁急，行事乖張，他在伊犁將軍任內，曾遭參奏，以致革職拏問。

《清國史·奎林列傳》記載乾隆五十二年（1787）十月，參

贊大臣海祿奏劾奎林，包括：任性乖張；毀棄佛像；辱罵職官；非刑致斃罪人；得受遣犯銀兩；於哈薩克市易羊隻，採買布疋，濫受餘價銀兩等款。乾隆皇帝諭令烏魯木齊都統永鐸查核㉖。奎林傳稿所載參劾內容簡略，依據《上諭檔》中海祿奏參奎林各款，可將其要點列舉如下：

一、將子孫娘娘廟內神像撩入河內。

二、罰遣犯高五銀二千兩修理城工衙署。

三、濫受哈薩克貿易應需回人布疋餘銀三千餘兩。

四、將察哈爾兵丁買羊，每隻坐扣銀三錢，並不照眾人一體坐扣銀二錢五分，多坐扣銀七百餘兩。

五、護庇理事同知敦珠克娶厄魯特之女為妾。

六、將發遣罪犯斷去手足，以石壓背，割人莖物，塞入口內，棄屍河內。

七、理事同知敦珠克在奎林衙署內徹夜醉飲，倚勢嚇眾。

八、將枷號遣犯張三等交理事同知敦珠克、同知莊肇奎暗刑致斃。

九、與富寧一同酒醉，將同知衙門書辦二名傳去，鞭責六、七百致斃人命。

十、原任道員陳庭學欲保倉官，敦珠克私將陳庭學緊要罪由刪去，經海祿看出，而奎林不將敦珠克申飭。

十一、任意乖張，無論現任或革職大小官員口出穢言，連其祖父一併辱罵。

十二、烏魯木齊都統永鐸查奏伊犁總兵索費英阿因奎林生日，贈送金如意一柄、金磬一個、金杯二個、蟒袍一件、銅鏡兩面、涼蓆一塊，共六件，交同知莊肇奎變賣。

參贊大臣海祿參劾奎林奏摺到京後，乾隆皇帝諭令皇子、軍

機大臣會同刑部尚書喀寧阿、胡季堂等人針對海祿奏參各款，逐一嚴加訊問，並令海祿與奎林當面對質。其中海祿原奏內奎林將廟內神像拋棄河中一款，據遣犯于時和供稱，「聞得伊犁有子孫娘娘廟宇二座，凡婦女人等常到廟內燒香，奎林因新疆地方不便有這些事情，恐招搖滋事。又因沒有公所，是以就將泥像撩入河內，廟宇改作公所㉗。」子孫娘娘崇拜是民間信仰，北亞薩滿信仰是一種多神崇拜，子孫娘娘也是薩滿信仰中的神祇之一，奎林強行取締。據奎林供稱：

> 伊犁外城，商民添建娘娘廟三處，滿營兵丁及婦女往往入廟燒香作會，竟至夜間聚集念經，男女混雜，甚屬不成事體，我所以將念經的人著該管官鞭責，會中鑼鼓等項，全行毀碎，其經語亦即令燒燬，佛像撬出，撩入河內，所有廟宇入官，作為公所，這是有的。但我既將廟宇入官，實是我任性糊塗，辦理過當，情甘認罪㉘。

順治年間，已經題准禁止婦女入廟燒香㉙，奎林禁止婦女入廟燒香做會，雖然是他職責所在，但他並未具摺奏明，燒燬經語，將佛像撩入河內，引發民怨，造成社會不安，處理過當，可以說明奎林為人任性糊塗，處理事情，並不妥當。

海祿原參奎林任意乖張，無論現任或革職大小官員都口出穢言一款，奎林供認初到伊犁時，以綠營餘丁營伍廢弛，私自除名，並有外出者，差兵、屯兵、營員多有瞻狥情面，撥給他人使喚，因其不成事體，綠營官員不認真辦理，「將他們罵過是有的」。整頓營伍是將軍分內的業務，但奎林糊塗性急，出言不能檢點，任意乖張，有失大臣體。遣犯于時和亦供出，「他的性情向來急躁，凡是下屬辦事錯誤之處，即大聲斥喝原是有的。」

海祿原參奎林將遣犯不按律例具奏辦理，而將遣犯手足斷

折，以石壓背，棄屍河內一款。奎林在他的供詞中指出，伊犁遣犯共六千餘人，其中劉四是「積匪猾賊」，發配到伊犁爲奴後，又行竊羊隻，用刀傷事主。奎林以劉四兇橫可惡，若照常辦理。各遣犯不知畏懼，所以就吩咐將劉四手足剁去，擲於河內，藉以懲儆衆遣犯。奎林剁去遣犯手足，棄屍河內，已是私刑，過於殘酷，民怨沸騰，又未將辦理緣由具摺奏明，心存隱瞞，有失邊臣體。

　　奎亮是奎林之兄，高五是發遣伊犁爲奴的罪犯，年滿爲民，被奎林逐出伊犁城外，高五欲領票回籍，恐怕奎林不准，於是央人請託奎亮，許事成給銀二千兩，求奎亮說情。奎林以伊犁城垣周圍根腳塌陷之處甚多，鼓樓亦已破損，即罰高五出銀二千兩，以備春融動工之用㉚。伊犁地處西陲，鞭長莫及，伊犁將軍可以藉驛站馳遞奏摺，軍機處即以寄信上諭指授方略。但是奎林希圖隱飾，天高皇帝遠，任意乖張。奎林罰遣犯高五出銀修城，雖然無分毫入己，但他並未將罰出高五銀兩充公之處，具摺奏明辦理情形，明顯地不合規定。其餘參劾各款，奎林亦未將辦理緣由具摺奏聞。

　　乾隆五十三年（1788）二月初九日，頒降〈內閣奉上諭〉，乾隆皇帝指出，奎林受恩深重，身爲將軍大員，乃率意妄行，殊堪駭異。經軍機大臣會同刑部定擬具奏將奎林照擅殺罪人律問擬滿杖。海祿照誣告人死罪未決律問擬杖流。乾隆皇帝認爲海祿是原參之人，所擬罪名，較奎林爲重，恐致妄生議論。因此，諭令將奎林、海祿二人一律定擬。奎林乖張任性，不可復任將軍，海祿挾嫌誣捏，亦不可膺參贊之任，奎林業經革職，海祿亦奉旨革職，免其杖流。惟因奎林、海祿二人俱曾帶兵出力，尚屬有用之才，不可令其終致廢棄，故俱罰令在上虞備用處拜唐阿（baitangga）上效力行走。理事同知敦珠克奉旨枷號三個月，滿日，發

往庫倫，效力贖罪③。參贊大臣海祿奏參伊犁將軍奎林各款惡
蹟，是否言過其實，挾嫌誣捏，雖然有待商榷，但伊犁將軍奎林
任性乖張的舉止，對邊疆的治理，產生了負面的作用，充分反映
了邊臣疆吏天高皇帝遠缺乏憂患意識的個性。

四、道光年間的駐藏辦事大臣——以琦善爲中心

　　西藏是青海、四川、雲南的屏藩，自拉薩東行，行走茶馬古
道，可經由西康而入四川、雲南；自拉薩北行，可越青海而達蒙
古，西藏在清朝國防上處於重要地位。清初以來，屢平藏亂。康
熙四十八年（1709）正月，因青海衆台吉與拉臧汗不和。西藏事
務不便仍令拉臧汗獨理，經王大臣議准派侍郎赫壽前往西藏，協
同拉臧汗辦理事務，這是清朝政府設置駐藏辦事大臣的濫觴。但
據《清史稿》的記載，駐藏辦事大臣的正式設置是始自雍正五年
（1727）。是年正月三十日，命內閣學士僧格、副都統馬喇赴藏
辦事。僧格等抵達拉薩後，遵旨曉諭達賴喇嘛、康濟鼐、阿爾布
巴等和衷辦事。嗣後常川設置駐藏大臣二員，辦理前後藏事務
③。乾隆十五年（1750），廢除藏中汗王貝子稱號，設噶布倫四
名，分管政事，增設駐防兵一千五百名。但是駐藏辦事大臣形同
虛設，對於藏內的用人行政，並無指揮行使實權。乾隆五十三年
（1788），廓爾喀（Gurkha）第一次入侵後藏，欽差大臣巴忠聽
任西藏議和代表丹津班珠爾等許銀贖地，遷就議和，辦理不善，
又導致廓爾喀第二次興兵再犯藏界，充分反映清朝駐藏辦事大臣
的無力感。乾隆五十七年（1792），清朝政府乘進討廓爾喀勝利
餘威，由軍機大臣阿桂等人議定西藏問題善後章程一百餘款，積
極改革藏政，提高駐藏辦事大臣的地位與權力。駐藏大臣督辦藏
內事務。應與達賴喇嘛、班禪額爾德尼平等，自噶布倫以下及管

事喇嘛，事無大小，均應稟明駐藏辦事大臣辦理。噶布倫缺出，於戴琫、商上仔琫、商卓忒巴由駐藏辦事大臣會同達賴喇嘛揀選正陪陞補。後藏商卓忒巴等缺出，亦照前藏成例，由駐藏辦事大臣會同班禪額爾德尼補放。遇外國稟請事件，均應由駐藏辦事大臣主持，與達賴喇嘛商同辦理，噶布倫不得與外國私行通信。各大寺坐牀堪布出缺時，應令達賴喇嘛會同駐藏辦事大臣等揀擇，派往住持。青海、蒙古王公大臣等差人赴藏延請喇嘛誦習經典，由西寧辦事大臣行文赴藏，再由駐藏辦事大臣給與執照，彼此關會。爲整飭呼畢勒罕流弊，特製金奔巴，令御前侍衛賫往西藏，設於前藏大昭寺，嗣後藏內出達賴喇嘛、班禪額爾德尼及大呼圖克圖等呼畢勒罕時，即將報出幼孩內擇選數名，將其生年月日、姓名各寫一籤，放入金奔巴內，交達賴喇嘛會同駐藏辦事大臣在衆僧面前掣籤決定。又於京師雍和宮內設一金奔巴，若蒙古地方所出呼畢勒罕報明理藩院時，即將其姓名年月繕寫籤上，放入金奔巴內，交掌印札薩克蒙古喇嘛呼圖克圖等在佛前念經，與理藩院堂官公同掣籤。善後章程的內容，涉及西藏政治、軍事、財政、外交、司法與宗教各方面，不僅擴大駐藏辦事大臣的職權，更加鞏固清朝政府在西藏的統治權，確定了清朝政府在西藏的完整主權。

　　就邊政問題而言，有清一代，中央政府對邊疆的經營及整頓，並未停頓。嘉慶年間（1796-1820），朝野上下，許多有識之士，都已經意識到因時變通的迫切性，要求改革，已經形成一股政治潮流。道光年間（1821-1850），君臣受到當時政治改革思潮的影響，道光皇帝在即位之初，即下詔整頓內政，駐藏辦事大臣奉旨查辦班禪額爾德尼指控諾們罕一案，可以歸入道光朝的內政問題，可將歷任駐藏大臣的遷調，列出簡表如下：

道光年間（1821-1850）駐藏辦事大臣年表

年分	姓名	遷調日期
元年（1821）	文幹	
二年（1822）	文幹	
三年（1823）	文幹 松廷	七月十五日，調。 七月十六日，自西寧辦事大臣調任駐藏辦事大臣。
四年（1824）	松廷	
五年（1825）	松廷	
六年（1826）	松廷	
七年（1827）	松廷 惠顯	正月二十七日，調兵部右侍郎。 三月二十八日，自都察院左副都御史調駐藏辦事大臣。
八年（1828） 九年（1829） 十年（1830）	惠顯 惠顯 惠顯 興科	十月十九日，奉詔入京。 十月十九日，命。
十一年（1831）	興科	
十二年（1832）	興科	
十三年（1833） 十四年（1834）	興科 隆文 隆文 文蔚	正月初七日，召興科入京。 正月初七日，自駐藏幫辦大臣調駐藏辦事大臣。 八月十一日，調理藩院右侍郎。 八月二十二日，自都察院左副督御史調駐藏辦事大臣。
十五年（1835）	文蔚 慶祿	十二月二十日，遷盛京刑部侍郎。 十二月二十一日，以副都統銜充駐藏辦事大臣。
十六年（1836）	慶祿 關聖保	八月初五日，調貴州布政使。 八月初五日，自太僕寺卿調駐藏辦事大臣。
十七年（1837）	關聖保	
十八年（1838）	關聖保	
十九年（1839）	關聖保 孟保	十月二十九日，回京。 十月二十九日，命。

二十年（1840）	孟保	
二十一年（1841）	孟保	
二十二年（1842）	孟保 海樸	十一月初三日，回京。 十一月初三日，命。
二十三年（1843）	海樸 孟保 琦善	三月二十三日，回京。 三月二十三日，命。十一月十一日，回京。 十月十一日，代。
二十四年（1844）	琦善	
二十五年（1845）	琦善	
二十六年（1846）	琦善 斌良	十二月十九日，調四川總督。 十二月十九日，自刑部右侍郎調駐藏辦事大臣。
二十七年（1847） 二十八年（1848）	斌良 穆騰額	十一月，卒。 正月十四日，命。
二十九年（1849）	穆騰額	
三十年（1850）	穆騰額	

資料來源：《清史稿校註·疆臣年表十一》；《大清宣宗成皇帝實錄》。

前列駐藏辦事大臣簡表中，文幹是他塔喇氏，滿洲正紅旗人。嘉慶二十五年（1820）七月初五日，命原任駐藏辦事大臣玉麟回京，文幹以已革河南巡撫，賞副都統銜爲駐藏辦事大臣。松廷是滿洲正藍旗人，道光三年（1823）七月十六日，由西寧辦事大臣授正白旗蒙古副都統，調駐藏辦事大臣。惠顯是滿洲鑲黃旗人，道光七年（1827）三月二十八日，惠顯以都察院左副都御史爲駐藏辦事大臣。興科是滿洲鑲黃旗人，道光十年（1830）閏四

月，賞頭等侍衛，充駐藏幫辦大臣。隆文是伊爾根覺羅氏，滿洲
正紅旗人，道光十年（1830），授駐藏幫辦大臣。十一年
（1831），授鑲紅旗漢軍副都統。十三年（1833）正月初七日，
授駐藏幫辦大臣。文蔚是滿洲正藍旗人，道光十二年（1832）十
月，遷都察院左副都御史。十四年（1834）八月二十二日，賞副
都統銜，充駐藏辦事大臣。慶祿是滿洲鑲紅旗人，道光十五年
（1835）十二月二十一日，以副都統銜充駐藏辦事大臣。關聖保
是滿洲鑲藍旗人，道光十六年（1836），授正黃旗蒙古副都統。
同年八月初五日，充駐藏辦事大臣。孟保是孟佳氏，漢軍鑲黃旗
人，道光十八年（1838），授正紅旗蒙古副都統。十九年
（1839）十月二十九日，充駐藏辦事大臣。海樸是宗室鑲藍旗
人，道光十九年（1839）七月，補正藍旗漢軍副都統。同年十月
充駐藏幫辦大臣。二十二年（1842）十一月初三日，調駐藏辦事
大臣。琦善是博爾濟吉特氏，滿洲正黃旗人，道光二十二年
（1842），充葉爾羌幫辦大臣。二十三年（1843）十月十一日，
孟保回京，琦善代駐藏辦事大臣。斌良是滿洲正紅旗人，道光二
十五年（1845），兼鑲紅旗漢軍副都統。二十六年（1846）十二
月十九日，自刑部右侍郎調駐藏辦事大臣。穆騰額是滿洲正黃旗
人，道光二十八年（1848）正月十四日，賞副都統銜充駐藏辦事
大臣㉝。由歷任駐藏辦事大臣的出身加以考察，他們都是旗人，
或賞給副都統銜，或兼都察院左副都御史，多屬於武職人員，都
有專摺具奏權。駐藏辦事大臣是清朝治藏政策的具體實施者，駐
藏辦事大臣的制度史，其實就是一部清朝政府治理西藏的政治
史。國慶撰〈論清代駐藏大臣的歷史作用〉一文已指出，有清一
代的駐藏辦事大臣良莠不齊，但多能克盡厥職，起到重要的歷史
作用㉞。

　　清朝國史館、民初清史館雖為歷任駐藏辦事大臣纂修列傳，但內容簡略。利用臺北故宮博物院、北京中國第一歷史檔案館典藏《宮中檔》硃批奏摺、《軍機處檔·月摺包》等原始資料，進行探討，有助於了解駐藏辦事大臣處理西藏地方內政問題的過程，及其弊端。本文特以道光年間琦善處理班禪額爾德尼等指控諾們罕阿旺札木巴勒楚勒齊木貪黷營私案件為例，是探討西陲邊臣疆吏不可忽視的個案。諾們罕阿旺札木巴勒楚勒齊木（1792-1877），漢譯又作策墨林諾們汗阿旺絳貝楚臣嘉措。張慶有撰〈琦善與策墨林諾們汗〉一文，對諾們汗阿旺降貝楚臣嘉措的生平事蹟，敘述頗詳㉟。

　　呼畢勒罕（Hūbilhan）是借活佛轉世來轉移宗教權力的一種特殊方式，也是藏傳佛教的特點之一。為了解決宗教首領繼承問題，藏傳佛教即以靈魂轉世的概念為依據，以寺廟經濟關係為基礎而創立了活佛轉世的宗教制度，它是用維護寺廟獨立經濟及宗教特權做為鞏固西藏政教合一的一種統治手段㊱。活佛轉世相承的辦法，對藏傳佛教寺廟集團的法統繼承問題及鞏固寺廟集團的政治、經濟實力具有重要意義，它可以使寺廟領導集團保持相對的穩定，避免了內部因權力之爭而引發分裂。但是活佛轉世的宗教制度，也有它的種種弊端。乾隆五十七年（1792），〈寄信上諭〉中有一段內容如下：

> 阿旺楚爾提穆止係西藏尋常喇嘛，因其熟習經典喚至京，朕加恩封為禪師堪布，兩次派往前藏幫同達賴喇嘛辦事，非如素有根基之呼圖克圖可比，何得有呼畢勒罕之事。此皆該喇嘛徒眾藉稱伊師轉世，可以照舊掌管財物。著傳諭和琳，如達賴喇嘛及其徒眾不向和琳提及此事，竟可置之不論，惟寺廟無人管束，揀擇一人作為堪布，令其掌管

㊲。

寺廟喇嘛集團爲照舊掌管財物，每藉活佛轉世而取得合法繼
承權。駐藏辦事大臣和琳入藏以後，遵奉諭旨，不准尋找阿旺楚
爾提穆呼畢勒罕。嘉慶五年（1800），阿旺楚爾提穆徒衆竟由雍
和宮金瓶掣籤轉世，入瓶掣定，行文到藏。從乾隆五十七年
（1792）至嘉慶五年（1800），前後不過八年，竟准其轉世，前
後錯謬。嘉慶六年（1801），阿旺札木巴勒楚勒齊木由甘肅洮洲
進入西藏，在下巴拉買巴寺學經，在其前輩諾們罕阿旺楚爾提穆
所修建的壽寧寺內居住，他從藍占巴起升至堪布。嘉慶二十四年
（1819），因掌辦商上事務印信的第穆呼圖克圖圓寂，阿旺札木
巴勒楚勒齊木奉命掌管印信。後來敕封諾們罕薩瑪第巴克什，充
達賴喇嘛正副師傅，曾經兩次隨同欽差大臣照料達賴喇嘛轉世掣
瓶坐床，又坐噶勒丹・宗喀巴床七年，道光皇帝即位後曾賞給玉
如意等件。

道光二十四年（1844）四月初三日，駐藏辦事大臣琦善入藏
到任後，七世班禪額爾德尼等列款指控諾們罕阿旺札木巴勒楚勒
齊木貪贓營私，包括：不務清修；意存自滿；拆佔商上房間，創
建祝慶寺廟宇；擅用未蒙恩賞轎繖；強據商上產業；侵佔百姓田
廬；私拆達賴喇嘛房間；隱匿逃人；鈐用印信不在公所；獨斷獨
行；呈進貢物不出己資；濫支濫取；信用喇嘛改桑拉木結；勒索
僧俗財物；任性聽斷；苦累藏民；收留逃奴以爲私黨；聽許餽送
房屋；達賴喇嘛之前不知尊敬照料等等，駐藏辦事大臣琦善具摺
奏聞。道光皇帝認爲此案對藏傳佛教大有關係，即諭令琦善會同
班禪額爾德尼率同第穆、濟嚨呼圖克圖等逐款嚴究。

諾們罕阿旺札木巴勒楚勒齊木掌辦商上事務多年，其擅作威
福、貪贓枉法的情形，極爲嚴重。臺北故宮博物院典藏《軍機處

檔・月摺包》中含有諾們罕阿旺札木巴勒楚勒齊木的親自供述，其營私舞弊各款，共計十七項，是就班禪額爾德尼等呈控項目逐款供述，其要點共計十七款，供認不諱，惡跡多端。道光二十四年（1844）十一月二十九日，琦善遵旨將阿旺札木巴勒楚勒齊木歷次所得職銜名號，全行褫革，查封其貲財。原任駐藏辦事大臣孟保奉旨回京，革去副都統。臺北故宮博物院典藏《軍機處檔・月摺包》內含有〈查封阿旺札木巴勒楚勒齊木貲產清單〉，詳列名稱及其重量，主要包括金銀器、服飾布疋、珍玩器物等類，品類繁多，數量屈指難數。

　　琦善審擬阿旺札木巴勒楚勒齊木等犯奏摺到京後，於道光二十五年（1845）三月十五日奉硃批：「軍機大臣會同該部議奏，片留中。」軍機大臣等遵旨議覆，將阿旺札木巴勒楚勒齊木發往黑龍江給披甲為奴，永遠不准他再出呼畢勒罕㊳。從乾隆末年以來，清朝政府已將西藏內部事務視同內政問題來處理，但因西藏地處邊陲，鞭長莫及，同時對藏傳佛教信仰因俗而治的歷史背景，理藩院則例亦無擬罪專條，僧俗人眾犯事，未便動輒科以內地刑律，以致藏中事務，積弊叢生，對西藏社會也產生了負面的作用。琦善入藏後曾經擬訂裁禁商上積弊章程，但因掌辦商上印務威權已重，復兼達賴喇嘛師傅，集大權於一身，易滋舞弊，而莫敢誰何，西藏內政的興利除弊，遂難上加難。琦善具奏時指出，「商上出納，全從夷俗，項非國帑，勢難代為握算。」理藩院則例載商上各公所一切公用收支，均責成駐藏辦事大臣稽核出納，札什倫布出入連佈施，亦交駐藏辦事大臣稽查。琦善具奏時指出，「前後藏各祇糧員一人，並無候補試用閒職，與內地各有專責層層握算者，迥不相同，全責成大臣持籌代為經理，又係番語番文，目所未經，祇不過依樣葫蘆，有名無實。」因此，琦善

奏請「嗣後商上及札什倫布一切出納，仍聽該喇嘛等自行經理，無庸駐藏大臣涉手㉟。」琦善原奏，說明向來駐藏辦事大臣對商上出納，只是虛應故事，有名無實。同時反映清朝中央政府始終未能控制西藏地方的財政權。

　　天高皇帝遠，駐藏辦事大臣，是否恪盡厥職，盡忠職守？琦善查辦案件，有無捏飾？仍待商榷。阿旺札木巴勒楚勒齊木曾於道光二十四年（1844）八月十八日遞進呈文，此外還有三件書面請求，指出「因琦大人所奏，多有捏飾。」向例駐藏辦事大臣抵藏到任，藏中僧俗大眾都要備禮前往迎接。阿旺札木巴勒楚勒齊木原呈中指出，「琦大人到任，大眾照向例去接，小僧也接去了，並沒違誤，並照向例備禮往送，也不曉得是禮送太少了，大人見怪。」駐藏辦事大臣有使用摺子上奏的特權。向例，駐藏辦事大臣繕摺進呈時，為示恭謹，多於密封馳遞時，行九叩禮，並放九砲。但據阿旺札木巴勒楚勒齊木在原呈中指出，「向例大人們上摺子，都是九叩首，放九砲。但藏中小人等都知道這規矩。今琦大人奏摺時，也不叩首，也不放砲，與例不合。」西藏僧俗都敬重達賴喇嘛，琦善對待達賴喇嘛似有不敬之處。阿旺札木巴勒楚勒齊木原呈指出，「向來大人們待達賴喇嘛都是恭敬的，今琦大人到達賴喇嘛那裡去，因達賴喇嘛年幼，由床上抱在地下，引著過來過去，只當小孩般頑耍。」原呈又稱，「向來達賴喇嘛、班禪額爾德尼遠出，多要奏明。今琦大人並不奏請，也不與鍾大人商量，竟自打發通事至後藏將班禪額爾德尼於八月初五日請到前藏，在駐藏大人衙門內住下，與向例不合。」清朝中央政府為振興黃教，而以本教、紅教為邪教。道光年間，章嘉呼圖克圖親往紅教寺院求經，琦善並不阻止，而破壞了黃教的規矩。阿旺札木巴勒楚勒齊木原呈指出，「向來奉旨黃教是正教，餘外本

卜經是黑教，呢嗎經是紅教，均係邪教，旣不准念。章嘉呼圖克
圖到藏，有多隻札寺院向念呢嗎經，章嘉呼圖克圖親往求經，壞
了黃教的規矩。」原呈又稱，「第穆呼圖克圖在藏，向來按著黃
教規矩辦事，極為安靜，自章嘉呼圖克圖來後，就不安靜了。不
曉得章嘉呼圖克圖臨走時如何把第穆呼圖克圖教壞，師父的話也
不肯聽，老徒弟的話也不肯聽。跑馬射箭打鎗，穿有袖子的衣
服，還有女人，滿漢的人多知道琦大人到藏，與第穆呼圖克圖相
好，他的不好處，琦大人都知道，全不辦⑩。」

　　藏傳佛教久為藏族、蒙古、滿族等民族所信奉，清初諸帝，
護持黃教，可謂不遺餘力。乾隆年間對藏傳佛教的改革，以及駐
藏辦事大臣權力的提高，都有立竿見影的效果。但因西藏地處邊
陲，駐藏辦事大臣不諳藏族語文，理藩院則例，徒屬具文，駐藏
辦事大臣除了軍事監督外，對西藏內部的財政、行政，並無決策
權，駐藏辦事大臣有名無實，虛應故事而已，以致駐藏辦事大臣
進呈皇帝的奏摺，多有捏飾。譬如拉達克喇嘛跟役執持諾們罕阿
旺札木巴勒楚勒齊木所發路票，欲由濟嚨返回原遊牧地，路過布
竹廠地方，遭遇阻擋後，改赴前藏。後經查明起因於諾們罕阿旺
札木巴勒楚勒齊木私將布竹廠地方賞給外番洛敏達部長管理，蓋
印斷牌。前任駐藏辦事大臣孟保不聞不問，任聽其擅行發給外番
印照住牧。孟保辦理錯謬，奉旨革去副都統，召回京師⑪。姑且
不論孟保的錯謬，或琦善的捏飾，都充分反映邊臣疆吏天高皇帝
遠粉飾太平的苟安心理。

五、結　語

　　康熙年間開始採行的奏摺，是清朝政府體制外的一種君臣秘
密通訊工具，亦即皇帝和相關文武大臣之間所建立的單線書面聯

繫。皇帝藉硃批諭旨勗勉臣工,指授方略;外任臣工藉奏摺下情
上達,奏陳請旨。密奏制度充分發揮了高度溝通的作用,有利於
政令的推行。

　　不斷分割內閣部院權力,逐漸由外朝轉向內廷,是清朝政治
發展的一種顯著特色,軍機處的設置,就是內廷集權的產物。軍
機處具有輔助、協調、執行的作用。外任臣工的硃批奏摺,由軍
機處錄副存查,皇帝諭旨由軍機大臣撰擬,重大案件人犯由軍機
大臣會同刑部等衙門審擬,錄有供詞。《宮中檔》硃批奏摺、
《軍機處檔》諭旨、供詞、呈文等等,都是可信度頗高的原始檔
案資料。充分利用第一手直接史料,對清朝西陲邊臣疆吏進行橫
向比較研究,並進行縱向探討,就是考察西陲邊臣疆吏的基本方
法。

　　清朝西部邊陲的經營,有其歷史發展過程。雍正年間的「新
疆」,主要是指雲南、貴州的苗疆地區。雲貴地區的治理,邊患
的消弭,邊疆與內地關係的調整,在在都需要周詳規畫,高其
倬、楊名時、鄂爾泰等人先後補授雲貴總督。高其倬、鄂爾泰都
是旗人,有帶兵經驗,治績良好,君臣互動關係密切,奏事稱
旨,成為皇帝的股肱心腹。雍正年間的改土歸流,化邊疆為內
地,對邊防的鞏固,具有積極的意義,高其倬、鄂爾泰的歷史貢
獻,功不可沒。雍正五年(1727)十月初一日,鄂爾泰祗領欽賜
御書匾對「誠悃宣猷」四字,「體國公忠股肱膺重寄憲邦文武梁
棟得純臣」十八字。高其倬、鄂爾泰都是克膺重寄,公忠體國的
股肱棟樑,他們在雲貴政治舞臺上都扮演了喜劇角色。楊名時是
漢人,在滿漢族群矛盾尖銳化的歷史背景下,身為漢人領袖的楊
名時雖然熟諳地方事務,但他與雍正皇帝的互動關係,並不密
切,他的奏摺件數偏低,又要由高其倬代繳硃批奏摺,雍正皇帝

對楊名時的沽名釣譽，頗不以為然。當新任雲南巡撫朱綱題參楊名時狗隱廢弛時，楊名時便註定了悲劇的命運。

　　乾隆年間的「新疆」，是指天山南北路。清軍平定準噶爾、回部後，將新疆納入清朝版圖，派兵屯田，攜眷駐防，設置伊犂將軍，這種具有移民實邊性質的八旗駐防，對西北邊防的鞏固，產生重要的作用。伊犂將軍明瑞、阿桂等人對駐防與屯田的周詳籌畫，奠定了穩固的基礎。奎林在伊犂將軍任內任性乖張，擅殺罪犯，縱酒糊塗，諸凡不具摺請旨。從參贊大臣海祿參奏奎林各款惡蹟，可知奎林對邊疆的治理，產生了負面的作用。雖因駐防屯田制度的穩定性較高，並未因奎林的有失職守而導致邊疆社會的動盪，但也反映了邊臣疆吏天高皇帝遠缺乏憂患意識的個性。

　　西藏久隸清朝版圖，雍正年間，正式設置駐藏辦事大臣。但因西藏地處邊陲，與尼泊爾等地接壤，邊疆危機較為嚴重。乾隆末年，乾隆皇帝乘清軍進勦廓爾喀軍事勝利之餘威，改革西藏內政，加強西藏與清朝中央政府的關係，提高駐藏辦事大臣的地位與權力。從道光年間駐藏辦事大臣琦善處理班禪額爾德尼等指控諾們罕阿旺札木巴勒楚勒齊木貪瀆營私案件相關奏摺、供詞、呈文等檔案資料，反映了西藏內政的各種弊端。從乾隆末年以來，雖然將西藏內部事務視同清朝內政來處理，惟因西藏地處極邊，鞭長莫及，益以朝廷對藏傳佛教因俗而治的政策，理藩院則例，徒屬具文，駐藏辦事大臣除了軍事的監督權外，對西藏內部的財政、行政等，並無實際指揮權，祇能虛應故事，以致奏摺內容多有捏飾，斯上瞞下，充分反映了邊臣疆吏天高皇帝遠粉飾太平的苟安個性。總之，探討清朝西陲雲貴、新疆、西藏三個區塊的邊臣疆吏在不同政治舞臺所扮演的各種角色，是有意義的。

【註　釋】

① 《宮中檔雍正朝奏摺》，第二輯（臺北，國立故宮博物院，民國六十六年十二月），頁 496。

② 《宮中檔雍正朝奏摺》，第二輯，頁 526。

③ 《宮中檔雍正朝奏摺》，第二輯，頁 197。

④ 《宮中檔雍正朝奏摺》，第一輯，（民國六十七年十一月），頁 825。

⑤ 《宮中檔雍正朝奏摺》，第二輯，頁 652。

⑥ 《宮中檔雍正朝奏摺》，第三輯（民國六十八年一月），頁 593。

⑦ 《宮中檔雍正朝奏摺》，第二輯，頁 362。

⑧ 《宮中檔雍正朝奏摺》，第三輯，頁 363。

⑨ 《宮中檔雍正朝奏摺》，第三輯，頁 650。

⑩ 《宮中檔雍正朝奏摺》，第三輯，頁 504。

⑪ 《宮中檔雍正朝奏摺》，第三輯，頁 837。

⑫ 《宮中檔雍正朝奏摺》，第五輯，頁 646。

⑬ 《宮中檔雍正朝奏摺》，第五輯，頁 484。

⑭ 《宮中檔雍正朝奏摺》，第五輯，頁 646。

⑮ 《宮中檔雍正朝奏摺》，第六輯，頁 59。

⑯ 《宮中檔雍正朝奏摺》，第六輯，頁 874。

⑰ 張捷夫撰〈關於雍正西南改土歸流的幾個問題〉，《清史論叢》，第五輯（北京，中華書局，1984 年 4 月），頁 273。

⑱ 《宮中檔雍正朝奏摺》，第六輯，頁 603。

⑲ 《宮中檔雍正朝奏摺》，第六輯，頁 371。

⑳ 張捷夫撰〈論改土歸流的進步作用〉，《清史論叢》，第三輯，頁 202。

㉑ 《宮中檔雍正朝奏摺》，第四輯，頁 79。

㉒　《宮中檔雍正朝奏摺》，第七輯，頁 120。

㉓　《宮中檔雍正朝奏摺》，第九輯，頁 108。

㉔　《清史稿校註》（臺北，國史館，民國七十八年二月），第十冊，列傳七七，頁 8834。

㉕　《清國史・大臣畫一傳次編》（北京，中華書局，1993 年 6 月），卷 1，頁 452。

㉖　《清國史・大臣畫一傳檔正編・奎林列傳》，卷 168，頁 175。

㉗　《乾隆朝上諭檔》（北京，檔案出版社，1991 年 6 月），第十四冊，頁 88。乾隆五十二年十一月三十日，于時和供詞。

㉘　《乾隆朝上諭檔》，第十四冊，頁 149。乾隆五十三年二月初八日，奎林供詞。

㉙　《讀例存疑重刊本》（臺北，成文出版社，民國五十九年），（三），頁 420。

㉚　《乾隆朝上諭檔》，第十四冊，頁 149。

㉛　《乾隆朝上諭檔》，第十四冊，頁 160。乾隆五十三年二月初九日，內閣奉上諭。

㉜　《清史稿校註・疆臣年表九》，第九冊（臺北，國史館，民國七十七年二月），頁 6968；《大清世宗憲皇帝實錄》（臺北，華文書局，民國五十三年一月），卷 52，頁 30。

㉝　《清國史・大臣畫一傳檔次編》，卷 89～128；大臣畫一傳續編，卷 10、15、61、87；大臣畫一傳後編，卷 22、58。

㉞　國慶撰〈清代駐藏大臣的歷史作用〉，《西藏研究》，1998 年，第二期，頁 55。

㉟　張慶有撰〈琦善與策墨林諾們汗〉，《西藏研究》，1990 年，第二期，頁 74。

㊱　孫雨志等撰〈談談西藏宗教習俗〉，《世界宗教研究》，1990 年，

第三期，（北京，中國社會科學出版社，1990 年 9 月），頁 106。

㊲　《宮中檔》，（臺北，國立故宮博物院），第 2731 箱，44 包，7967 號。道光二十五年七月二十六日，琦善奏片。

㊳　《軍機處檔‧月摺包》（臺北，國立故宮博物院），第 2752 箱，114 包，73608 號。道光二十五年四月十二日，軍機大臣穆彰阿等奏摺。

㊴　《宮中檔》，第 2731 箱，44 包，7970 號。道光二十五年七月二十六日，琦善奏片。

㊵　《軍機處檔‧月摺包》，第 2752 箱，113 包，73363 號。阿旺札木巴勒醋勒提木札木素原呈。

㊶　吳豐增輯《清代藏事輯要》（拉薩，西藏人民出版社，1983 年 10 月），頁 413。

本月二十九日面到據直隸委員將伊犁釋回遣犯子姓銀林
時和解送前來臣等即將伊海祿恭林勒穆素高聲地並奎林
二千兩文遠子時和及將高姓文伊帶回內
各欵逐一嚴加訊問取具供詞恭呈
御覽侯高三等到後另行質對訊取確供再行具
奏　奏謹譯

十一月三十日

于時和供詞（局部之一），《上諭檔》，乾隆五十二年十一月三十日。

曰已經先行起身，我並沒有帶他一同回來之事。至我自伊毐卒起身，須有將軍路照，凡到一處俱要報明日期，更換路照，皆可查考。即闢等處造冊遶，亦有執照可查。且我實身行去，他帶了家屬，三騾馱路行去罪之人家。我如何與他同去？我於九月内行至陝西遇見高三，我只知高三係常州府人，不知叫何名字。高三云要往山東濟寧州搭糧船回籍，當即各自分路，把此後並未謀面，受不知高三現在何處，我係把。

恩釋救回籍已屬望外，那散再行，多事我干，重懲。

又供奎林秘馬罵人一節，即聞得奎林飲酒是有的，並沒有聽見他醉鬧。至他的性情向來急躁，凡於下屬辦事錯誤之處，即大聲斥喝，原是有的，並沒聽見混行罵人。

又供奎林將廟内佛像搬移河内一節，即聞得伊卒有子孫娘娘廟内二座，凡婦女人等常到廟内燒香，奎林因新疆地方不便有這共事情，恐招搖滋事，又因沒有公所，是以就將泥像搬入河内，廟宇改作公所。

于時和供詞（局部之二）。

《清太祖武皇帝實錄》敘錄

　　《清太祖武皇帝實錄》四卷四册，分裝兩函，紅綾封面，白鹿紙，朱絲欄楷書，每半頁九，行二十三或二十五字不等，無序、表、凡例、目錄。按清太祖實錄，始修於太宗時。天聰九年八月，畫山張儉、張應魁合繪太祖實錄圖告成。因與歷代帝王實錄體例不合，尋命內國史院大學士希福、剛林等以滿蒙漢三體文字改編實錄，去圖加證。崇德元年十一月，纂輯告成，題爲《大清太祖承天廣運聖德神功肇紀立極仁孝武皇帝實錄》，凡四卷，是爲太祖實錄初纂本。世祖順治初年，重繕太祖武皇帝實錄。本院所藏此帙，書中於康熙以降諸帝廟諱俱不避，當即順治年間重繕之本也。聖祖康熙二十一年十一月，特開史局，命大學士勒德洪爲監修總裁官，明珠、王熙、吳正治、李霨、黃機等爲總裁官，仿太宗實錄體式，重修太祖實錄。辨異審同，增刪潤飾，釐爲十卷，並增序、表、凡例、目錄，合爲十二卷。二十五年二月，書成，題爲《大清太祖承天廣運聖德神功肇紀立極仁孝睿武弘文定業高皇帝實錄》。世宗雍正十二年十一月，復加校訂，酌古準今，辨正姓氏，畫一地名，歷時五載，高宗乾隆四年十二月，始告成書，卷端題詞於睿武下加端毅欽安四字。計實錄十卷，序、表、凡例、目錄三卷，合爲十三卷。大學士鄂爾泰、張廷玉、徐本俱任校對總裁。

　　太祖實錄，屢經重修，盡刪所諱，湮沒史蹟。武皇帝實錄，雖因太宗每出己見，增損舊檔，杜撰史事，惟其爲有清一代初纂實錄，宜其最近眞相。書法質樸，譯名俚俗，於清代先世，亦直

書不諱，仍不失滿洲舊俗。高皇帝實錄，經聖祖以降歷朝再三改修，整齊體裁，斟酌損益，雖有正誤之功，究難掩諱飾之過。武皇帝實錄卷二頁三，詳載哈達國主孟革卜鹵私通嬪御，謀逆伏誅事云：

> 太祖欲以女莽姑姬與孟革卜鹵爲妻，放還其國。適孟革卜鹵私通嬪御。又與剛蓋通謀，欲篡位，事洩。將孟革卜鹵、剛蓋與通姦女俱伏誅。

高皇帝實錄卷三頁五，雖載哈達國主謀逆伏誅一節，卻盡刪其私通嬪御之跡云：

> 其後，上欲釋孟格布祿歸國。適孟格布祿與我國大臣噶蓋謀逆事洩，俱伏誅。

高皇帝實錄卷十頁二一，於大妃殉葬太祖出自被迫之記載，諱而不錄。其文云：

> 先是，孝慈皇后崩後，立烏喇國貝勒滿太女爲大妃。辛亥辰刻，大妃以身殉焉，年三十有七。

武皇帝實錄卷四頁三二，於諸王逼令帝后殉葬，帝后支吾不從一節，記載尚詳。原文云：

> 帝后原係夜黑國主楊機奴貝勒女，崩後，復立兀喇國滿泰貝勒女爲后。饒豐姿，然心懷嫉妬，每致帝不悅，雖有機變，終爲帝之明所制留之。恐後爲國亂，預遺言於諸王曰：「俟吾終，必令殉之。」諸王以帝遺言先后，后支吾不從。諸王曰：「先帝有命，雖欲不從，不可得也。」后遂服禮衣，盡以珠寶飾之，哀謂諸王曰：「吾自十二歲事先帝，豐衣美食，已二十六年，吾不忍離，故相從于地下，吾二幼子多兒哄、多躲當恩養之。」諸王泣而對曰：「二幼弟吾等若不恩養，是忘父也，已忘父也，豈有不恩

養之理。」于是后於十二日辛亥辰時自盡，壽三十七。

　　私通嬪御，事不雅馴，固皆刪除。逼殺繼母，褻瀆聖德，例不應書。侍婢殉葬，后妃等名，其事瑣屑，更非漢俗，故俱不載。武皇帝實錄卷二頁五，載中宮皇后納喇孟古薨。原文云：

> 中宮皇后薨。后姓納喇，名孟古姐姐，乃夜黑國楊機奴貝勒之女，年十四適太祖。其面如滿月，豐姿妍麗，器量寬洪，端重恭儉，聰穎柔順。見逢迎而心不喜，聞惡言而色不變。口無惡言，耳無妄聽。不悅委曲讒佞輩，吻合太祖之心，始終如一，毫無過失。太祖愛不能捨，將四婢殉之。

　　高皇帝實錄卷三頁八，改中宮皇后為孝慈皇后，不載后名。刪四婢殉后事，增不預外事條，贊語辭藻，已逐句潤飾。其文云：

> 孝慈皇后崩。后姓納喇氏，葉赫國貝勒楊吉砮女也，年十四，歸上。儀範端淑，器度寬和，莊敬聰慧，不預外事，詞氣婉順。譽之不喜，縱聞惡言，而愉悅之色，弗渝其常。不好諂諛，不信讒佞。耳無妄聽，口無妄言。殫誠畢慮，以奉事上。始終盡善，及崩，上悼甚。喪殮祭享，儀物悉加禮。

　　武皇帝實錄載滿洲款明，語多卑順。高皇帝實錄已盡刪對明敬詞，於戰爭勝負，誇張尤甚。天命四年三月，薩爾滸之役，明兵三路喪師。武皇帝實錄卷三頁四，但載其結果為「戰三路兵時，我兵約折二百人。」高皇帝實錄卷六頁一四，增飾已多。其文云：

> 是役也，明以傾國之兵，雲集遼瀋。又招合朝鮮、葉赫，分路來侵，五日之間，悉被我軍誅滅。宿將猛士，暴骸骨

於外。士卒死者不啻十餘萬，舉國震動。我軍迅速出師，臨機決策，將士爭先，天心佑助，以少擊眾，莫不摧堅挫銳，立奏膚功。策勳按籍，我士卒僅損二百人。自古克敵制勝，未有若斯之神者也。

武皇帝實錄成書既早，字義未當，同名異譯，固屬不免，惟高皇帝實錄屢經潤飾，史實已晦。其增錄上諭而不見於武皇帝實錄者竟達五十三道之多。其餘增刪隱諱之處尚多，無煩縷舉。

民國二十一年一月，本院曩在北平曾以武皇帝實錄排版印行，凡五十三頁，每半頁十四行，行三十五字，卷末附列勘誤表。五十八年冬，臺北臺聯國風出版社影印者，即據其本。惟本院當年付排時，恐污損原繕本，特予重鈔，錯誤頗多，見於卷末勘誤表者已五十餘處，其餘因鈔寫或排印錯誤而未校出者，實更倍之。同名異譯，原本疏漏。重鈔鉛印，舛錯尤多。清國姓或作愛新覺羅，或作愛新覺落。夜黑國主或稱揚機奴，或稱楊機奴。癸丑年九月初六日，太祖「以金盃賜酒」，鉛印本誤作「以金盛賜酒」。漏字脫詞，更屬常見。校勘不精，疏漏實多。且段落未分，亦無句逗，擅寫違式，致原本面目，已難窺見，實不足饜學者之望。是後，本院雖曾議及與太宗文皇帝實錄初纂本重加影印，欲合北平圖書館所藏世祖皇帝實錄初纂本為清代前三朝初纂實錄，惟書未成而北平已淪陷，其事遂寢。本院為保存史料原來真貌，俾有助於清史之研究，爰將原繕本武皇帝實錄四卷，影印行世，或可慰鴻碩於萬一。

大清太祖承天廣運聖德神功肇紀立極仁孝武皇帝實

錄卷之二

己亥年正月東海兀吉部內虎兒哈部二首長王格張

格率百人來貢土產黑白紅三色狐皮黑白二色貂皮

自此兀吉虎兒哈部內所居之人每歲入貢其中首長

荍吉里等六人乞婚

太祖以六臣之女配之以撫其心時滿洲未有文字文移

往來必須習蒙古書譯蒙古語通之二月

太祖欲以蒙古字編成國語榜識厄兒得溺剛益對曰我

性來習蒙古字始知蒙古語若以我國語編創譯書我等

實不能

太祖曰洪人念漢字學與不學者皆知蒙古之人念蒙古

字學與不學者亦皆知我國之言寫蒙古之字則不習

蒙古語者不能知矣何汝等以本國言語編字為難以

習他國之言為易耶蓋厄兒得溺對曰以我國之言

編成文字最善但因翻編成句吾等不能故難耳

太祖曰寫阿字下合一媽字此非阿媽乎阿媽父也厄字

下合一脉字此非厄脉乎厄脉母也吾意決矣爾等試

寫可乎于是自將蒙古字編成國語頒行創制滿洲文

字自

太祖始

三月始炒鐵開金銀鑛是時啟運國五革卜國與野黑

國納林卜祿開陳博兵力不能敵孟革卜國以三子與

太祖為質乞援

太祖命非英東剛益二人領兵二千住國日次執滿洲來

遂令大明開原通事賣書與孟革卜國日次執滿洲來

援之將挾贖質子盡殺其兵如此次肯日所欲之女吾

太祖聞之九月發兵征遂

于開原令二妻住城

即與之為三國仍舊和好孟革卜國俟書約夜黑人

太祖弟杂兄答奇貝勒日可令我為先鋒試有若何

太祖命領兵一千前進行至合連國答連兵出城拒之殺

兄杂兄換兵不戰向

太祖曰有兵出城迎敵

太祖曰此來畫為城中無備耶怒命杂兄答奇貝勒兵

兵向使即欽前進將杂兄答奇貝勒兵南阻路送遠城

清太祖武皇帝實錄滿文本卷二（局部）

清太祖武皇帝實錄漢文本卷二（局部）

史料歷劫——
從故宮舊檔看清實錄的竄改

實錄的本義,是據實記錄,事無虛構。《漢書》〈司馬遷傳贊〉說:「遷有良史之材,服其善序事理,辨而不華,質而不俚。其文直,其事核,不虛美,不隱惡,故謂之實錄。」所謂實錄,就是符合實際的記載。與客觀事實相符合的歷史記載,始可稱爲信史。

我國歷代實錄的纂修,始於南朝的梁,是一種編年史,專記某一皇帝統治時期的大事。《隋書》〈經籍志〉著錄有梁周興嗣撰《梁皇帝實錄》三卷,記載梁武帝在位四十八年間的大事;謝吳撰《梁皇帝實錄》五卷,記載梁元帝在位三年間的大事,但其書俱已散佚。唐代以來,每帝都修實錄,後世因之。明清兩代,由繼位新君特設實錄館,命內閣大學士充任監修總裁官,其餘分兼副總裁、總纂、纂修等職,專司纂修實錄的工作。按照清代制度的規定,實錄告成後,即由實錄館繕寫正副本五份,每份又書寫滿、漢、蒙文各一部,書皮分飾紅綾及黃綾。大紅綾正本二部:一貯皇史宬;一貯奉天大內。小紅綾本二部:一貯乾清宮宮,一貯內閣實錄庫。內閣大庫所貯實錄,是專備進呈之用,所以又稱爲閣本。小黃綾本通稱爲副本,亦貯存於內閣實錄庫。

太祖朝實錄失實

清太祖朝實錄,始修於清太宗時。天聰九年(1635)八月,《清太祖實錄圖》告成,此書先由巴克什額爾德尼修成,經庫爾

纏增補，並由書工張儉、張應魁繪圖。因《清太祖實錄圖》與歷代帝王實錄的體例不合，又命內國史院大學士希福、剛林等人以滿、蒙、漢三體文字改編實錄。崇德元年（1636）十一月，纂輯告成，題爲《大清太祖承天廣運聖德神功肇紀立極仁孝武皇帝實錄》，共四卷四冊，簡稱《清太祖武皇帝實錄》，就是清太祖朝實錄的初纂本。順治初年，重繕《清太祖武皇帝實錄》，原本也因此散佚。康熙二十一年（1682）十一月，特開史局，命大學士勒德洪充監修總裁官，大學士明珠等人爲總裁官，重修清太祖朝實錄，增刪潤飾，釐爲十二卷。康熙二十五年（1686）二月，書成，題爲《大清太祖承天廣運聖德神功肇紀立極仁孝睿武弘文定業高皇帝實錄》，簡稱《清太祖高皇帝實錄》。雍正十二年（1734）十一月，將《清太祖高皇帝實錄》復加校訂，歷時五載，於乾隆四年（1739）十二月，始告成書，計實錄十卷，序、表、凡例、目錄三卷，合爲十三卷，此即清太祖朝實錄重修本的定本，書坊及國內外各圖書館所見《清太祖高皇帝實錄》，就是乾隆四年校訂完成的重修本。

　　國立故宮博物院現藏《清太祖武皇帝實錄》漢文本共三套，每套二函四冊，計十二冊；滿文本存三卷三冊。都是紅綾封面，白鹿紙，朱絲欄楷書。書中於康熙以降諸帝名諱俱不迴避，當即順治年間重繕的初纂本。其書法質樸，譯名俚俗，對於清代先世，亦直書不諱，其記載最近眞相。《清太祖高皇帝實錄》經康熙朝以降再三重修，整齊體例，增刪潤飾，斟酌損益，雖有正誤之功，究難掩湮沒史蹟之過。例如明神宗萬曆二十七年（1599）九月，《清太祖武皇帝實錄》記載哈達國主被殺一節說：

　　　　自此哈達國遂亡，後太祖欲以女莽姑姬與孟革卜鹵爲妻，
　　　　放還其國，適孟革卜鹵私通嬪御，又與剛蓋通謀欲篡位，

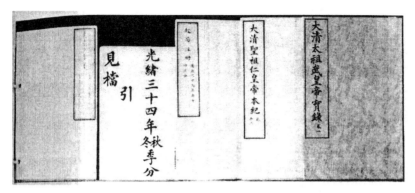

清代實錄、本紀、引見檔、滿漢起居注冊封面

　　事洩，將孟革卜鹵、剛蓋與通姦女俱伏誅。

　　哈達國主孟革卜鹵被擒後，竟與清太祖的妃嬪通姦，有辱祖宗顏面，不宜見諸官書。《清太祖高皇帝實錄》修改後作：

　　　其後上欲釋孟格布祿歸國，適孟格布祿與我國大臣噶蓋謀逆事洩，俱伏誅。

　　孟格布祿是孟革卜鹵的同音異譯，句中盡刪其私通嬪御的事蹟。萬曆三十一年（1603）九月，中宮皇后納喇孟古姐姐薨逝，《清太祖武皇帝實錄》記載說：「太祖愛不能捨，將四婢殉之，宰牛馬各一百致祭。」殺侍婢殉葬，並非滿洲舊俗，所以《清太祖高皇帝實錄》刪略殺四婢殉后一節。

　　萬曆四十三年（1615）閏八月，《清太祖高皇帝實錄》記載說：「皇長子洪巴圖阿爾哈圖土門貝勒褚英薨，年三十六。」清太祖的長子褚英薨逝的原因，隻字不提。國立故宮博物院典藏《舊滿洲檔》四十大本，都是滿洲入關前以無圈點老滿文及加圈點新滿文所記載的原檔，是探討清太祖和清太宗兩朝在關外活動的珍貴紀錄，其中記載褚英被殺的經過，翔實可信，將滿文譯出

漢文後，其全文仍長達二千一百餘字。大意是說皇長子褚英於父皇出征烏拉部後奉命留守，執掌國政，褚英竟詛咒出征的父皇及五大臣。把父皇、弟弟們及五大臣的名字都寫在咒文中，對天地焚燒。萬曆四十一年（1613）三月二十六日，清太祖將褚英囚禁於高牆內。但褚英仍不知悔改，二年後，於萬曆四十三年（1615）八月二十二日，下了最大的決心，而將褚英處死。虎毒不食子，清太祖竟將親生的長子褚英親手處死，不合儒家規範，因此，《清太祖高皇帝實錄》諱而不言，以致不詳其死因。

　　清太祖崩殂後，諸貝勒逼令帝后殉葬，帝后支吾不從，《清太祖武皇帝實錄》記載頗詳，原文云：

> 帝后原係夜黑國主楊機奴貝勒女，崩後，復立兀喇國滿泰貝勒女爲后。饒豐姿，然心懷嫉妒，每致帝不悅，雖有機變，終爲帝之明所制留宅。恐後爲國亂，預遺言於諸王曰：「俟吾終，必令殉之。」諸王以帝遺言告后，后支吾不從。諸王曰：「先帝有命，雖欲不從，不可得也。」后遂服禮衣，盡以珠寶飾之，哀謂諸王曰：「吾自十二歲事先帝，豐衣美食，已二十六年，吾不忍離，故相從於地下，吾二幼子多兒哄、多躲當恩養之。」諸王泣而對曰：「二幼弟吾等若不恩養，是忘父，豈有不恩養之理。」于是后於十二日辛亥辰時自盡，壽三十七。

　　《清太祖高皇帝實錄》對帝后的殉葬，記載簡略，其文如下：

> 先是孝慈皇后崩後，立烏喇國貝勒滿太女爲大妃，辛亥辰刻，大妃以身殉焉，年三十有七。

　　《清太祖武皇帝實錄》記載諸王逼殺帝烏拉納喇一節，全文長達二百餘言，，《清太祖高皇帝實錄》經刪略後，僅剩三十五

字。孝慈高皇后葉赫納喇氏崩逝後，清太祖即立烏拉納喇氏爲皇后，《清太祖高皇帝實錄》改「后」爲「大妃」。天命十一年（1626）八月十一日庚戌，清太祖崩殂，次日辛亥上午七時，諸王即逼令皇后烏拉納喇氏殉葬。皇后烏拉納喇氏生三子，長子阿濟格，幼子多兒哄，即多爾袞，多躲即多鐸。按照滿洲社會的舊俗，所有嫡子不拘長幼，都有繼承皇位的權利。在清太祖的十六子之中，其可稱爲嫡子的，只有四位大福晉所生的八子，即：佟佳氏所生的褚英、代善；富察氏所生的莽古爾泰、德格類；葉赫納喇氏所生的皇太極；烏拉納喇氏所生的阿濟格、多爾袞、多鐸。褚英被殺後，所餘七個嫡子中任何一人都有繼承皇位的權利。清太祖寵愛事奉他二十六年的皇后烏拉納喇氏，尤疼愛幼子多爾袞，在清太祖生前已將傳位多爾袞的旨意告知烏拉納喇氏。但因清太祖崩殂時，多爾袞年幼，皇太極兵權在握，智勇雙全，諸王擁護皇太極，於是假藉清太祖遺命，逼令烏拉納喇氏殉葬，以杜其口，烏拉納喇氏遂成爲皇位角逐中的犧牲者，皇太極終於取得最後的勝利，繼承了皇位。順治年間，攝政王多爾袞就說過：「太宗文皇帝之位原係奪立。」孟革卜鹵私通嬪御，事不雅馴，固皆刪略。諸子逼殺母后，褻瀆聖德，亦例不應書，《清太祖高皇帝實錄》遂將大妃殉葬出自諸王逼迫的記載，諱而不錄。

　　《清太祖武皇帝實錄》記載建州款明，語多卑順，敬書「大明」字樣，《清太祖高皇帝實錄》則盡刪對明敬詞，對於戰爭勝負，誇張尤甚。天命四年（1619）三月，薩爾滸之役，《清太祖武皇帝實錄》記載戰爭結果云：「戰三路兵時，我兵約折二百人。」《清太祖高皇帝實錄》則以征服者的語氣，誇大記載說：「是役也，明以傾國之兵，雲集遼瀋。又招合朝鮮、葉赫，分路來侵，五日之間，悉被我軍誅滅。宿將猛士，暴骸骨於外，士卒

死者不啻十餘萬,舉國震動。我軍迅速出師,臨機決策,將士爭
先,天心佑助,以少擊衆,莫不摧堅挫銳,立奏膚功。策勳按
籍,我士卒僅損二百人,自古克敵制勝,末有若斯之神者也。」
誇大戰功,用兵如神,增飾已多。《清太祖高皇帝實錄》增入的
上諭不見於《清太祖武皇帝實錄》者,竟多達五十三道,多出康
熙、雍正、乾隆諸帝己見,增損舊檔,杜撰史事,多非實錄。

太宗朝實錄的增飾刪削

清太宗朝實錄也有初纂本和重修本的分別。順治六年
(1649)正月,開館纂修太宗實錄,以大學士范文程等人爲總裁
官,學士王鐸等人爲副總裁官。順治十二年(1655)二月,纂輯
告成,凡四十卷,每卷一冊,附目錄一冊,此即《清太宗文皇帝
實錄》初纂本。康熙十二年(1673)八月,命大學士圖海爲監修
總裁官、學士勒德洪等爲總裁官,特開史局,蒐討訂正。康熙二
十一年(1682)九月,重修告竣,全書合凡例目錄滿、蒙、漢文
本各六十七卷,是爲康熙年間重修本。雍正九年(1731)十二
月,《清聖祖仁皇帝實錄》告成,大學士鄂爾泰以三朝實錄內人
名、地名字句與《清聖祖仁皇帝實錄》前後未曾畫一,雍正十二
年(1734)十一月,鄂爾泰奏請派滿、漢大臣簡選翰林官員重加
校對,開館訂正,酌改繕寫。清高宗即位後,繼續增刪潤飾,乾
隆四年(1739)十二月,校訂繕竣,釐爲六十八卷,是爲乾隆年
間重修本,亦即定本《清太宗文皇帝實錄》,坊間所見者,即此
定本實錄,書中凡遇清聖祖御名玄燁、世宗御名胤禛,俱行改
避,易「玄」爲「黑」或「元」,易「胤」爲「蔭」。

清太宗朝實錄的重修,其刪削增飾,主要是在康熙年間,其
初纂本是重修以前的寫本實錄,書法質樸,譯名俚俗,成書較

早，保存史料較多，重修本每因隱諱而刪略史事。天聰八年（一六三四）正月初一日，初纂本記載清太宗往大貝勒代善府第拜年云：

> 上行三跪九叩頭禮，大貝勒令其子芍托阿哥跪奏曰：「上行九拜，異日必生九子，一統天下，永享遐齡，共樂太平。」

重修本修改為：

> 詣大貝勒代善第拜之，以代善兄行，有加禮。代善令其子碩託跪奏曰：「上恩優渥，臣無以報，惟願上富壽多男，一統天下，永享太平。」

清太宗繼承皇位，曾得到兄長大貝勒代善的支持，因此，清太宗雖位居人君，仍按舊俗向兄長代善行三跪九叩頭禮，惟原書謂九拜而生九子，近乎無稽之言，經重修本刪削後，其文意已不同。天聰九年（1635）八月二十五日，初纂本記載：

> 和芍兔額夫妻格格，不遵禁約，私養娼妓在外，一娼縊死於祖可法妻弟之家。

重修本改為：

> 初額駙和碩圖所尚公主不遵訓誡，致一婦人縊死於祖可法妻弟之家。

將「私養娼妓」等字樣俱行刪略。同年十二月初三日，初纂本記載云：

> 莽古兒泰貝勒六子邁答里、光袞、查哈量、阿哈塔、舒孫、噶納亥，得格壘貝勒之子鄧什庫等俱為庶人。初滿洲國本族婦女及伯母、叔母、嫂等，皆無嫁娶之禁，後汗以亂倫嚴禁之。莽古兒泰、得格壘二貝勒既行悖逆之事，即為仇敵，因令眾貝子願者便娶莽古兒泰二妻，和格貝勒納

其一，姚托貝勒納其一。得格壘一妻，阿吉格貝勒納之，
其餘侍妾並罪犯之妻妾，俱各配人。

重修本經刪削後作：

莽古爾泰六子邁達里、光袞、薩哈聯、阿克達、舒孫、噶
納海，德格類子鄧什庫等俱降爲庶人，屬下人口財產入
官。

初纂本已指出滿洲風俗，凡娶伯母、叔母、兄嫂，均不禁
止。莽古爾泰是清太宗皇太極的五哥，和格即豪格，是皇太極的
長子，豪格納莽古爾泰一妻，就是姪娶伯母；姚托又譯作岳託，
是大貝勒代善的長子，岳託納莽古爾泰一妻，就是姪娶叔母；得
格壘又譯作德格類，是清太祖第十一子，阿吉格又譯作阿濟格，
是清太祖第十二子，阿濟格納德格類妻，就是弟娶兄嫂，重修本
以其不合儒家倫常規範，而俱行刪削，滿洲婚姻舊俗，逐不得其
詳。

初纂本語法質樸，文字俚俗，重修本每因其詞義不當，而逐
句潤飾，以致所載史事，常見失眞之處。天聰五年（1631）六月
十九日，初纂本記載大貝勒代善第五子巴喇瑪因出痘身故，清太
宗從避痘地方想前往弔唁，代善再四遣人請止說：「上未出痘，
不可來。」重修本潤飾後作「聖躬關係重大，臣民仰賴，蒙上溫
慰，我安敢不節哀，無煩車駕親臨也。」清太宗未曾出痘，隻字
未提。崇德二年（1637）七月初五日，初纂本記載清太宗諭旨
云：「前朝鮮旣平，朕因未出痘，懼而先回。」重修本亦將清太
宗未出痘等句刪略不書，而不詳事實眞相。崇德四年（1639）七
月十六日，初纂本記載「是日，宴中，以和碩睿親王於濟南德王
府中所得龍卵一枚，及龍卵作成二碗，命衆觀之。」民間關於龍
蛋之說，由來已久，重修本以龍卵之說荒誕不經，所以刪略不

載。清太宗在位期間，積極向外發展，屢次對外用兵，且廣納叛民，但漢人被殺者仍多。天聰元年（1627）正月二十八日，初纂本記載阿敏貝勒答高麗書說：「辛酉年，我來拏毛文龍，凡係漢人，拏獲殺死。」因恐引起漢人反感，所以康熙年間重修清太宗朝實錄時，即將殺死漢人字樣盡行刪削，重修本遂改作「辛酉年，我軍攻剿毛文龍，惟明人是問。」

康熙實錄將皇帝神格化

　　國立故宮博物院現存康熙朝《清聖祖仁皇帝實錄》漢文本共一九七冊，滿文本共八一冊，對照清宮舊檔後，發現康熙朝實錄仍多竄改，由於隱諱潤飾的習慣，原始史料多經增損。例如撫遠大將軍奏報準噶爾軍情，據《清聖祖仁皇帝實錄》記載如下：

> 撫遠大將軍伯費揚古疏報，康熙三十六年四月初九日，臣等至薩奇爾巴爾哈遜地方，厄魯特丹濟拉等，遣齊奇爾寨桑等九人來告曰，閏三月十三日，噶爾丹至阿察阿穆塔台地方，飲藥自盡，丹濟拉、諾顏格隆、丹濟拉之婿拉思綸，攜噶爾丹尸骸，及噶爾丹之女鍾齊海，共率三百戶來歸。

　　國立故宮博物院現藏康熙朝《起居注冊》漢文本共二一一冊，滿文本共四三八冊，現藏宮中檔內康熙朝滿文奏摺共八百餘件。檢查滿、漢文本《起居注冊》及滿文奏摺後，發現準噶爾汗噶爾丹並非「飲藥自盡」。撫遠大將軍費揚古滿文奏摺指出噶爾丹在阿察阿穆塔台地方死亡的日期是在康熙三十六年（1697）三月十三日。其原摺內錄有準噶爾使者齊奇爾寨桑的供詞，茲將滿文奏摺所錄齊奇爾寨桑供詞，按照原件影印於下，並譯出羅馬拼音及漢文：

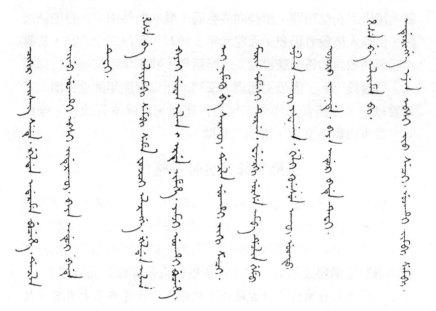

由滿文奏摺可看出噶爾丹並非「飲藥自盡」

Cikir jaisang sede, g'aldan adarame bucehe, danjila ainu uthai ebsi
齊奇爾　寨桑　於們　噶爾丹　如何　　死了　丹濟拉　爲何　即往此
jiderakū, baya endur bade tefi, hese, be aliyambi sembi seme fonjici
不來　巴雅　恩都爾　於地　住了　旨　把　等候　云　　云　　問時
alarangge, g'aldan ilan biyai juwan ilan i erde, nimehe, yamji uthai
告訴的　噶爾丹　三　月的　十　　三　的　晨　病了　　晚　即
bucehe ai nimeku be sarkū, danjila uthai jiki seci, morin umesi turga,
死了　何　病　　把　不知　丹濟拉　即　欲來　說時　馬　　甚　　瘦
fejergi urse amba dulin gemu ulga akū yafagan, geli kunesun akū, uttu
屬下　衆人　大　　半　皆　牲口　無　步行　又　行糧　　無　此
ojoro jakade, baya endur bade tefi, hese be aliyame bi enduringge
因爲　之故　巴雅　恩都爾　於地　住了　旨　把　　等候　在　　聖主
ejen ebsi jio seci, uthai jimbi sembi,
往　此　令來　時　即　　來　　云

間齊奇爾寨桑等：噶爾丹如何死亡？丹濟拉何以不即前來
而留駐巴雅恩都爾地方以候聖旨？據告云：噶爾丹於三月
十三日晨得病，至晚即死，不知何病？丹濟拉欲即前來，
因馬甚瘦，屬眾大半皆無牲口，俱係徒步，復無行糧，因
此暫駐巴雅恩都爾地方等候聖旨，聖主若許其前來，即遵
旨前來等語。

　　《清聖祖仁皇帝實錄》的記載，是按照撫遠大將軍費揚古滿
文奏摺摘譯後加以潤飾，將齊奇爾寨桑等人的供詞刪略後修成
的。噶爾丹的死因，據齊奇爾寨桑供稱是在康堅三十六年三月十
三日夜晚病故，《清聖祖仁皇帝實錄》改作「飲藥自盡」，並將
其死亡日期改繫於閏三月十三日。清實錄竄改史料的主要原因是
與康熙皇帝御駕親征準噶爾有密切關係。噶爾丹屢次越過阿爾泰
山，侵擾喀爾喀，窺伺青海，為止戈靖邊，康熙皇帝御駕親征，
欲大張撻伐，康熙三十六年三月十三日，康熙皇帝駐蹕庫爾祈
喇，閏三月十三日，駐蹕寧夏，為配合康熙皇帝的行程，並表示
敵人聞風喪膽，遂將準噶爾汗噶爾丹的死亡改繫於閏三月十三日
飲藥自盡。清代實錄館歪曲事實，竄改史料的主要用意，是要把
康熙皇帝神格化。

　　康熙皇帝以八歲即位，在位六十一年之久，為國史上所罕
見。他不僅擅長武術，而且也通曉中國歷代古籍，書法亦佳。日
本史家宮崎市定教授已指出康熙皇帝以降諸帝，全都精研中國學
術，乃是一系列的文化人。誠然，康熙皇帝不僅酷嗜西學，尤其
熱愛儒家文化，清初三朝實錄的修改，其增刪潤飾，主要就是在
康熙年間完成的。明代制度，重修告成後，即將舊本焚之蕉園，
但康熙年間重修三朝實錄，未嘗焚稿，所以順治年間完成的初纂
本，仍存閣庫，康熙年間的未定稿，亦流落民間，可就初纂本及

傳抄稿本校訂重修本，清代君主固然喜於隱諱，惟就其未嘗焚燬舊稿而言，已屬難能可貴了。

隸烈婦朱氏。拒姦身死。給銀建坊如例。○甲子。

御舟泊布古圖地方。○撫遠大將軍伯費揚古

聖祖仁皇帝實錄　卷一百八十三　　七

疏報康熙三十六年四月初九日。臣等至薩

奇爾巴爾哈孫地方尼魯特丹濟拉等遣齊

奇爾寨桑等九人來告曰。閏三月十三日噶

爾丹至阿察阿穆塔台地方飲藥自盡丹濟

拉諾顏格隆丹濟拉之婿拉思綸攜噶爾丹

尸骸及噶爾丹之女鍾齊海共率三百戶來

歸丹濟拉因馬疲瘠又無糧糗是以住於巴

雅恩都爾地方候其吳爾占扎卜色稜阿

巴塔爾。阿剌爾拜額爾德尼吳爾扎忒喇嘛

清聖祖仁皇帝實錄卷一八三（局部）

清初火耗歸公的探討

一、錢糧火耗的由來

　　耗羨是正額以外所徵收的附加稅，主要為正賦耗羨與雜賦羨餘。正賦的附加稅包括錢糧火耗與糧米本色雀耗、鼠耗等，老鼠損耗糧米尤重，耗子就成為老鼠的別稱。羨餘包括稅課、錫金、平頭等項，名目繁多。自夏商周至於唐代，國家所徵於民者，主要為粟帛本色，因此，雀耗、鼠耗由來已久。唐代建中元年（780），採行兩稅法，改為徵錢，元代歲課，開始徵銀①，明代徵收正雜錢糧，銀錢並納。錢的幣材主要為黃銅，錢幣的形式、文字、重量、成色等都有定制，由官方設局鼓鑄，所以稱為制錢。清太祖時期，開始鑄「天命通寶」，以滿漢文別為二品，清太宗因之，另鑄「天聰通寶」。清世祖順治元年（1644），於戶部置寶泉，工部置寶源局，分鑄「順治通寶」，每文重量為一錢。次年，改鑄一錢二分。十四年（1657），加至一錢四分。是年，戶部題准徵收錢糧，銀七錢三，銀儘數提解，其錢充存留之用②。元寶是秤量貨幣，並非計數貨幣，本色折銀鎔銷改鑄時，不無折耗，而輾轉解送，在在需費，州縣徵收錢糧時，遂於正項之外稍取盈餘，以補折耗之數③。銀色好壞有差等，最佳者為足色紋銀，不良銀色，徵收鎔鑄時，損耗更多。其初僅限於不良銀色徵收火耗，後來相沿成例，折銀交納時，一律徵收附加稅④。

　　民間完納錢糧，多係小錠碎銀，州縣必須傾鎔，其提解赴司，又有平頭腳費，沿路盤纏，俱由納稅者負擔，州縣胥役假公

濟私，任意加添火耗。顧炎武於「錢糧論」一文中指出火耗的由來及其病民情狀，其原文略謂：

> 嗚呼！自古以來，有國者之取於民爲已悉矣，然不聞有火耗之説，火耗之所由名，其起於徵銀之代乎！此所謂正賦十而餘賦三者與！此所謂國中飽而姦吏富者與！此國家之所峻防而汙官猾胥之所世守以爲子孫之寶者與！此窮民之根，匱財之源，啓盜之門，而庸懦在位之人所目?而不救者與！原夫耗之所生，以一州縣之賦繁矣，戶戶而收之，銖銖而納之，不可以瑣細而上諸司府，是不得不資於火，有火則必有耗。所謂耗者，特百之一二而已，有賤丈夫焉，以爲額外之徵不免干於吏議，擇人而食，未足厭其貪惏，於是藉火耗之名，爲巧取之術。蓋不知起於何年，而此法相傳，官重一官，代增一代，以至於今，於是官其贏十二三，而民以十三輸國之十，里胥之纂，又取其贏十一二，而民以十五輸國之十，其取則薄於兩，而厚於銖，凡徵收之數兩者，必其地多而豪有力可以持吾之短長者也，銖者必其窮下戶也，雖多取之，不敢言也，於是兩之加爲十二三，而銖之加爲十五六矣。薄於正賦，而厚於雜賦，正賦，耳目之所先也，雜賦，其所後也，於是正賦之加爲十二三，而雜賦之加爲或至於十七八矣。解之藩司，謂之羨餘，貢諸節使，謂之常例，責之以不得不爲，護之以不可破，而生民之困，未有甚於此時者矣⑤。

火耗的徵收，始於正賦徵銀以後，由於火耗日增，生民益困。小戶百姓糧額不多者，交納制錢，簡便易行，流弊亦少，顧炎武曾論其利弊云：

> 愚嘗久於山東，山東之民無不疾首蹙額，而訴火耗之爲虐

者，獨德州則不然，問其故，則曰，州之賦二萬九千，二
爲銀，八爲錢也。錢則無火耗之加，故民力紓於他邑也，
非德州之官皆賢，里胥皆善人也，勢使之然也。又聞之長
老言近代之貪吏倍甚於唐宋之時，所以然者，錢重而難
運，銀輕而易齎；難運則少取之而以爲繁，易齎則多取之
而猶以爲少，非唐宋之吏多廉，今之吏貪也，勢使之然
也，然則銀之通，錢之滯，吏之寶，民之賊也。在有明之
初，嘗禁民不得行使金銀，犯者准奸惡論。夫用金銀何奸
之有而重爲之禁者，蓋逆知其弊之必至於此也⑥。

　　徵收制錢，旣無火耗之加，州縣不能徵收額外附加稅，百姓
固樂於完納，惟錢重難運，而且價有貴賤，支放兵餉，諸多不
便，清代雍正初年，和碩親王允祥指出：

　　查錢糧交納制錢，似於百姓易使。但銀有一定分兩，錢價
　　則有貴賤，今將所收制錢於存留項下支銷，錢貴之時，支
　　給兵餉工食，兵丁夫役，自欣然樂從。倘遇錢價減賤，則
　　兵役斷不肯領賤價之錢，虧其應得銀兩之數，州縣又未必
　　能捐資賠補，恐致生事⑦。

　　錢糧徵收銀兩，銀輕易解，有一定分兩，又可加添附加稅，
徵收制錢，地方官無火耗，遂不樂使用。貴州提督總兵官楊天縱
於「敬陳黔省行使制錢之法」一摺略謂：

　　制錢乃係國家通寶，而各省皆用，惟貴州一隅未能使行，
　　臣荷蒙聖恩，簡畀斯土，兩載以來，細察其情，始悉非民
　　之不用，實由於地方官之不樂行也。蓋每年應收正雜錢
　　糧，每兩明則加火耗貳錢，其實竟有加至肆伍錢不等，且
　　布政司衙門每兌收銀壹百兩，加輕平銀伍兩，若收錢則無
　　羨餘，是以不行收納，至於百姓，從前滇省曾發制錢，試

用一文二文，隨手交易，較之用銀，毫釐不拆，孰不稱
便，只因糧賦一項，官不准收，百姓視爲無益，遂爾使之
不行⑧。

楊天縱請飭各府州縣百姓應納錢糧一兩以下者，俱收制錢，
一兩以上者，銀錢並收，各稅口亦許銀錢並納，俾制錢流通無壅
滯。鴻臚寺少卿單疇書於「敬陳州縣徵糧銀錢並收之法以恤窮
黎」一摺亦謂：

百姓貧富不等，應納錢糧多寡迥異，其畸零小戶，糧數無
多者，大都零星擇賣糧食，變易柴薪，獲錢以爲完糧之
用。但蚩蚩愚氓，既不知銀色高低，又不諳納糧規矩，且
恐自封投櫃，稍與官戥不符，必致捉拿短少，因有行戶銀
匠里胥人等代爲包納。其包納之人專於漁利，於火耗外又
指易銀須傾銷之折耗，入櫃有官戥之加添，更有串票封袋
諸費，一任勒索，如制錢一百文，買銀一錢，只作得六七
分實數，較之市價，每銀一錢，多費錢三四十文不等，小
民受累實甚。臣伏查定例內州縣雜項錢糧，原有收放制錢
之例，臣愚以爲嗣後百姓額多者仍照舊完銀外，其小戶止
該糧銀三四錢以內者，似宜聽從民便，銀錢並納，該州縣
將所收之錢即於存留項下支銷⑨。

州縣徵糧，銀錢並納，不失爲「恤窮黎」的良法，但清世宗
認爲制錢既不流通，於存留項下支銷搭放，「與兵無益」。州縣
包納錢糧，積弊叢生，折耗加添，任意勒索，火耗虐民，可見一
斑。

明代末年，其累民最甚者，莫過於加派遼餉、勦餉與練餉，
僅此三餉，已數倍於正賦。更有召買糧料，計畝加徵，衙蠹豪
惡，朘民肥己，剝脂刮髓，民不聊生。清世祖御極之初，諭令革

除前明秕政，凡正額以外，一切加派，盡行蠲免。順治元年
（1644）七月，天津總督駱養性啓請豁免明季加派錢糧，但徵正
額及火耗，每兩加火耗三分。攝政王多爾袞以徵收錢糧每兩加火
耗三分，是貪婪積弊，而嚴行禁革，如有違禁加耗者，即以犯贓
論，審實論斬⑩。同年十月，清世祖頒佈即位詔，令有司徵收錢
糧時，但取正額，凡分外侵漁，秤頭火耗，俱重科加罰，其巧取
民財者，亦嚴加禁約，違者從重參處。

清初課稅方針，極力避免增加正賦，地方正項，不得輕易動
支，又不許私派浮收，州縣遂藉口種種名目，以加添重耗，火耗
病民，更加嚴重。康熙四年（1665）正月，清聖祖因聞守令貪
婪，於徵收錢糧時暗加火耗，或指公費科派，或向行戶強取，藉
端肥己，獻媚上司，故令科道官察訪糾參⑪。清廷禁令雖嚴，惟
直省州縣，仍私徵重耗，將禁令置若罔聞。康熙二十四年
（1685），廣西道御史錢珏曾訪聞山西太原府各州縣徵收錢糧
時，有司俱加添火耗，累民肥己，而司道府廳又復多方需索，有
司不得不加派於民，以致各州縣徵銀時，每兩有加至三、四錢
者。是年六月，錢珏疏請禁止。

康熙年間，屢次用兵，軍需挪用，陋習相沿，所有無名冗
費，俱於藩庫內取用，因循積累，欠帑日多，以致各省庫帑皆有
虧空。平定三藩之亂時，原任湖廣布政使徐惺挪用兵餉，經四十
餘年之久，仍然未能清完。康熙三十六年（1697），因準噶爾之
役，山西、陝西等省供應軍需，各州縣皆徵收重耗。是年五月，
清聖祖諭大學士及九卿等云：

> 朕前巡行直隸、山東、江南、浙江，見地方人民，皆各安
> 生業，大小官員，恐朕不時臨幸，咸兢兢守法奉職，以為
> 他省類皆如此。頃由大同，歷山西、陝西邊境，以至寧

夏，觀山陝民生，甚是艱難，交納錢糧，其火耗，有每兩
加至二、三錢不等者。前曾面問總督吳赫，據言西安等
府，距省甚近，收耗尚輕，若沿邊所在地方，火耗不免加
重矣。至於山西，特一小省，聞科派竟至百萬，民何以
堪？科道官因朕已經訪聞，始行參劾，並未有言於未發覺
之前，亦屬何益⑫？

　　陝西沿邊因徵收重耗，以致民生艱難。康熙五十年
（1711）。浙江省藩司庫帑約計虧欠銀二十餘萬兩：原議以州縣
耗羨及官役俸工二項抵補，但耗羨一項，雖出諸官，實取諸民，
不肖有司往往借端科派，苦累百姓，浙江巡撫王度昭通飭禁革
⑬。康熙六十年（1721）五月，廣西巡撫高其倬亦奏報廣西通省
徵收錢糧，名為一分火耗，而零封併拆，戥頭所積，實有一分二
釐，離省城稍遠州縣，間有加至一分四、五釐者。高其倬到任以
後，即嚴飭各州縣錢糧在二千兩以外者，其火耗只許加一分，錢
糧在二千兩以內者，因火耗加一分不敷使用，恐反致派累地方，
故按向來舊規加一分二釐徵收⑭。

　　清初定例，私派之罪甚重，清聖祖在位期間，督撫奏請增加
火耗，清聖祖俱不准所請，惟各省虧空纍纍，私徵火耗以彌補虧
空，相沿已久，山西、陝西虧空尤甚，其主要根源，實因用兵期
間，大兵經行之處，督撫藩司資助馬匹、盤費、衣服、食物繁
多，倉卒之間，無可設法，不得不挪用庫帑。虧空錢糧各官，經
題參離任後，新任各官又不代為完清，其虧空銀兩，終無著落。
陝西總督年羹堯等題參虧空各屬員，並請將此項銀兩追出，以充
兵餉，但追比不得，竟無從賠補。陝西巡撫噶什圖無可奈何，乃
與年羹堯會商，將民間火耗加徵墊補，密摺奏聞，說明陝西虧空
甚多，若止於參革官員名下追補，究竟不能速完，各州縣火耗，

每兩有加二、三錢者，有加四、五錢者，除量留本官用度外，其餘俱捐補通省虧空。康熙六十一年（1722）十月，清聖祖頒降諭旨，略謂：

> 巡撫噶什圖密奏，欲加通省火耗，以完虧空，此摺朕若批發，便謂朕令加徵，若不批發，又謂此事已曾奏明，竟自私派。定例，私派之罪甚重，火耗一項，特以州縣官供應甚多，故於正項之外，略加些微，以助常俸所不足，原屬私事，若公然如其所請，聽其加添，則必致與正項一例催徵，將肆無忌憚矣，所以將噶什圖奏摺申飭批發⑮。

州縣私自加添火耗，清聖祖深悉火耗不可禁止，故默認其事實，不予追究，但不願承受加派之名，恐為聖德之累，而不明許加徵火耗。

明清官俸甚薄，不足以給用，直省臣工遂於正俸之外接受節禮。州縣供應上司的節禮，名目繁多，亦為導致庫帑虧空而徵收重耗的原因之一。端陽、中秋、新年、生旦四節，俱送厚禮。署理廣東巡撫事務布政使年希堯查明廣東巡撫衙門規例，一年四節，司道府州縣共送節禮約計銀五萬兩，廣西九府送布政使節禮，每節各四十兩，六十三州縣大小不等，或二十四兩，或十二兩，約計每節可得銀一千三百餘兩。浙江省按察使司衙門向有各屬四季節禮，連隨封共銀一萬七千七百四十餘萬兩，鹽務規禮連隨封共銀四千四百餘兩，送刑部等禮，四季共銀四千五百餘兩，其餘各省亦皆收受節禮。除節禮以外，州縣每藉欽差大人回京，而科派大人費，由督撫開單，派之州縣，州縣暗加火耗，轉以派之里民。督撫衙門因與外界隔絕，向由管門家人出入傳稟，號稱堂官，引進屬員，向有門禮陋規。據湖南巡撫布蘭泰指出各屬員所送門禮，上縣十兩，中縣八兩，下縣六兩，道府加倍，藩臬兩

司又加倍。節禮等項銀兩旣多,遂挪正項,以致庫帑虧空。河東總督田文鏡指出山東錢糧半虧在官,半虧在役,實在民欠無幾,其原摺略謂:

> 至于火耗太重,正項不完者,其故何在?臣查東省耗羨,統係加壹捌,內除解費添平并存縣辦公銀兩外,悉行解司,而州縣則徵加貳、加貳伍、加貳柒捌不等,耗重而民力不支,是以艱于輸納,此又臣之所訪最確者也。雖經臣大張告示,嚴檄飭禁,並咨會署撫臣岳濬協力禁止在案,誠恐積弊已深,一時難以頓改,何也?從來大法則小廉,上行則下效,州縣之加耗加派,其利全不入州縣之手,其罪全不在州縣之官,自巡撫布按兩司道府直隸知州同知通判,皆不得而辭其責也。山東州縣不論大中小,每州縣給養廉銀壹千兩,而上司陋規每年卻用至叄肆千兩,斷不可少,即有上司不得而歸公者,亦有上司不收而縱容書役家人索取者,如州縣進見壹次,必索門包,巡撫衙門必得拾陸兩,布按兩司必得捌兩,糧道衙門必得拾貳兩,驛道衙門必得伍兩,兗寧道衙門必得捌兩,巡道衙門必得伍兩,本府本州衙門必得拾陸兩,同知通判每衙門必得叄肆兩,此各州縣謁見上司之難。及解丁地錢糧則有鞘費、部費、敲平、飯食、驗色、紅簿、掛牌、草簿、寄鞘、發鞘、劈鞘、大門、貳門、內柵、外柵、巡風、付子、實收投批投文茶房等名色,每解銀壹千兩,約需銀叄拾兩不等,又解黃蠟、牛角、弓面、輕齎席草鹽鈔、臨倉使費、河銀解費、驛站使費、起解夫馬小建、閏月裁減各役小建等銀,添搭奏銷部費冊費、稿房冊費、糧倉部費、外房使費冊費、本府封筒民壯幫貼:本府更夫炮手聽差廚役水火輜傘

等夫起解課程、按察司刑名部費，以上各項約得貳叄千兩
不等，上司之需索不已，則各屬之供應實難，不能不向小
民而加耗加派⑯。

　　州縣徵收重耗，百姓無力完納，也是導致虧空的重要原因。
直省臣工雖無按節餽送之文，卻有面見暗投之實，尤其當外任官
員陞遷離任時，往往密囑其巡捕堂官，示以幫助資斧，竟舉數年
未收禮節，取償於一旦，州縣遂挪正項，庫帑既空，遂科派百
姓，暗加火耗。

　　節禮與耗羨，原屬相因，州縣因餽送浩繁，是以暗加銀米耗
羨，巧取中飽。州縣徵收地丁銀米，向例遵照部頒法馬斗斛，立
法甚善，然而奉行日久以後，不肖有司視為故事，暗中漸加耗
羨，地方百姓起初因其為數無多，勉強交納，暗加既已得計，其
後年年復增，亦有因前任已加，接任不改，相沿成例，結果較部
頒法馬斗斛，每輛加至數錢，每斗加至數合，積少成多，貧苦百
姓的脂膏逐漸竭於暗加之中。巡視西城監察御史于國璧於「請禁
重耗濫行差役以蘇民困」一摺，略謂：

　　州縣重耗殃民，屢奉嚴禁，無如州縣之中，自愛者固多，
　　而不畏法者，亦復不少，巧立自封投櫃名色，實為重耗張
　　本。及至拆封之際，擅用大戥，以短少為名，差票四出，
　　即有壹分之少，差人一酒飯之費，已數倍矣，況再加以需
　　索乎？小民鄉居窵遠，勢不能親身補納，必央求差役代
　　交，以至壹分加至伍陸分方收，小民求其免拘足矣，只得
　　如數稱付，安敢與差役較其多寡⑰。

　　重耗殃民，直省皆然，為杜絕州縣巧取中飽積弊，于國璧奏
請以部頒法馬設於徵收錢糧處所，較準戥子，人人共見，許櫃書
稱收，再懸鑼一面，大書「不許重收」字樣，如櫃書重收，准許

被害百姓立即鳴鑼，治以重罪，但是州縣以完作欠，徵多報少，巧取中飽的積弊依然存在，上司無從知其實在完欠數目，虧空弊端，固未能釐剔，重耗虐民，亦未稍戢。

二、耗羨歸公的倡議

清初直省州縣徵收火耗，輕重不同，山西省火耗較重，正項一兩，加徵耗銀三、四錢，或四錢五、六分不等，即加徵百分之三、四十，或百分之四十五、六。陝西省徵收火耗亦重，有每兩明加二錢，而暗中實加三、四錢者。山東省火耗加二錢七、八分至三、四錢不等，漕糧加至七、八錢不等。河南省火耗自一錢八分至二錢不等，廣東省火耗自一錢五、六分至一錢八、九分不等。江蘇、浙江各屬紳衿富豪田多者輸糧獨後，火耗尤輕，每完正項銀一兩，僅徵火耗六分至八分不等，各州縣以其非正項，不敢與紳衿較爭，鄉民完糧先於紳衿，火耗亦重於紳衿，又有包收侵漁及銀匠傾折，每完正項銀一兩，其火耗輒勒至一錢以上。直省各州縣徵收火耗，向係自收自用，視爲成例。

直省臣工首先倡議耗羨歸公的是山西大吏，康熙六十一年（1722），德音在山西巡撫任內，即有提取耗羨以爲公用之舉⑱。但因地方歉收，百姓饑饉，民生艱難，德音隱匿災荒，照例催科徵納，不能勝巡撫之任，雍正元年（1723）四月二十四日，德音奉旨革職，命內閣學士諾岷補授山西巡撫。同年五月十二日，山西巡撫諾岷到任後，即酌議裁減火耗，其正項銀一兩如未及加二錢者，照舊徵收，其加二錢以外者，盡行裁去，一律以加二錢爲率⑲。山西通省火耗約五十萬兩，諾岷酌定數目，分析款項，除應給各官養廉及各項公費計銀三十萬兩外，將每年扣存耗銀二十萬兩，留補無著虧空，諾岷將辦理經過具摺奏聞，並按年

送册查銷。

徵收重耗，百姓無力完納錢糧，直省臣工相繼奏請裁減火耗。雍正元年（1723）六月二十九日，浙江提督鍾世臣於「條陳地方民生事宜」一摺略謂：

> 各省錢糧火耗應行酌減也，奴才聞各省州縣徵收小民錢糧，每正額一兩，外加火耗一錢，因等平大小不同，竟有加至三、四錢者，民多受累，今可否敕部酌定正額一兩，量加火耗若干，通飭遵奉，俾小民減得一分火耗，即受一分之惠矣⑳。

鍾世臣原摺未奉硃批，但裁減火耗難以明定錢數多寡。雍正二年（1724）正月十四日，以吏部左侍郎黃叔琳爲浙江巡撫。黃叔琳到任後，以減耗爲一善政，飭令所屬州縣徵收錢糧時，每銀一兩，概以五分爲火耗。然浙江有積年無著虧空、修理戰船津貼及歲解部費各款，皆需取自火耗。通省正額錢糧計二百六十餘萬兩，以五分火耗合算，實不能抵補前三項支出，其餘地方公事，雖開捐助，亦不敷用。署理兩浙鹺政布政使佟壽圖將火耗不敷地方公用及抵補各款之處，繕摺奏聞，清世宗披覽奏摺後痛斥浙江減耗爲黃叔琳沽名更張，「亂舉之事」。惟減耗爲一善政，民固受實惠，亦屬整飭吏治的要務。陝西甘肅布政使孔毓璞以江浙兩省向來所徵火耗，僅止於加一錢，或不及加一錢，江浙紳民猶以爲重，而紛請減耗，以除民累，陝西徵收重耗，小民受累，更甚於江浙地區，孔毓璞亦奏請量減陝西火耗。清世宗批諭云：「浙省火耗，直省如何比較得，似此已久成之規，輕易不可沽名更張，但察其尤者可也。況百姓受累不在一二成火耗也，若能令屬員不分外苛求科派，百姓亦情願輸者，密之。」㉑重徵火耗，就是分外科派，減耗歸公，百姓可免苛稅之苦，但因清世宗尚未決

心提解火耗，所以不允所請。

雍正二年（1724）正月二十二日，河南巡撫石文悼因通省虧欠未完銀計七萬二千三百餘兩，未經題參，議定由州縣將所有羨餘積累補苴，繕摺奏聞，略謂：

> 所有耗羨，各州縣輕重不等，以庫平計之，大概紳矜壹分內外，民戶壹分叁肆厘不等，通盤合算，約有壹錢叁分有零。統計全省額徵地丁銀叁百陸萬餘兩，約耗羨銀肆拾萬有零，除通省各官酌量分別給以養廉及每年有各項雜用公費，併賠墊之項，久邀睿鑒無遺，悉於耗羨內支應不復議捐外，每年約可餘耗羨銀拾伍陸萬兩，解貯司庫，以為彌補虧空，抵還借項，及辦公事之用，是舊有之虧空可以補完，庫帑不致懸欠矣！州縣既不送上司之禮，又無公捐之項，所給養廉，足資食用，不但永無虧空，抑可以砥礪廉隅，至於上下各衙門，俱有養廉，皆可專心供職，實力辦公，即有不肖上司希冀苛求，屬吏亦無所施其伎倆，是勒索之事，亦可永絕矣。徵收錢糧，既委員拆封，耗歸公貯，州縣更不能於額外加增，地方百姓自無重耗之累，所有虧空，悉於所餘耗羨內劃補，無論新任舊任，皆無苦樂不均之嘆矣㉒！

清世宗披覽奏摺後，稱讚石文悼的建白，所言「妙不可言」，「此一奏纔落實了，非泛泛浮華之詞也，封疆大臣原當如此通盤打算，如何留用？如何補苴？如何養廉？屬員如何那移公用？還朕一個行得通，作得去，人心服，事不誤，朕自然說是的。」石文悼將河南省上下各衙門一切規例節禮盡行革除，州縣徵收錢糧，封櫃委拆，火耗解貯司庫，通省各官分別給以養廉，一切公用，概不派捐，俱於司庫支應。雍正二年（1724）五月初

二日，石文悼奉到硃筆諭旨云：「聞得爾省將州縣一概火耗盈餘盡歸藩庫，以補虧空，又每千兩解費貳拾兩，名曰平餘，州縣分文不與，有官窮民困之論。」五月十八日，石文焯具摺回奏，略謂：「耗羨歸公，在各官止得養廉，僅足食用，然在民並無困苦之處。再從前藩庫收兌錢糧，原有加平貳拾兩，內係巡撫衙門平規拾兩，藩司平規捌兩，以及庫書等費，自臣奏明耗羨歸公，已將此項加平革除，統歸在耗羨之內解貯司庫。」㉓清世宗批諭時並未斥責石文焯，「朕豈有因一風聞不確之奏而即加罪爾等之理」。

　　清世宗洞悉耗羨歸公勢在必行，仍令內閣妥議具奏。內閣雖遵旨會議覆奏，惟以火耗由來已久，而奏請禁止提解火耗。據內閣所議，但禁提解火耗，並非禁止徵收，州縣可取火耗於民間，上司卻不能提解火耗於州縣，私收者仍任其為私，監司竟不許過問，內閣體恤州縣，然而不許監司分肥，是不澈底的見解㉔。內閣既未解決庫帑虧空的問題，又不能革除重耗累民的積弊，故所議俱不稱旨。直省大吏閱邸抄後，紛紛臚陳所見。雍正二年（1724）六月初八日，山西布政使高成齡針對內閣的條奏提出異議，主張將耗羨提解司庫，繕摺具奏，略謂：

　　　臣近閱邸抄，見內閣交出請禁提解火耗之條奏，竊不能無議焉。普天之下，莫非王土，王道之大，本乎人情，故正賦以供國用，耗羨以養廉員，治人食人，相維相繫。是此，耗羨者，百姓之銀錢，即朝廷之財賦，乃皇上體恤群臣通院司道府而酌盈劑虛以補其常俸之不足，非尚為州縣而設也。今如條奏所云，竟以耗羨為州縣應得之物，上司不宜提解。殊不知耗羨與節禮原屬相同，上司不提解耗羨，屬官必呈送節禮，自督撫司道府廳，量其權勢之重

輕，定其規禮之厚薄，端陽、中秋、新年、生旦，名爲四
節，四節之外又加表禮，表禮之外，又有土儀，土儀之
外，又供時鮮。夫下既送節禮以媚上則有所恃而生其挾
制，必至肆行而無忌。上既貪節禮以取下，即有所聞，而
礙於情面，亦將狗隱而不言，損名節，敗官常，朘民膏，
虧國帑，實由於此。若禁止餽遺，一概不許收受，其不肖
上司必將尋隙勒詐，別生事端，恣其無饜之求，即有淡薄
自甘者，思欲屛絕餽遺，而上司衙門別無出息，枵腹辦
事，反不如州縣各官安享厚利，誰能堪此？故臣愚以爲州
縣耗羨銀兩自當提解司庫，聽憑大吏分撥，以公眾之耗羨
爲公眾之養廉，天理人情之至，王法所不禁也。況耗羨提
解於上，則通省遇有不得已公費，即可隨便支應。而不分
派州縣。上司既不分派，則州縣無由借端科索里甲，是提
解火耗亦可禁絕私派，豈非因時制宜安上全下之要務乎？
再閱條議謂提解火耗定限每兩若干，不得寓撫字於催科等
語。近如山西一省，現將州縣火耗逐一詳查，逐一酌減，
較之昔日，輕其大半。又欽奉上諭，舊久錢糧分爲三年帶
徵，民力寬紓，樂隨正項完納，若不限以一定之數，則小
民將無所遵依，而不肖州縣反得任意多徵。今既固封糧
櫃，又較定分數，州縣不能入己，誰肯多徵，是提解耗
羨，即禁止濫加，亦撫字之一法。至若年歲歉收，則正項
且不能完，安問火耗，此又不待智者而知也。又謂公取分
撥，非大臣鼓勵屬員之道。殊不知上司即清愼禔躬，亦必
有請幕賓、養家口之費，與其暗收餽遺，常懷貪贓之懼，
何如明分養廉，共拜聖主之賜，且既不受餽遺，則亦無所
瞻狗，廉潔者薦之，貪污者劾之，正大光明，嚴威整肅，

未必非砥礪廉隅之道也。又謂大州縣不過給銀千兩，中小
州縣每兩僅存三分，不能敷用等語。竊思州縣之分稍卑，
則用亦儉省，不送節禮，不出公費，惟在遵照定例，少帶
家口，恪遵上諭，學儉學廉，則所得養廉及雜稅盈餘，儘
可以供衣食㉕。

提解耗羨既可彌補地方虧空，解決當前急務，又可禁絕私
派，寓撫字於催科，尤可砥礪廉隅。因此，高成齡奏請敕下直省
督撫一律比照山西巡撫諾岷所奏，將通省一年所得火耗銀兩約計
數目，先行奏明，俟年終之日，將給發養廉若干，支應公費若
干，留補虧空若干，一一題銷，則州縣無人能侵吞。高成齡所奏
耗羨歸公之議，似非出於其本人之意，而是出於清世宗的授意
㉖。惟因直省虧空纍纍，為清理歷年無著虧空帑項，提解耗羨，
實已刻不容緩。清世宗在高成齡的奏摺封套上以硃筆批諭云：
「總理事務王大臣、九卿、詹事、科道平心靜氣秉公執正會議具
奏，少有一毫挾私尚氣徂撓不公者，則因此事必有一二人正法
也，各出己見，明白速議具奏，如不能畫一，不妨兩議三議皆
可，劉燦仍著入議。」王大臣等遵旨議覆，以提解火耗非經常可
久之道，應酌定各屬火耗分數，川縣應得之項，聽其如數扣存，
不必解而復撥，並請令山西巡撫諾岷、布政使高成齡等先於山西
一省照其所奏試辦。廷臣議覆，見識淺小，並不稱旨。雍正二年
（1724）七月初六日，清世宗頒諭云：

高成齡提解火耗一事，前朕曾降諭旨，令爾等平心靜氣，
秉公會議。今觀爾等所議，見識淺小，與朕意未合。州縣
火耗，原非應有之項，因通省公費，及各官養廉，有不得
不取給於此者，朕非不顧天下州縣絲毫不取於民，而其勢
有所不能。且歷來火耗，皆州縣經收，而加派橫徵，侵蝕

國帑，虧空之數，不下數百餘萬，原其所由，州縣徵收火耗，分送上司，各上司日用之資，皆取給於州縣，以致耗羨之外，種種饋送，名色繁多，故州縣有所籍口而肆其貪婪，上司有所瞻徇而曲爲容隱，此從來之積弊，所當剔除者也，與其州縣存火耗以養上司，何如上司撥火耗以養州縣乎？爾等奏稱各屬火耗，請將分數酌定。朕思一省之內，州縣有大小，錢糧有多寡，地廣糧多之州縣，少加火耗，已足養廉，若行之地小糧少之州縣，則不能矣。惟火耗不定分數，儻地方遇差多事繁之時，則酌計可以濟用，或是年差少事簡，則耗羨即可量減矣。又或偶遇不肖有司，一時加增，而遇清廉自好者，自可減除矣。若酌定分數，則將來竟爲成額，必致有增無減，此火耗分數之不可以酌定者也。又奏稱提解火耗，將州縣應得之項，聽其如數扣存，不必解而復撥等語。現今州縣徵收錢糧，皆百姓自封投櫃，其拆封起解時，同城官公同驗看，耗羨與正項同解，分毫不能入己，州縣皆知重耗無益於己，孰肯額外加徵乎？是提解火耗，既給上下養廉之資，而且留補虧空，有益於國計。若將州縣應得之數，扣存於下，勢必額外加增，私行巧取，浮於應得之數，累及小民，況解交督撫，則顯然有據，扣存州縣，則難保貪廉，此州縣羨餘之不可扣存者也。又奏稱巡撫諾岷，清勤敏幹，布政使高成齡操守亦優，應令二人盡心商確，先於山西一省照所奏試行之。此言尤非也，天下事，惟有可行與不可行兩端耳，如以爲可行，則可通行於天下，如以爲不可行，則亦不當試之於山西，譬如治病，漫以醫藥試之，鮮有能愈者，今以山西爲試行之省，朕不忍也。且天下撫藩，豈盡不如諾

岷、高成齡，而謂二人獨能行之乎？又奏稱提解火耗，非
經常可久之道，凡立法行政，孰可歷久無弊，從來有治
人，無治法，文武之政，布在方策，其人存，則其政舉。
朕謂有治人，即有治法，法有因時制宜者，譬如人有疾
病，因症投藥，病愈即止。今提解火耗，原一時權宜之
計，將來虧空清楚，府庫充裕，有司皆知自好，則提解自
不必行，火耗亦可漸減。今爾等所議，爲國計乎？爲民生
乎？不過爲州縣起見。獨不思州縣有州縣之苦，上司亦有
上司之苦，持論必當公平，不可偏向。又朝廷之與百姓，
原屬一體，朝廷經費充足，民間偶遇歉收，可以施恩賑
恤，百姓自無不足之虞，是清補虧空，於國計民生均有益
也。天下督撫，有如諾岷等，不避嫌怨，實心任事，自能
酌量行之，通省羨餘，絲毫不能隱匿，又孰敢此外多取一
錢，以干罪戾乎？朕於臣下，期望甚殷，即州縣官員亦冀
其爲梟夔稷契，自此各加勉勵，勿侵蝕國帑，勿貪剝小
民，各省火耗自漸輕以至於盡革，此朕之願也㉗。

　　官吏俸薄，不能無火耗，既有火耗，不可不令其公開，清世
宗的見解與魄力，實出廷臣之上。清世宗申斥總理事務王大臣及
九卿、詹事、科道等所議但爲州縣起見，並未爲國計民生設想，
偏向州縣，而不顧及朝廷與百姓。山西布政使高成齡摺奏提解火
耗一事，直隸巡撫李維鈞於邸抄中詳閱九卿議覆後指出「耗羨一
項，原屬朝廷恩典，留爲大小官員養廉辦公之需，非州縣之所獨
有。若云耗羨貳字不可明言，州縣暗取之於小民，上司暗取之於
州縣，上下相蒙掩耳盜鈴，必至額外重徵，非分餽獻，其弊無所
底止矣。然如高成齡所奏，未免立言失體，若如九卿所議，亦無
補於實事。」清世宗所頒諭旨內「提解火耗原一時權宜之計，將

來虧空清理，府庫充裕，有司皆知自好，則提解自不必行，火耗
亦可漸減矣」云云，使上下公私之間，俱得善全，實爲明體達用
之法。李維鈞查明直隸各屬虧空共銀四十一萬三千餘兩，亟待彌
補，將通省所餘耗羨於二年內清完虧空後，仍不應免除提解耗
羨，因從前虧空雖已完補，仍不能保此後絕無虧空，必須設法彌
補，然後帑項可以不虛，道府廳員署中食用，延請幕賓，均需於
火耗內分取。因此，虧空清理府庫充裕之後，仍不應停止提解耗
羨。李維鈞的態度非常積極，他認爲提解耗羨不僅可以掃除積
弊，亦有益於國計民生，是各省督撫所當遵行的良法。

三、直省提解耗羨的經過

　　直省臣工對耗羨歸公一事，持論不一，九卿、詹事、科道等
廷臣以清世宗意在必行，不敢力爭，獨吏部侍郎沈近思指出耗羨
歸公即爲正項，「今日正項之外，更添正項，他日必於耗羨之
外，更添耗羨，他人或不知，臣起家縣令，故知其必不可行。」
清世宗一再詰之，沈近思陳對侃侃。清世宗詰以「汝爲令，亦私
耗羨乎？」沈近思覆稱「非私也，非是且無以養妻子。」清世宗
又詰以「汝學道人，乃私妻子乎？」沈近思又覆稱「臣不敢私妻
子，但不能不養妻子，若廢之，則人倫絕矣！」清世宗笑曰「朕
今日乃爲沈近思所難」㉘。清世宗雖未採納沈近思的意見，然而
並未斥責沈近思。

　　耗羨歸公之議既定，直省遵行提解火耗，惟各省情況不同，
因地制宜，實施次第，並不一致。山西省火耗一項，於雍正元年
（1723）十月間經巡撫諾岷奏請提解司庫，以充通省公費、各官
養廉及彌補虧空之用，但恐日久弊生，不肖上司任意侵吞，布政
使高成齡又奏請於年終將用過數目一一具摺報銷，每年正項錢糧

按例限奏銷時，即於奏銷正項之日，將用過及存貯火耗，並未完數目，逐項具摺奏報。雍正三年（1725）正月二十五日，山西巡撫諾岷以病乞假，奉旨入京調治，以刑部左侍郎伊都立署理山西巡撫㉙。是年八月初十日，伊都立具摺奏聞實施耗羨歸公的經過，略謂：

> 臣到任至今伍月以來，留心試行，細加體訪此事實與地方有益，如一省不能無公費，各官不能無養廉，謂必免提耗羨而出自州縣，州縣又侵用耗羨而加派百姓，從前積弊，歷有可鑒，且上司養廉必取資於下屬，在上司之索取無窮，而州縣之逢迎得術，吏治官方未必不係於此，今以通省之耗羨而定爲通省之公用，上不累官，下不累民，誠爲兩便。況奉行兩年，俱屬相安。並無弊端，亦無他議，似應照舊毋庸請停㉚。

山西省提解耗羨，是專摺奏陳奉旨允准之案，地方大吏辦理得法，並無弊端，遂無他議。署理貴州巡撫石禮哈遵奉諭旨將貴州通省課稅餘銀及錢糧火耗提解司庫，照山西省之例按等數均散各官盤費，餘剩銀兩則充兵餉之需。但大定鎮總兵官丁士傑頗不以爲然。雍正三年（1725）四月，丁士傑具摺奏陳貴州提解耗羨有三不可，其原摺略謂：

> 山西通省錢糧計算，則有貳百餘萬兩，貴州一省只有陸萬餘兩，倉糧捌萬餘石，稅銀貳萬餘兩，較之山西尚不敵十中之一，此不可與山西比例者一也；以陸萬錢糧之火耗，捌萬倉糧之斗合，貳萬課稅之餘銀，較之山西貳百餘萬錢糧之火耗，不啻天遠之隔，此不可與山西同爲比例者二也；而且山西錢糧額數有定，雖貴州錢糧亦有定數，然而課稅餘銀，以及各衛官租，其中有年豐年歉，而民人置貨

上稅，有來多來寡，斷不能年年如一，其間報多報少，上下之契，難以稽察，此不可與山西有一定之額數比例者三也[31]。

貴州既不可與山西相提並論，則其提解耗羨實屬窒礙難行。丁士傑又指出貴州通省錢糧火耗及課稅餘銀，即使徹底搜羅，亦不過三萬兩，除給各官盤費外，所剩無幾，而且各屬微員在上司衙門支領盤費，近者一二百里，遠者千有餘里，往來崎嶇，奔走等候，安能隨到隨領，尤恐日久弊生，上司藉端通挪頂補，各官將不能沾其實惠。清世宗在丁士傑的奏摺封面批諭云：「此丁士傑之奏，亦當留心，如有不妥，不可固執舊事，密之，不可令丁士傑少覺一點。」隨將丁士傑原摺發給巡撫石禮哈閱看。石禮哈覆奏時指出丁士傑所奏乃道聽途說之言，而於官民兩便，有利無弊之處，未能深悉。雍正三年（1725）八月，丁士傑回奏稱：

自今看來，不惟後日奉行不善，即今日之下，州縣亦實難有支持之處。臣在大定所見州縣不止一人，若果議行甚善，在有出息之州縣，去彼餘羨，心中不樂，理所宜然，而何以無出息之州縣，言及此事，而亦有甚鬱鬱不樂之狀，是何故也？臣再四思維，自我朝設官以來，即最苦之州縣，何處無有三四百金之出產，不然又何以度日耶？現今聞得所議盤費銀兩，除巡撫司道大員不計外，知州知縣每年在布政司庫內共關盤費銀三百兩，不但後日有弊無弊，就而今看來，將州縣現有所得之出息盡歸於公，過山涉水，反向上司衙門支領盤費。而且州縣乃為親民之官，職小而事繁，勢必不能一身自為料理，內而養贍父母妻子，延請幕賓，招募常隨，外而又要支應一切上司過往之差徭，即算一年三百盤費俱得到手，果足以資一年之用，

不足一年之用，又在聖主睿鑒之中㉜。

丁士傑認爲提解耗羨，徒滋事端，州縣微員養廉微薄，必於收稅時以多報少，科派鄉里，擾害百姓。石禮哈不顧丁士傑及州縣的反對，而強制執行，於徵收錢糧時，將所有收稅之處，俱改委他員管理，並將所收銀兩，自爲起解司庫收貯。

直省提解耗羨，主要在儘速彌補地方虧空。雍正三年（1725）三月，江西布政使張楷陞任江蘇巡撫，張楷到任後，曾將辦理耗羨歸公的經過繕摺奏聞，但未蒙允准，以致張楷頗有怨言。雍正四年（1726）六月二十四日，署理江南江西總督印務總兵官范時繹遵奉諭旨齎捧張楷奏摺前往江蘇，是月二十八日，抵達蘇州，將硃批奏摺親手交還張楷，並將面領諭旨傳知張楷。張楷在奉命之下，辭意輾轉，曾云：

> 此項錢糧，我作此辦理，仍未蒙皇上俞允，則舍此別無議補之法矣。這一件事在別省俱是提解火耗彌補，以公充公，即我所奏的摺子內雖分稱火耗節規，州縣之應得者名曰火耗，何嘗火耗之外，更有項下。今如不將此項以攤於合省之內設法補苴，是於此項之外，實無可設之法㉝。

各省彌補虧空，皆自雍正元年（1723）起議商辦理，獨有江蘇省並未議及，遲至雍正三年（1725），仍未設法彌補，遷延遲緩，張楷無可設法，只得仍以鹽規節禮變換籌劃。張楷又指出「查得別省虧空錢糧，皆提火耗彌補，因何皇上既肯施恩於別省官吏，乃獨不施恩於江省。」江蘇省賦重耗輕，提解耗羨仍難彌補虧空，是以因地制宜，不能比照山西等省辦理。雍正四年（1726）八月，命張楷入京陛見，加長蘆鹽運使陳時夏布政使銜，署理江蘇巡撫。陳時夏到江蘇巡撫新任後，訪察所屬各州縣火耗不一，紳衿富戶每完銀一銀，僅加耗六、七分，百姓完銀則

有包收侵漁，銀匠傾折，每完銀一兩，火耗一錢有零，陳時夏通飭各屬不論宦戶民戶，例以加一為率，嚴禁包收侵蝕，銀匠尅估傾折之弊。蘇州布政使張坦麟具摺時亦稱：

> 江蘇各屬捐辦公項，俱在此耗羨之內，向因各屬以雜辦款項無關考成，平日徵收耗羨盡供花用，一遇上司嚴督，不得不挪正供以墊雜款，輾轉相循，正雜俱虧，此有用之餘耗所以並歸無用也。又如通省大小官員向例該州縣四時俱有饋問，以作養廉，或有額外之苛求，以資浮費，然上司一經染指，即萌狗庇之心，州縣一有饋遺，即懷挾制之具，此虧空之所以不能嚴為盤查，而公務之所以不能即為辦理也。臣再四思維，竊謂一省之公務，當合一省之財賦計之，一歲之營辦，當合一歲之經費計之，此其道當自經理耗羨始，耗羨一清，不惟應辦之公務不勞餘力，而從前無著之虧空，亦有不必別為議抵者。臣通盤打算，倣古歲杪制用之法，量入為出，請自雍正六年為始，無論民戶宦戶，輸納正雜錢糧耗羨，俱以加壹為率，以貳分留作州縣養廉，以捌分解充公費，計每年應提耗羨銀叁拾萬壹千貳百玖拾肆兩零，除酌定船工錫蠟等項協貼以及額辦公務，併酌量督撫暨府廳各官養廉，通共需銀壹拾玖萬叁千捌拾陸兩零外，尚可餘剩銀壹拾萬捌千貳百兩零，以為彌補虧空之項。夫以通省耗羨辦通省公務，一經轉移，均可寬然有餘，即間有徵解不全添辦諸事，亦可於存剩銀兩內以公濟公，而從前無著虧空，不數年間漸可次第彌補矣[34]。

清世宗披覽奏摺後，指出張坦麟所提的辦法，「甚屬妥協」。江蘇公務浩繁，大者則有船工解餉顏料錫蠟，次者則有督撫等衙門廩工紙張書工火藥塘兵報資等項。巡撫陳時夏與布政使

張坦麟商酌議提通省耗羨，以辦理通省公務，並爲各官養廉，以
餘銀彌補無著虧空，奏請自雍正六年（1728）爲始，正式提解耗
羨。雍正六年二月，陳時夏正式通飭各屬將一切新舊錢糧耗羨隨
正起解。

四、直省火耗徵收額的比較

　　直省正項錢糧，多寡不同，火耗輕重，彼此不一致，耗羨歸
公後，各省或全提，或酌提，亦因地制宜，並非一律辦理。安部
健夫教授撰〈耗羨提解之研究〉一文中將各省提解耗羨情形分爲
三大類型，即全提型、多提型與少提型，其中山西、河南、陝
西、甘肅、貴州、四川、江蘇、安徽等省屬於全提型，其火耗徵
收率最高多達百分之三十；山東、江西、雲南、廣東、福建、奉
天等省屬於多提型，其火耗徵收率最高爲百分之十八；湖廣、廣
西、直隸、浙江、廣東等省屬於少提型，其火耗徵收率最高爲百
分之十四，由於火耗徵收率的改變，其提解類型亦隨之改變，例
如直隸在雍正二年的火耗徵收率爲百分之十，浙江在雍正二年的
火耗徵收率爲百分之五，廣東在雍正四年的火耗徵收率爲百分之
十三至十四，俱屬於少提型，但是廣東在雍正六年的火耗徵收率
增爲十六‧九，屬於多提型，其火耗提解率由百分之四增至百分
之七；直隸在雍正七年的火耗徵收率增爲百分之十三，屬於全提
型㉟。根據宮中檔奏摺各省疆吏的奏報，並就三大類型耗羨的提
解，可列簡表於後：

直省耗羨一覽表

型別	省分	年次	額徵錢兩（兩）	火耗徵收率（％）	火耗銀額（兩）	火耗提解率（％）	備註
全提型	山西	1	2865977	20	495068		
	河南	2	3060000	13	400000		
	陝西	3	1517640	20	303528		
	甘肅	3	2600000	15-20	40000		
	貴州	3	66495	15-20	11330		
	四川	4	343000	30	102900		
	江蘇	5	3561858	10	35619		
	安徽	6	1982000	10	198000		
	直隸	7	2397357	13	297889		
多提型	山東	2	3000000	18	540000	13-7	
	江西	5	2015300	10	201530	4.5 以上	
	雲南	6	190000	20	38000	？	
	廣東	6	1284800	16.9	218000	7	
	福建	7	1050000	14	147000	8	
	奉天	7	34500	10	3450	5	
少提型	湖廣	2	1110103	10	111000	3	
	直隸	2	2196324	10	230271	4.8	
	浙江	2	2600000	5	130000	2	
	兩廣	4	1284800	13-14	173000	4	

資料來源：《宮中檔雍正朝奏摺》。

　　山西省火耗一項，於雍正元年（1723）十一月間經巡撫諾岷奏請提解司庫，作為通省公費、各官養廉及彌補虧空之用。布政使高成齡查明雍正元年分山西各府州縣應徵加耗錢糧共銀二百八十六萬五千餘兩，其收耗實數，每正項一兩，有加一錢者，即加百分之十；有加一錢七、八分者，即加百分之十七、八；亦有加至二錢者，即加百分之二十，共應徵收耗銀四十九萬五千餘兩，其中除參革各官虧用未解耗銀五萬三千餘兩，及民欠未完銀一萬零四百餘兩外，實收耗銀共四十三萬一千餘兩。內扣存司庫彌補

虧空銀二十萬兩，給發各官養廉銀共十一萬零五百餘兩，給發各州縣雜項繁費共銀一萬零一百餘兩。傾銷腳費共銀三千餘兩，御塘馬匹加增料草共銀八千餘兩，通省公費共銀七萬一千餘兩，餘剩耗銀一萬七千餘兩㊱。提解耗羨，以公濟公，山西通省公費，包括每年修理城垣衙署，修築汾河堤岸，義學束脩，沙虎口馬匹料草，倒斃馬匹，各衙門心紅紙張書辦工食，布政司搬銀工價、堤塘報資等項。雍正二年分已徵完耗銀四十萬九千餘兩，共開除各官養廉公費等項銀二十九萬三千餘兩，共存庫留補無著虧空銀十五萬五千餘兩，未繳完銀三萬六千餘兩，其中應撥留補無著虧空銀三萬四千餘兩，以足二十萬兩之數，剩餘耗銀一千五百餘兩。雍正三年分已徵過耗羨銀四十六萬七千餘兩，共開除各官養廉、公費等項銀二十九萬四千餘兩，共存庫銀十七萬三千餘兩，未徵完銀二萬七千餘兩，其中應撥存庫銀二萬六千餘兩，以足二十萬兩之數。雍正五年（1727）六月，覺羅石麟到達山西巡撫新任後，檢查舊檔，其中有經巡撫諾岷原摺奏明應行動用之項，有原摺雖未開列，但確屬公務，亦應動用之項，亦有不應動用之項，覺羅石麟另繕「耗羨銀兩清單」進呈御覽。自雍正元年起至五年十月止，收過各屬耗羨銀共一百九十九萬一千七百餘兩，除存庫銀六十五萬零五百餘兩外，實際動用過全項銀共一百三十四萬一千一百餘兩，其中經巡撫諾岷原摺奏明應動用各項銀兩，包括：各官養廉、各屬解送紙張奏銷造冊雜費、各屬解送錢糧腳價傾銷耗費、御塘馬匹料草、修理城垣衙署、修築汾河堤岸、義學束脩、沙虎口馬匹料草倒斃馬匹、各衙門心紅紙張書辦工食、布政司庫搬銀工價、堤塘報等項共用過銀九十九萬六千四百餘兩，應准開銷。諾岷原摺未開列但亦應動用各項銀兩，包括：修理學宮、解州關帝廟、貢院書院、義學、營房、普濟堂，添備至聖誕

日、女媧氏陵、湯王陵祭品,刊刷詔書、聖訓、上諭、文廟匾
額、通省誌書工料紙張,齎送聖訓、詔書盤費,戶部飯食,刑部
飯食,解京餉銀應解飯食,解京餉銀兌明短少補平,鄉試文武科
場備辦供給不敷銀,鄉試正副主考盤費,買貯穀石,鄉試題名錄
試卷解京盤費,各屬添造倉廠,各任院司新到任置辦案衣執事
銀,發給山西候補守備藍翎養瞻銀,解送威遠礮位腳費,加增五
台山喇嘛茶麵,赴直隸、河南、山東、陝西等省交界招徠山西流
民回籍盤費,以及賑恤等項共用過銀二十六萬零五百餘兩,亦應
准銷,其餘剩存庫耗銀俱充彌補虧空之用。

　　河南通省額徵地丁銀共三百零六萬餘兩,民間火耗徵收加一
錢八、九分及加二錢的州縣,經巡撫石文焯等斟酌裁減,通盤打
算約計一年耗羨共四十萬兩,各官養廉、公用等項共約需銀二十
四、五萬兩,餘剩耗羨銀約十五、六萬兩,石文焯斟酌彌補虧空
及抵還添買漕米各項借動銀兩。布政使田文鏡到任之初即破除情
面,潔己率屬,以整理錢糧火耗㊲。雍正二年(1724)六月,田
文鏡查明河南省耗羨僅有四十一萬餘兩,其中扣存各州縣起解錢
糧路費銀一萬二千餘兩,留補無著虧空銀十五、六萬兩,支給各
官養廉及奏銷冊費飯食共銀二十一萬五千餘兩,提塘京報添設塘
馬及通省各項公務共銀二萬四千餘兩,添買雍正二年漕米銀二萬
八千餘兩,合計約共銀四十三萬餘兩,一年所入尚不足以供一年
所出。雍正二年(1724)三月十八日,田文鏡抵達河南布政使新
任後即大力整頓財政,提解耗羨,彌補虧空,庫帑逐漸充裕。同
年八月,田文鏡署理河南巡撫,十二月,補授河南巡撫。河南司
庫自雍正四年正月起至年終止,原貯各年耗羨共銀二十萬六千五
百餘兩,除扣除銀壹萬五千六百餘兩外,實存舊管銀十九萬零八
百餘兩,新收各年耗羨歸還原款共銀三十五萬八千四百餘兩,合

計新收舊管二項共銀五十四萬九千三百餘兩,除動支過各官養廉及各項公費銀十八萬五千五百餘兩外,餘剩銀三十六萬三千七百餘兩,田文鏡繕摺奏報後,奉硃批云:「嘉賞之外,有何可諭,但耗羨既如此堆積敷用,**屬員養廉**,當酌量令伊等寬容些,將來此項朕萬萬無用之理,而萬萬使不得,當知朕意,或整理倉墩,或有可用之水利,卿斟酌料理,若比此數再多,即招物論矣。」③⑧自雍正五年正月起至年終止,新收耗羨共銀四十三萬零九百餘兩,新舊兩項共銀七十九萬四千六百餘兩,內起解各部添平案飯等銀及各官養廉動支銀二十九萬四千二百餘兩,實貯司庫耗羨銀五十萬零四百餘兩,清世宗批諭時指出「耗羨如許之多,要他何用?可想與地方公務應者用,不令存貯太過方是,或加恩與官吏,或施恩與百姓亦可。」③⑨雍正六年分司庫實在貯存新舊耗羨共銀六十萬三千四百餘兩。河南省由於田文鏡等員辦理妥協,耗羨貯存逐年增加,由入不敷出的情況轉變為堆積過剩的地步,地方經費的寬裕可想而知。

　　陝西省無著虧空銀六十餘萬兩,通省額徵錢糧共銀一百五十一萬七千六百餘兩,各州縣徵收火耗有明定加二錢而暗加三錢或四錢者,總督年羹堯飭令各州縣每兩明加火耗二錢,合計通省火耗銀三十萬零三千餘兩,以二分解布政司,於此內督撫各分錢一萬兩,並給督撫衙門筆帖式養廉及各項公費,其餘皆由布政使支用,又以二分解知府,作為臬司驛道府廳等養廉之需,又以一錢四分解司庫,分給各州縣養廉及抵補無著虧空。年羹堯在總督三年任內將加二火耗提解司庫,雖然百姓倍受其苦,但是已將各案虧空抵補銀三十一萬兩。鳳翔、扶風、寶雞、岐山、郿五縣徵收鹽課,耗羨重至加三,俱未歸公。雍正七年(1729)九月,陝西總督查郎阿奏請將課銀俱照地丁錢糧耗羨加二徵收,一體解司,

以充公項。甘肅省全屬賦額甚少，地方較清苦，署理甘肅巡撫傅德曾議定以州縣所徵錢糧耗羨作爲各官養廉之資。因各州縣耗羨輕重不同，博德一概計算，使微員不能加派於民。惟其養廉銀既不敷所定之數，且司道府各員養廉銀散派於各州縣之中，款項零星，分解煩瑣，結果議而未行。雍正三年（1725）四月，石文焯調補甘肅巡撫後，即重新分派，通盤合算。甘肅通省額徵地丁錢糧約銀二十六萬兩，糧米四十九萬石，其中平涼、臨洮、鞏昌三府所屬州縣，向例俱係徵收制錢，每銀一兩，收錢一千一百六十文至一千二百六十文不等，以錢易銀，每銀一兩，換錢一千零七十文至一千一百文不等，每兩約收火耗銀一錢五分。慶陽府所屬五州縣及鞏昌府階州向例俱係徵銀，每兩收火耗二錢。河西各衛所改州縣則係徵糧，其耗羨有加一或一零二三不等。通省合計徵收銀錢耗羨約有四萬餘兩，以充各官養廉及地方公費。孔毓璞曾任浙江布政使，雍正六年（1728）正月，孔毓璞抵達甘肅布政使新任，據稱江浙等省耗羨有加一者，亦有不及加一者，民猶以爲重。石文焯在甘肅巡撫任內因通省錢糧無幾，徵收耗羨有加一五者，亦有加二者，實較江浙爲重。

　　貴州通省地丁錢糧耗羨的徵收，各屬多寡不一，思南一府三縣，向以加三錢徵收，經督撫裁革一分。遵義府州縣向在川省，其錢糧火耗亦按加三錢徵收起解歸公。其餘各黨耗羨自加一錢至二錢不等，通盤合算，每年額徵地丁銀六萬六千餘兩，共收耗銀一萬一千三百餘兩，通作加一五計算，共計火耗銀一萬零七百餘兩，歸公餘銀五百餘兩，以充起解奏銷紙筆飯食之費。額徵秋糧米豆十二萬零五百餘石，自加一五至加二止，共收耗米一萬七千餘石，每石留鼠耗二、三升，共留六百五十餘名，以備虧折；其餘剩耗米共一萬六千五百餘石。雍正三年（1725）八月初三日，

署理貴州巡撫石禮哈將所屬各府州縣額徵地丁、火耗徵收率及火耗銀額等項繕摺奏報，茲列表於後：

貴州所屬府州縣火耗徵收一覽表

雍正二年分

府州縣	額徵地丁銀（兩）	火耗徵收率（％）	火耗銀額（％）	備註
貴陽府	460	12	55	不敷支用
定番州	2745	13	317	不敷支用
廣順州	1963	14	275	不敷支用
開州	1003	16	160	不敷支用
貴筑縣	1983	15	300	不敷支用
龍里縣	1152	20	230	
貴定縣	3299	10-20	659	僅足支用
修文縣	296	16	47	所餘無幾
安順府	2318	20	463	
安籠通判	230	20	46	
鎮寧州	2030	17	345	不敷支用
普安州	2480	17	422	
永寧州	1689	17	287	
普定縣	709	15	106	支用無存
普安縣	418	20	83	不敷支用
清鎮縣	301	15	45	動用無餘
安平縣	316	15	47	不敷日用
安南縣	199	17	33	
平越府	1312	16	290	不足日用
黃平州	2645	20	529	
平越縣	329	14	46	不敷日用
餘慶縣	1877	18	377	
甕安縣	3758	18	677	日用無餘
湄潭縣	3567	18	626	
都勻府	2461	15	369	不敷用費
獨山州	945	16	151	不敷用費
麻哈州	697	15	104	日用不敷
都勻縣	315	15	47	自備日用
清平縣	405	14	56	不敷支應
鎮遠府	1025	14	175	

鎮遠縣	576	14	80	不足日用
施秉縣	343	14	48	不足日用
思南府	2871	20	774	
安化縣	2502	20	500	
印江縣	1825	20	365	
婺川縣	1301	20	260	
石阡府	2360	16	377	
龍泉縣	1222	16	195	
思州府	3750	13	487	
銅仁府	2639	18	475	不足支應
銅仁縣	1101	18	199	不敷用費
黎平府	1290	20	257	不足用費
永從縣	213	20	42	
威寧府	114	20	22	不敷支應
大定州	28	20	5	不敷支應
黔西州	69	20	13	不敷支應
平遠州	17	20	3	不敷支應
畢節縣	89	20	17	不敷支應
永寧縣	58	20	11	不敷支應
合　計	65294		11456	

資料來源：《宮中檔雍正朝奏摺》。

　　由前列一覽表可知貴州所屬各府州縣中，其額徵地丁銀最多
者為甕安縣及思州府，計銀各三千七百五十兩餘，最少者為平遠
州，計銀十七兩；火耗徵收率最高為百分之二十，最低為百分之
十；火耗銀額最高者為思南府，計銀七百七十四兩，惟各府州縣
火耗銀額多不敷支應⑩。

　　四川省錢糧火耗是按百分之三十，即加三錢徵收，布政使佛
喜到任後，查明四川通省地丁稅課錢糧共銀三十四萬三千餘兩，
舊制各屬加解耗羨銀共二萬零八百餘兩。四川向來糧冊紊亂，雍
正初年，重新丈量，改造冊籍，其中紙張之用，飯食之資，攢造
雜費，磨對人工，在所必需，通省冊費浩繁，既不可派累民間，

惟有於鹽茶耗羨內動用。雍正五年（1727）九月，四川巡撫憲德等查明通省餘剩火耗銀八萬餘兩，即議給各官養廉。江蘇通省額徵地丁雜辦錢糧共銀三百五十六萬一千八百餘兩，帶徵康熙五十一年（1712）至雍正元年（1723）止一分銀五十九萬零六百餘兩，共計加一火耗銀四十一萬五千二百餘兩，雍正五年（1727），巡撫陳時夏與布政使張坦麟議定將所有耗銀總歸司庫，督撫司道及府廳州縣養廉，俱從司庫支取。自雍正六年（1728）為始，各州縣耗羨同正項一總解司經收，應給各衙門養廉，照所定之數按季給發，其他公費如修造戰船等俱可次第料理，各養各廉，各辦各事，下屬無餽送鑽營之弊，上司無誅求需索之情，可以肅清吏治。安徽通省公務繁多，例如辦理木植，修造船支，每年額辦顏料，起解餉銀等項，需費浩繁。安徽錢糧一年提解司庫銀只有一百二十餘萬兩，如提各屬火耗分給各官養廉後再辦公務，竟至不敷。通計各屬額徵地丁雜項及本折米麥豆漕糧共計銀二百三十一萬八千餘兩，其中漕糧正耗米二十六萬六千餘石，所有耗羨僅敷兌運之費。其各屬解司道本色米麥豆六萬九千餘石，所以耗羨亦僅敷州縣解省船腳舵腳沿途折耗之費，俱不提解耗羨外，實計共銀一百九十八萬二千餘兩，經安徽巡撫魏廷珍奏明自雍正七年（1729）為始，計提加一錢耗羨銀十九萬八千餘兩，內除通省公務所費及各衙門養廉共銀十七萬八千餘兩外，仍存一萬九千餘兩作為錢糧虧空補苴之用㊶。

　　直隸巡撫李維鈞指出直隸各屬共虧缺銀四十一萬三千餘兩，亟圖彌補，於通省耗羨內量留道府州縣養廉之資，以其所餘於二年內清完虧空。自雍正元年九月至二年六月止，已完補二十萬兩，其未完銀二十一萬三千餘兩，預計於雍正三年奏銷時清完。為籌畫提解耗羨，李維鈞等商議錢糧較少火耗無幾的州縣，概免

提解，例如順天、永平、宣化三府糧少耗輕，俱免其提解，保定、河間、順德、廣平、大名、趙州、深州、冀州、晉州、定州六府五直隸州所屬各縣錢糧凡在五千兩以下者因耗羨無錢，免其提解，留爲地方官養廉之資，其在五千兩以上者，俱行提解。

保定府所屬共二十州縣一所，其中容城縣、新安縣、左所錢糧俱在五千兩以下，槪免提解火耗；河間府屬共十八州縣衛，其錢糧俱在五千兩以上；正定府屬共十縣，其中阜平縣錢糧在五千兩以下，不提解火耗；定州一州二縣，深州一州三縣，晉州一州二縣，冀州一州五縣，趙州一州五縣，順德府九縣，廣平府九縣，大名府十一州縣，其錢糧俱在五千兩以上，通計六府五直隸州所屬額徵糧銀二百十九萬六千三百餘兩，其耗銀二十三萬零二百餘兩，內將耗銀六萬兩留貯道庫，以補無著虧空，將五萬兩留貯道庫，以備修理城堤補葺營房，整頓營伍及各項隨時公費，將二萬兩作爲道府各廳養廉之資。

山東省地丁火耗向由地方官上下通同濫徵分肥，通省正項錢糧共銀三百餘萬兩，火耗名爲加二錢，東三府實則加三錢，部分州縣間有加四錢者，參差不齊。山東布政使佟吉圖等通飭各屬徵收火耗不得至加二錢。雍正二年七月起，經巡撫陳世倌等議准以加一八通算，每年共有耗銀五十四萬餘兩，內以二十萬兩彌補虧空，以二十萬兩支給各官養廉，以十四萬兩作爲通省公費㊷。山東所屬各州縣徵收糟糧，其積弊亦深，額外橫徵，名目繁多，淋尖踢斛及斛外餘米，盡數收入，稱爲「捲尾」。在蓆上先鋪米一、二斗，然後用斛量收，稱爲偎斛。甚至有不動斗斛，而論堆約估作米若干者，稱爲估堆。每石名爲加三，其實加五或加六不等，雍正二年（1724）八月，陳世倌與糧道賀有章面議，每石額徵正耗米外加收耗羨二斗，不許多收。米價每斗值銀七分五釐，

二斗可得一錢五分，作為幫貼旗丁運弁盤費、蓆片及糧道衙門以下各官役養廉雜費。山東省向有虧空流抵銀四十五萬餘兩，雍正五年（1727）五月二十九日，布政使張保繕摺奏明山東省自雍正二年七月提解耗羨起至雍正五年五月二十三日止，共收過雍正二、三、四等年分各屬耗羨銀六十二萬九千餘兩，內支給彌補虧空流抵銀穀共銀十七萬三千餘兩，支給過院司道等養廉及通省公用等項銀十九萬二千餘兩，存庫耗銀二十六萬四千餘兩。

直隸所屬府州火耗徵收一覽表

雍正一年分

府　　州	額徵地丁銀（兩）	火耗徵收率（％）	火耗銀額（兩）	備註
保定府	255020	10	25502	
河間府	288446	10	28844	
正定府	169728	6-10	15896	
定　州	80785	10	8078	
深　州	94152	10	9415	
晉　州	72787	10	7278	
冀　州	153774	10	15377	
趙　州	110211	10	11021	
順德府	199921	10-15	26989	
廣平府	259941	10-15	30716	
大名府	511559	10	51155	
合　　計	2196324		230271	

資料來源：《宮中檔雍正朝奏摺》。

　　江西通省額徵正雜銀二百零一萬五千三百餘兩，每兩徵耗一錢，共銀二十萬一千五百餘兩。又每兩隨解飯食銀七釐，共銀一萬四千一百餘兩，又額徵正副米七十六萬六千七百石，每石徵耗

銀一分，共徵耗銀七千六百餘兩，合計共耗銀二十二萬三千三百餘兩，議給督、撫、藩、臬、道員、同知、知縣、運糧守備、千總各員養廉共銀十五萬六千九百餘兩，尙餘耗銀六萬六千四百餘兩，作爲通省公費，包括每年應解部餉幫費、地丁奏銷部科銀、刑部飯銀、兵米奏銷戶部銀、漕項奏銷戶部銀、驛站奏銷兵部銀、起解顏料水腳銀、起解檀木水腳銀、起解苧布部飯銀、漕臣飯銀、漕臣塘兵報資銀、幫給總督吏役工食銀、紙張銀、火藥銀、巡撫衙門吏役工食銀、吏書紙張銀、本箱銀、按察司吏役工食銀、秋審修監銀、各提塘廩給塘兵工食銀、省城普濟堂鹽茶銀、德化建昌二縣渡夫工食銀、關帝廟龍神廟春秋祭祀銀、文武鄉試修理貢院等銀、佐貳微員養廉銀，以上各項公用共銀六萬一千五百餘兩，尙餘銀四千八百餘兩。

　　雲南錢糧稅規有限，耗羨無幾，清世宗恐官吏以養廉不足而加派民苗，故於雍正三年（1725）諭令雲貴總督高其倬清查各處稅銀，通盤核計，自巡撫以下酌定數目，俾普遍均平，上下均無染指，各員俱盡心吏治。李衛在雲南布政使任內曾查明司庫每年尙有餘剩耗銀二萬兩，除供應督撫養廉外，舊有各項公費如齎奏盤費及書役工食碳火紙筆硃墨等項共需銀九千餘兩，尙餘銀一萬兩。雲南所屬曲靖、大理、永昌等府稅銀有羨餘可得數萬兩，除正項外，其餘銀俱充兵餉。廣東通省額徵起存正雜錢糧連閏共銀一百二十八萬四千八百餘兩。雍正六年（1728）三月，署廣東布政使王暮指出通省額徵銀兩，除對支兵餉州縣存留外，每年解司約八十萬兩，火耗每兩平頭三分，約銀二萬四千兩，督撫布政司均分，各得銀八千兩，以爲養廉之資，每兩提耗四分，解貯司庫，作爲通省公用。福建濱海環山，原非財富重地，但承辦公務如津貼戰船，撥解京餉，協幫銅勵，捐補無著虧空等項，較內地

更多。雍正七年（1729）正月，福建巡撫劉世明查明通省地丁錢糧每年共銀一百零五萬兩，百姓完糧火耗加一扣收，如正銀一兩，完給串票九錢，以零星所收拆封歸總彈兌，又可多出二三釐，統計每兩加一火耗連併戥共耗一錢四分，即剖為十四股，一股作批差解司盤纏及雜項費用，四股留存知縣養廉及該縣公用，一股分給知府養廉，尚餘八股，盡歸司庫，糧米耗羨，亦照地丁之式辦理。至於臺灣一府因孤懸海外，一概耗羨出息俱分給在臺各官養廉及辦理臺府公事，不循內地辦法，俱不提解赴司。奉天民地是按半銀半米徵收，承德等十州縣通共額徵一半地米五萬九千三百餘石，加一斗頭可得耗米五千九百餘石。一半地銀二萬六千七百餘兩，加一火耗可得耗銀二千六百餘兩，額徵丁銀七千八百餘兩，加一火耗可得耗銀七百餘兩，地銀丁銀加一火耗共銀三千四百餘兩，其中存留一半作為州縣修倉等項公用及養廉之資，此外分撥一半銀一千七百餘兩，派給府尹衙門七百餘兩，府丞衙門三百兩，治中衙門一百六十餘兩，通判衙門一百六十餘兩，錦州府四百餘兩，並令各屬解赴承德縣貯庫分給各官，以充養廉之用。

　　湖北八府每年額徵地丁銀一百十一萬兩，俱加一火耗，每兩加收火耗銀一錢內，分給總督以下各官養廉。湖北各衛所徵收屯餉銀兩，亦加一火耗，在加收耗羨銀一錢內，歸公一分，布政使養廉三分，各衛所養廉六分。湖南所屬各州縣徵收錢糧，已於雍正元年經總督楊宗仁檄飭每地丁銀一兩許加耗銀一錢內，將三分解布政司，以充地方公用，其餘七分，以一分五釐給藩司並作部餉解費，六釐給臬司，四釐給巡道，一分給知府，三釐給同，三分二釐給州縣為各衙門辦理公務，以及日用薪水之需。佟吉圖曾任山東布政使，雍正二年（1724）調任浙江布政使後，查明浙江

通省由糧重而火耗輕，且地窄人稠，非山東可比，向來火耗加增
俱未過一，巡撫黃叔琳到任時，以減耗爲一善政，即通飭所屬每
兩概以五分爲火耗。惟每年有公事，需用浩繁，黃叔琳並未通
計，佟吉圖查明浙省積年有無著虧空二萬餘兩，又修理戰船部估
不敷用當津貼銀一萬餘兩，歲解部費二萬餘兩，皆取自火耗。浙
省額徵銀二百六十餘萬兩，合算五分火耗，以抵上述各項費用。

五、耗羨歸公的利弊

　　清世宗御極之初，財政上困難重重，直省庫帑虧空纍纍，上
司津貼取資於下屬，州縣侵用耗羨，上司索取無窮，州縣巧於逢
迎，加派百姓，上下相蒙，地方吏治，積弊叢生。雍正二年
（1724），清世宗正式准許實施耗羨歸公，提解耗羨合法化以
後，以通省耗羨彌補無著虧空，定爲各官養廉及通省公用，上旣
不累官，下亦不擾民，堪稱兩便。一省之中不能無公費，各官不
能無養廉。地方公務，定例不能動支正項，又不得科派小民，不
得不預爲籌畫，因此，提解耗羨乃係實際需要。耗羨歸公以後，
各省虧空逐年清理完補，督撫藩臬等員養廉，俱由耗羨內支銷，
餽送陋弊逐漸革除，道府州縣各員養廉銀兩，亦無多寡不均之
患，遇有公事，亦可取給於耗羨，旣免攤派，於地方公事，亦不
致貽誤，對整飭地方吏治頗有裨益。但所謂耗羨歸公，是將耗羨
提解司庫，以備臨時需用，不同於正項，更不可撥解中央。雍正
五年（1727）十一月，江蘇巡撫陳時夏奏請將存貯司庫的耗羨，
除動支公費及各官養廉外，其他餘剩耗羨聽候撥解，奉清世宗硃
批云：「豈有聽候撥解之理，只可完本省公事則可，將此若歸正
項，不但可笑，眞妄爲胡說也，」㊸各省公事殷繁，動支項目極
多，舉凡修造礮臺營房工料，鋪墊道路橋樑，造辦時憲曆，印刷

聖訓紙張工料，修理城垣考棚書院，文武鄉試額外貼墊科場費用，協辦齎奏本章部咨沿途安設塘馬工料飯食，欽差大員往返盤費，買補恩詔賑濟穀石，津貼義學塾師束修，礮手軍牢轎夫各役工食及督撫衙門書辦鹽茶，賞犒官兵等項俱動支耗羨。惟所謂以公完公，則係指地方公用，在朝廷立場而言，仍屬私事。雍正五年八月，山東巡撫塞楞額以流抵虧空彌補將完，而應解耗羨爲數尚多，即動支銀十四萬七千餘兩以挑濬徒駭、馬頰二河。其原摺奉硃批云：「此項萬萬用不得耗羨。」挑河工費理應動支正項，耗羨與正項不可混爲一談。清世宗又在塞楞額原摺尾幅批諭云：

> 以公完辦，非此等事也。各項虧空補足時，少留有著之項，將來必有歸於無著者，或補此尚可。如地方修理道路橋樑，或添補州縣買補存倉穀石，疏通溝洫之用。如再有餘，此項原係地方官所得中物，當養廉內酌量增加，令州縣從容些，極好之事。如果此等之需，盡皆豐足有餘，則舉減耗之事，方萬全之事也。總言耗羨一項，公用萬萬使不得，地方之公用，乃私用之公用，非國家之公用也。詳悉朕意，一槩如此料理就是了，再無有令各省餘出耗羨數百萬爲國帑之理，是何體也？若如此則提耗羨一極好之善事，成大笑談矣[44]！

提解耗羨原爲一時權宜之計，清世宗初意欲俟虧空清完後即停止提解耗羨。但直省奉行數年以後，提解耗羨，上下相安，地方督撫紛紛奏陳耗羨歸公於地方有益，請照舊提解，毋庸停止，嗣後提解耗羨遂成定例。清世宗提解耗羨，原期有益於國計民生，同時爲朝廷與百姓設想，府庫充裕之後，即可議減火耗。然而督撫中若有議減火耗者，又不免遭受嚴斥。雍正六年（1728）七月，廣西巡撫郭鉷奏陳原任巡撫李紱裁減火耗以後，公費寥

寥，無項可辦公事。清世宗批諭云：「眞奸險小人，其任中有不妥協可惡處，盡摺奏以聞。」⑤

　　耗羨歸公以後，州縣雖由上司分派養廉銀兩，惟苛徵重耗之案，仍層出不窮，以致民怨沸騰。例如雍正七年（1729）四月十六日，因同知酷刑重耗，差役苛索，湖廣土民百餘名及田王二洞苗人在南門城外噪嚷，守塞四路，捉拏衙役六人。此外，地方紳衿公然包攬錢糧，包納火耗，徵收重耗，小民負擔，並未減輕。紳衿完糧時，藉口自封投櫃，輒有銀色不足，銀數短少者，縣官若加查究追補，竟持官長短，列款控告⑥，弊端仍未革除。因耗羨提解司庫，州縣不能據爲己有，上司另給養廉銀兩。然而州縣私侵火耗，並未因此而完全停止，州縣額外收入，旣已減少，遂以種種方法，增加收入，更加重百姓額外負擔⑦。雍正十三年（1735）十月初十日，協理江南道事廣東道監察御史在辦理軍機處行走蔣炳於條陳地方事宜奏摺中指出直省徵收錢糧弊端有三方面，略謂：

　　　伏念大行皇帝十三載宵旰勤求，惟恐一夫不獲其所，凡所
　　　以厚民之生者，事事舉行，而於錢糧火耗尤厪聖衷，所以
　　　各直省酌定分數，嚴立科條，禁止州縣加增，屢經奉有明
　　　訓，不啻三令五申，乃有一等不肖州縣，外雖不敢明示加
　　　增，而陰爲朘削，巧事誅求，如開徵作額時，每於花戶名
　　　下暗行飛洒，增添分釐。蓋田分九則起科，原各不同，而
　　　一戶應納之銀，必由總吏櫃書造冊，而條編之數，每年不
　　　同，從無一定花戶，無從考查，所以易於飛洒，在每畝所
　　　加，雖屬毫釐，而合縣計之，如江浙財賦重地，即至盈千
　　　累百，何莫非民脂民膏，此官吏飛洒之弊，皆由小民不知
　　　正賦定額之所致也；至花戶納銀，俱照部平加增火耗交

納，而州縣拆封每借短平名色硃標空袋，每兩填註輕平三四分不等，任用心腹胥役立押花戶添補，又不發出原銀稱兌，以致胥吏因緣為奸，偷出拆過空袋，私用硃標開寫分數，向花戶勒索，花戶以無原銀可對，若欲告理，其費愈大，只得隱忍添補，其原袋隨即銷燬，所以上司無從覺察，在百姓於正賦之外多費一分，即受一分之累，在州縣每兩多取數分，則積少成多，動盈千百，此空袋補平之弊，皆由不發原銀稱兌之所致也；又花戶傾銷銀兩，定例禁革官匠，而各州縣中仍設立官匠，串通胥役，盤踞衙門左近，凡花戶納銀，若無官匠名字印記，即不准投櫃，又不容別鋪銀匠傾銷，只得倩求官匠，而各匠任意勒索，包完出串，每兩侵漁六七分不等。蓋書吏銀匠通同一氣，而州縣官既貪其傾銷元寶可以尅扣，又希圖節省解費，且官銀匠又暗有餽送，彼此分肥，遂違禁容隱，以致小民受累，此官匠刻剝小民之弊，皆由不遵定例禁革之所致也 [48]。

前引官吏飛洒、空袋補平、官匠刻剝小民三弊，直省州縣皆然，而江浙為尤甚。

雍正二年（1724），清世宗與臣工議定提解耗羨，原欲取州縣私橐作公共養廉，以除陋規而厚民生，不失為通權達變之法，直省奉行亦甚有效，但提解既久，耗羨漸同正項，州縣貪員，重複徵收，於耗羨之外又增耗羨，養廉之中又私取養廉。雍正十三年十一月二十日，詹事府少詹事許王猷亦指出提解耗羨的弊端，其原摺略謂：

夫州縣之有耗羨也，緣州縣徵解錢糧，其平色傾銷，必有折耗，解司解部，必有路費，於是乎有耗羨之名。州縣之

廉潔者，不藉是以肥己，則取之甚輕，其有重耗者，督撫
即列以爲款而糾參之，誠以耗羨乃私項，而非公項也。自
後相沿成例，日漸加增，至有加一加二加三之不等，州縣
以之飽私橐餽上官，上下相蒙，公行無忌。山西巡撫諾
岷，河南巡撫田文鏡遂有提解耗羨之請，以爲取州縣之私
橐作公共之養廉，陋規既除，公事可辦，似無累於民生，
而有益於國計，一時廷臣議准所請，各省遵行在案。獨是
耗羨未經提解之時，則爲私項，小民尚望有輕減之一日，
既經提解，便屬公項，小民永難望一毫之減少。況乎平色
傾銷及解費等項，仍有折耗，州縣必不肯以己之養廉代爲
賠墊，勢不得不暗加之小民，雖有委員拆封及同城官公同
拆封之例，總屬虛文，徒滋煩擾。初行之時，或以功令森
嚴，不敢驟爲加重，今行之數年，已漸漸加增矣。將行之
既久，勢必有如前此之相沿成例，而公行無忌，在百姓無
可告訴，惟有竭蹶奉公，以免追呼⑲。

耗羨既經提解，便屬公項，其平色傾銷及解費，仍有耗羨，
百姓負擔並未減輕，所以許王猷奏請飭令戶部查明各省所定耗羨
額數，除各官養廉外，酌減耗羨，使百姓一歲之所入，得有蓄
積，以爲仰事俯育之資。

制錢爲國家通寶，錢糧交納制錢，實於百姓易便。但銀有一
定分兩，錢則價有貴賤，錢價減賤時，支給兵餉工食，則兵丁夫
役斷不肯領取，州縣無從捐資賠補，耗羨歸公普遍舉辦後，制錢
遂不樂行使。雍正六年（1728），貴州提督楊天縱到任以後，細
察其情，並具摺奏聞，其原摺略謂：

　　非民之不用，實由於地方官之不樂行也，蓋每年應收正雜
　　錢糧，每兩明則加火耗貳錢，其實竟有加至肆伍錢不等，

且布政司衙門每兌收銀壹百兩，加輕平銀伍兩，若收錢則
無羨餘，是以不行收納。至於百姓從前滇省曾發制錢，試
用一文二文，隨手交易，較之用銀，毫釐不拆，孰不稱
便，只因糧賦一項，官不准收，百姓視爲無益，遂爾使之
不行㊿。

交納錢糧時，官不收制錢的主要原因是無火耗輕平羨餘，百
姓視制錢爲無益，制錢遂爾不行。耗羨歸公固爲清世宗整理財政
中顯著成就之一，然而利弊相循，行之數年，積漸而成擾民之
政，雖有益於國計，惟其加累於小民亦甚鉅。

【註　釋】

① 顧炎武著《亭林文集》，《顧亭林先生遺書十種》（臺北，古亭書
　　局，民國五十八年八月），卷一，頁 13。

② 《欽定大清會典事例》（臺北，中文書局，據光緒二十五年刻本影
　　印），卷二二〇，「錢法」，頁 1。

③ 趙爾巽修《清史稿》（北平，清史館，民國十六年八月），「食貨
　　二」，頁 4。

④ 莫東寅撰〈地丁錢糧考〉，《中和月刊史料選輯》（臺北，文海出
　　版社，民國五十九年十二月），頁 681。

⑤ 《亭林文集》，卷一，頁 1。

⑥ 《亭林文集》，卷一，頁 15。

⑦ 《宮中檔雍正朝奏摺》，第五輯（臺北，國立故宮博物院，民國六
　　十七年三月），頁 492，雍正三年十二月二十三日，允祥等奏摺。

⑧ 《宮中檔雍正朝奏摺》，第十輯（民國六十七年八月），頁 541，
　　雍正六年六月初四日，楊天縱奏摺。

⑨ 《宮中檔雍正朝奏摺》，第五輯（民國六十七年三月），頁 454，

雍正三年十二月初八日，單疇書奏摺。

⑩　《清世祖章皇帝實錄》，卷六，頁6，順治元年七月甲午，據駱養
　　性啓。

⑪　《清世祖仁皇帝實錄》，卷一四，頁20，康熙四年正月壬辰，諭
　　戶部。

⑫　《清世祖仁皇帝實錄》，卷一八三，頁22，康熙三十六年五月丙
　　申，上諭。

⑬　《宮中檔康熙朝奏摺》，第四輯（臺北，國立故宮博物院，民國六
　　十五年七月），頁79，康熙五十一年十月，王度昭奏摺。

⑭　《宮中檔康熙朝奏摺》，第七輯（民國六十五年九月），頁712，
　　康熙六十五年五月初二日，高其倬奏摺。

⑮　《清聖祖仁皇帝實錄》，卷二九九，頁10，康熙六十一年十月甲
　　寅，上諭。

⑯　《宮中檔雍正朝奏摺》，第十一輯（民國六十七年九月），頁
　　285，雍正六年九月初八日，田文鏡奏摺。

⑰　《宮中檔雍正朝奏摺》，第一輯（民國六十六年十一月），頁
　　512，雍正元年七月二十三日，于國璧奏摺。

⑱　《宮中檔雍正朝奏摺》，第十輯（民國六十七年八月），頁106，
　　雍正六年三月二十二日，覺羅石麟奏摺。

⑲　《宮中檔雍正朝奏摺》，第三輯（民國六十七年一月），頁822，
　　雍正三年二月初八日，高成齡奏摺。

⑳　《宮中檔雍正朝奏摺》，第一輯（民國六十六年十一月），頁
　　414，雍正元年六月二十九日，鍾世臣奏摺。

㉑　《宮中檔雍正朝奏摺》，第九輯（民國六十七年七月），頁891，
　　雍正六年二月二十七日，孔毓璞奏摺。

㉒　《宮中檔雍正朝奏摺》，第二輯（民國六十六年十二月），頁

253，雍正二年正月二十二日，石文焯奏摺。

㉓　《宮中檔雍正朝奏摺》，第二輯，頁 673，雍正二年五月十八日，石文焯奏摺。

㉔　孟森著《清代史》（臺北，正中書局，民國五十一年十月），頁197。

㉕　《宮中檔雍正朝奏摺》，第二輯，頁 733，雍正二年六月初八日，高成齡奏摺。

㉖　稻葉君山原著，但燾譯訂《清朝全史》（臺北，中華書局，民國四十九年九月），第四十六章，頁 126。

㉗　《清世宗憲皇帝實錄》，卷二十二，頁 3，雍正二年七月丁未，上諭。

㉘　金兆豐著《清史大綱》（臺北，學海出版社，民國六十九年九月），頁 260。

㉙　《清世宗憲皇帝實錄》，卷二十八，頁 8，雍正三年正月甲子，諭旨。

㉚　《宮中檔雍正朝奏摺》，第四輯（民國六十七年二月），頁 839，雍正三年八月初十日，伊都立奏摺。

㉛　《宮中檔雍正朝奏摺》，第四輯，頁 129，雍正三年四月初七日，丁士傑奏摺。

㉜　《宮中檔雍正朝奏摺》，第五輯（民國六十七年三月），頁 27，雍正三年八月二十七日，丁士傑奏摺。

㉝　《宮中檔雍正朝奏摺》，第六輯（民國六十七年四月），頁 325，雍正四年七月二十日，范時繹奏摺。

㉞　《宮中檔雍正朝奏摺》，第九輯（民國六十七年七月），頁 218，雍正五年十一月初一日，張坦麟奏摺。

㉟　安部健夫撰〈耗羨提解の研究〉，《清代史の研究》（日本東京，

創文社，昭和四十六年二月），頁 61。

㊱　《宮中檔雍正朝奏摺》，第三輯，頁 822，雍正三年二月初八日，
　　高成齡奏摺。

㊲　陳捷先撰〈論盛清名臣田文鏡之得寵及其原因〉，《故宮文獻季
　　刊》，第四卷，第四期（臺北，國立故宮博物院，民國六十二年九
　　月）。頁 31。

㊳　《宮中檔雍正朝奏摺》，第八輯（民國六十七年六月），頁 381，
　　雍正五年六月二十日，田文鏡奏摺。

㊴　《宮中檔雍正朝奏摺》，第十輯（民國六十七年八月），頁 508，
　　雍正六年五月二十八日，田文鏡奏摺。

㊵　《宮中檔雍正朝奏摺》，第四輯，頁 777，雍正三年八月初三日，
　　石禮哈奏摺。

㊶　《宮中檔雍正朝奏摺》，第十二輯（民國六十七年十月），頁
　　182，雍正七年正月初十日，魏廷珍奏摺。

㊷　《宮中檔雍正朝奏摺》，第三輯，頁 126，雍正二年九月初四日，
　　陳世倌奏摺。

㊸　《宮中檔雍正朝奏摺》，第九輯（民國六十七年七月），頁 231，
　　雍正五年十一月初六日，陳時夏奏摺。

㊹　《宮中檔雍正朝奏摺》，第八輯，頁 767，雍正五年八月二十六
　　日，塞楞額奏摺。

㊺　《宮中檔雍正朝奏摺》，第十輯，頁 791，雍正六年七月初六日，
　　郭鉷奏摺。

㊻　黃六鴻著《福惠全書》（日本，汲古書院，昭和四十八年二月），
　　卷九，頁 2。

㊼　內藤虎次郎著《清朝史通論》（日本，弘文堂書房，昭和十九年八
　　月），頁 366。

㊽　《宮中檔雍正朝奏摺》，第二十五輯（民國六十八年十一月），頁272，雍正十三年十月初十日，蔣炳奏摺。

㊾　《宮中檔雍正朝奏摺》，第二十五輯，頁430，雍正十三年十一月二十日，許王猷奏摺。

㊿　《宮中檔雍正朝奏摺》，第十輯，頁541，雍正六年六月初四日，楊天縱奏摺。

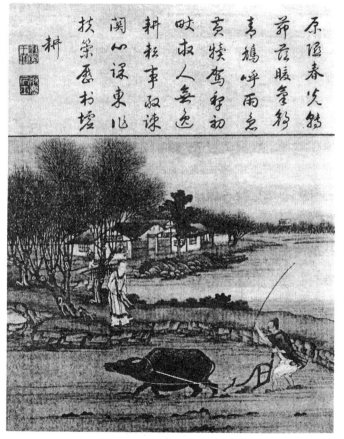

《耕織圖》册頁之一。

雍正皇帝與清朝養廉制度的確立

　　養廉銀制度是清代獨創的一種財政制度。前後施行將近二百年之久：實行的結果對清代的吏治、財政、經濟及社會等方面產生了下面的影響，其中各省虧空逐年補足、國庫日益充裕、清廷的財政狀況得以好轉。但養廉銀制度實施後，仍未能徹底杜絕官吏貪污、納賄的機會。其中癥結財稅結構及薪俸的微薄應是重要的原因之一。

　　我國歷代的賦役政策，大體依據儒家的經濟理論，主張輕徭薄賦，藏富於民。明代通行一條鞭法後，清丈田畝以平均賦稅，稅法條編以簡化課徵，明定以銀為納稅貨幣，頗符合經濟原則，並能適應經濟發展的要求。

州縣科派　官重一官

　　中央與地方財政的劃分，是因國家政權體制的差異而有所不同。中央集權的國家，多實行附加稅法，國家最高主權屬於中央，地方政府可在中央正賦上徵收附加稅，以充地方經費。至於均權制的國家，則採分成稅法，全國稅收由中央與地方按照一定成數分配。清初的賦稅制度是沿襲明代的一條鞭法，中央與地方稅收的劃分，是屬於一種附加稅法與分成稅法兼行的混合制。但因明清實行中央集權，全國賦稅盡歸中央，由戶部支配，地方財政基礎十分薄弱。

　　地糧與丁銀是朝廷正賦最主要的收入，丁銀攤入地畝後，稱為地丁錢糧。耗羨是正賦以外所徵收的附加稅，主要是正賦耗羨

及雜賦羨餘。正賦耗羨包括錢糧火耗與糧米本色雀耗、鼠耗，老鼠損耗米糧尤重，耗子就成爲老鼠的別稱。民間完納錢糧，多爲小錠碎銀，成色好壞不同。州縣必須將碎銀鎔銷改鑄成馬蹄形的紋銀，以便提解藩庫，然後轉運京師。銀兩傾鎔改鑄時，不無損耗，而輾轉解送，又有平頭腳費，沿路盤纏，在在需費，州縣徵收錢糧時，遂於正項之外，多取盈餘，以彌補折耗之數。其初火耗大約加收百分之一、二，但因地方正賦必須解歸中央，清廷課稅方針，又極力避免增加正賦，地方經費拮据，各州縣遂藉口各種名目，任意增添附加稅，暗加重耗，每兩或加一、二錢，或加三、四錢，即加收百分之十至四十不等。至於雜賦羨餘，如稅課錫金等項，也是名目繁多，賦外有賦，耗羨病民，官重一官，代增一代。

俸銀菲薄　枵腹從公

雍正皇帝是一位勤政節儉的君主，也是一位長於理財的英主。他即位後，積極整頓財政，釐剔積弊，杜絕中飽，裁減火耗，耗羨歸公，提解藩庫，結果不但彌補地方虧空，增加國家的稅收，同時也使賦役的負擔更公平合理。由於實施攤丁入地的賦役改革，徭役改由土地負擔，免除了無地貧民的丁銀，取消了人頭稅，人身依附土地的關係減輕了，准許生計艱難的窮人自由遷徙，可以離鄉背井，增加了他們的謀生機會。又由於耗羨歸公，減輕人民的附加稅，支給官吏養廉銀兩，而減少了貪汙案件。

有操守不苟求的士子，叫做廉士。守正不貪贓枉法的官吏，稱爲廉吏。但明清官俸菲薄，幾乎是饔飱不能自已，實在不足以砥礪廉隅。雍正初年，工部左侍郎赫林檢查舊例，得知在京漢官自一、二品至八、九品，每年俸米僅發放十二石，人口較少的家

庭，大約足夠食用四個月，食指較多的家庭，只夠兩個月之用，其餘月分，不得不枵腹從公。

　　總督、巡撫、布政使、按察使等員，都是封疆大吏，地方公務繁重，舉凡賑助、賞犒、日用盤費、幕賓脩金，需費浩繁。扣除各衙門辦公開支外，尚需贍養家口，自衣服、輿馬、僕從等項，所費尤夥。外任文武大員，家口眾多。清初文書記載，湖南巡撫王朝恩的家口及親丁約有一百六十餘人；鎮海將軍署理江蘇巡撫印務何天培，其全家共有二百餘人；川陝總督年羹堯降調杭州將軍時，其隨從男女仍不下千餘人。雍正元年（1723）二月初

雍正即位後，銳意整頓財政，釐剔積弊，杜絕中飽

六日，兵科掌印給事中陳世倕具摺時已指出：

> 聖祖仁皇帝從前慮外官貪汙，或因家口繁重所致，曾命在廷酌定外官家口自督撫以及州邑，各有定數，不得多人，無如日久廢弛，州縣官一遇旗員，動攜數百口，即漢官亦有至百餘口者，自此而上，由道府以及督撫，則或數百口，或數千餘口，嗷嗷待哺，等於蜻蝗，衣食之外，復有用度，咸仰給於一人之身，而官焉得不貪，錢糧安得不虧。

各省封疆大吏公私費用，因人而異。雍正年間，傅敏署理湖廣總督後，查明總督巡撫每年公私費用各需銀一萬兩。四川總督黃廷桂指出總督重任，節制文武。一切辦理軍務，撫賞番蠻，往來應酬，聘請幕友，事務殷繁，公私所需，合計二萬兩。王士俊在廣東布政使任內，統計一年衣食雜費、幕賓西席傭金、家人赴京路費等項，約需七千二百餘兩，此外因辦理地方事務，如修葺文武二廟，分給黎人衣布，幫築圍基，平治街道等項，約一千八百餘兩，合計需銀九千餘兩。河南布政使張廷璐查明學政每歲沿途夫馬需銀一千六百兩，供給雜用需銀三千兩，幕賓束脩

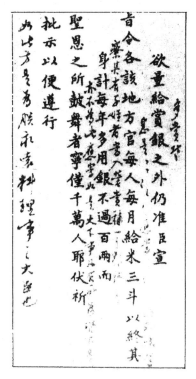

雍正硃批關於官員糧餉的諭旨

需銀一千兩，養贍省城家口需銀一千餘兩，合計每年需銀六千六百餘兩。

明清採行低薪政策，京官固然俸米很少，外任官員的俸銀，更是菲薄。順治元年（1644），清廷規定外任文職，比照京官品級歲支俸銀：總督比照從一品實支一百八十三兩八錢四分四釐；巡撫、布政使比照從二品實支一百二十兩五錢八釐；按察使比照正三品實支八十八兩八錢四分；道員比照正四品實支六十二兩四分四釐；知府比照從四品實支四十八兩七錢六分四釐；知州比照正五品實支四十二兩五錢；知縣比照正七品實支二十七兩四錢。各省學政，以侍郎、翰詹、科道部屬等官進士出身人員內簡用，各帶原銜品級。地方公務殷繁，需費頗多，但正俸微薄，仰不足以事父母，俯不足以畜妻子。

由於官俸微薄，不足給用，地方大吏每於正俸以外接受節禮。州縣供應上司節禮。名目繁多，端陽、中秋、新年、生旦四節，俱送厚禮。知府每當盤查倉庫錢糧時，州縣必須備送下程酒席，餽送銀兩，稱爲過山禮。除盤查規禮、出結規禮、程儀、署印禮、表禮、水禮外，又需供獻地方產物，稱爲土儀。送禮銀數百兩以上者，則外加十兩，稱爲隨封；加二十兩，稱爲雙隨。其餘跟役家人，亦由州縣餽送。監察御史王培宗具摺時已指出：

> 臣自知縣備員，習知州縣供應之苦，凡遇知府更替到任，則有賀禮，謁見則有贄禮，以及鋪墊公堂，脩理衙署，重新執事。初費既已煩多，及到任後除四季節禮外，拜賀生辰，並及於父母妻室，人參、貂皮、錦屏、彩燈，百物索取，而未嘗饜其欲。更有爲子捐官，派及州縣，倘不如數，則於掛批解糧之時先扣坐一二千兩，不令起解。州縣無計可應，勢必動挪正項，或糶賣倉穀，或派撒民間，或

明加火耗，或暗增秤頭，欲爲廉吏，豈可得哉？

上司正俸微薄，所需費用，由州縣供應，州縣遂藉端搜括民間，吏治廢弛，積弊叢生。

耗羨不是正賦，不必撥解中央，各州縣多私徵耗羨，以供應上司所需。吏部侍郎沈近思，起家縣令，對州縣私徵重耗的情形，知之甚詳。雍正皇帝召見沈近思，詰以「汝爲令，亦私耗羨乎？」沈近思覆以「非私也，非是無以養妻子。」雍正皇帝又詰以「汝學道人，乃私妻子乎？」沈近思覆以「臣不敢私妻子，但不能不養妻子，若廢之，則人倫絕矣！」雍正皇帝笑曰：「朕今日乃爲沈近思所難。」工部左侍郎赫林亦具摺奏請將各官俸米酌量加增，足用一年，使家口可以溫飽，免除後顧之憂，始能更加究心辦事。內閣學士吏部右侍郎史貽直於「奏請定督撫之規例以勵臣職以儆方事」一摺言之尤詳，原摺略謂：

> 臣聞大臣法，小臣廉。督撫者，外吏之表率也，督撫廉，則監司守令不敢不廉；督撫貪，則監司守令不得不貪，此理勢之所必然者。惟是督撫之貪廉有辨，而貪廉之誠偏有分，則獎廉莫先於養廉也。從來督撫之所入，其彰明較著在人耳目者，莫如規例。嘗有一種矯廉飾詐之人，以爲此足以得民心而沽清譽也，於是火耗必除，節禮必禁，陋規必革，肆其谿刻之性，以工爲掩蓋之術。究之火耗除，而所取更加於火耗，節禮禁而所收更倍於節禮，陋規革而所得更甚於陋規。劾一二身敗名裂之貪吏，而此外則概示包容，獎一二窮鄉僻邑之廉員，而此外則隱相挾制。視其外則敝車羸馬，惡衣粗食，嚴嚴千仞之概，硜硜一介之節，固居然一廉吏也。而豈知其巧爲幕夜，有更甚於肆行貪黷者乎？臣愚以爲此皆所謂不近人情者也。臣惟王道本乎人

情，今雖以士庶之家，仰事俯育，豈能一無所需，況身為督撫，官階已崇，身家必眾，其所需用當有什倍於士庶者，而必謂其可以恝視此仰事俯育之人，此斷不可信，即使有之，朝廷則安用此不近人情者以率屬而涖民哉？不然則豈皆家世華腴，身都富厚，捐其家貲，以佐辦公事者耶？臣有以知其不然也。

清代〈催科圖〉：地戶官員從納稅繳庫中的過程，中飽私囊

臣愚以為欲戒其不貪之行，莫如先去其矯廉之弊，欲去其矯廉之弊，其如寬予以養廉之資。

督撫是封疆大吏，其官階既高，身家亦眾，所有養贍家口及辦理公事，需用浩繁。為使其潔己率屬，實心任事，應寬予養廉銀兩。明清官俸菲薄，確實不近人情，但令封疆大吏枵腹從公，餓著肚子辦公，同樣不近人情。不能仰事俯育，如何能免除後顧之憂，實心任事呢？王道本乎人情，改善待遇，於正俸之外，按職務等級另行支給生活津貼，以養成各官吏的廉潔操守，確實具有道德意味。

耗羨歸公　厚給養廉

康熙年間，外任官員支取養廉銀，雖然已成事實，但皆由州縣自取，並未合法化。雍正初年，將耗羨提解藩庫後，外任官員支給養廉銀，始正式合法化。雍正元年（1723）四月，山西巡撫德音，以隱匿災荒，催科徵納，奉旨革職，其遺缺改由諾岷補授。諾岷到任後，即酌議裁減火耗，錢糧正賦每兩所收火耗，不得超過二錢。山西通省火耗銀約計五十萬兩，扣存銀二十萬兩，以留補無著虧空，其餘三十萬兩，議給各官養廉及通省公費之用。雍正二年（1724）六月，山西布政使高成齡奏陳「州縣耗羨銀兩，自當提解司庫，聽憑大吏分撥，以公眾之耗羨爲公眾之養廉。」司庫即布政司藩庫，州縣耗羨提解司庫後，通省官員的養廉銀，即可聽任分撥，不必派州縣。高成齡原奏奉旨准行後，支給各官養廉銀就被制度化了，其他各省都以山西省爲模式而先後採行提解耗羨的方式，以支給養廉銀。

各省因地方衝僻繁簡及稅額多寡懸殊，其支給養廉銀的先後次第，彼此不同。同爲督撫，或布政使，其養廉銀兩，往往亦因人而異，多寡不同。例如川陝總督、湖廣總督所支養廉銀各三萬兩，兩廣總督、雲貴總督各二萬六千兩，閩浙總督一萬六千兩。山西巡撫三萬一千七百兩，河南巡撫三萬兩，廣西巡撫六千四百兩，多寡不同。

川陝總督衙門每年支給養廉銀三萬兩，陝西巡撫養廉銀二萬兩，俱由歸公耗羨內支給，甘肅巡撫以各商茶規銀一萬一千九百兩充爲養廉銀，四川巡撫衙門向有條糧、鹽茶等項耗羨規費銀三萬九千五百餘兩留作養廉。雍正五年（1727）四月，四川巡撫馬會伯將稅規銀二萬七百兩革除，僅存布政司所繳條糧耗規銀六千

六百餘兩，按察司所繳鹽茶耗規銀六千五百餘兩，榮經縣茶規及射洪等五縣鹽規銀五千六百餘兩，以上合計銀一萬八千八百餘兩，留作巡撫養廉。

雍正二年（1724），湖廣總督楊宗仁奏明於通省火耗銀內以三分爲總督養廉，每年約有三萬兩，以一分五釐爲布政使養廉，每年約有一萬五千兩，以六釐爲按察使養廉，每年約有六千兩。雍正五年（1727）四月，署理湖廣總督傅敏奏准以廠稅羨餘、鹽商小禮共銀一萬二千兩爲總督養廉銀。同年七月，傅敏奏請以鹽規支給湖南、湖北巡撫各一萬兩充作養廉。同年八月，奉旨於鹽規銀內撥給總督一萬五千兩，湖南、湖北巡撫各一萬兩；布政使

康熙晚期，地方官員收租錢糧虧空的情形很嚴重。

圖爲清代收租圖

九千兩,按察使七千兩。

福建養廉銀的來源,除耗羨外,尚有糖船驗規及各屬節禮等項。福建省自督撫至道府州縣共九十九員,全省耗羨扣除辦公費以外,僅剩九萬三千餘兩,不敷分給各官養廉,經怡親王允祥等議准,將福建通省扶出各項贏餘歸公銀兩作為增加各官養廉的費用,其中總督養廉銀一萬六千兩,巡撫一萬二千兩,布政使一萬兩,按察使六千兩。

兩廣總督及廣東巡撫養廉銀的來源主要是在地丁火耗及落地稅羨餘銀兩項下按照福建之例,總督每年支給養廉銀一萬六千兩,巡撫一萬二千兩,布政使一萬兩,按察使六千兩。廣西巡撫衙門的養廉經費,主要來源為梧州關稅茶銀八千兩,潯川關稅茶果銀三千二百兩,桂林府橋稅茶果銀一千二百兩,平樂府橋稅果銀八百兩,共銀一萬三千二百兩。雍正四年(1726)四月。將梧潯兩關茶果銀陋規裁革,盡歸正項,提解中央,巡撫養廉銀僅餘桂林、平樂橋稅果銀二千兩。雍正五年(1727)二月,大學士兼戶部尚書張廷玉等議定於梧潯關稅舊得茶果銀一萬一千二百兩內酌給十分之四,即給銀四千四百八十兩,合計銀六千四百八十兩。布政使支給養廉銀三千五百二十兩,按察使支給養廉銀二千九百二十兩。

直隸總督養廉銀每年二萬兩,是動支歸公耗羨銀一萬二千兩,蘆商解司鹽規銀八千兩。總督衙門內的繕書五、六十人,各執事人役一百餘人,書吏五十人的工食以及心紅紙張、幕友脩金、出差人員的路費等項,都由總督養廉銀內支給。

督撫兩司學政以下,包括道府州縣以及佐雜人員,亦議給養廉銀兩。直隸通省所徵耗銀計二十三萬餘兩,雍正二年(1724)八月,經直隸巡撫李維鈞奏明以六萬兩彌補無著虧空,以五萬兩

修理城堤、補葺營房、整頓營伍等項公費，以二萬兩爲道府各員
養廉，餘剩耗銀十萬餘兩，給與州縣養廉，將直隸六府五直隸州
所屬九十二州縣衛，分別大中小三等，大者給與一千二百兩，中
者給與一千兩，小者給與八百兩。雍正五年（1727）正月，宜兆
熊署理直隸總督後，重新分配，道府每員各支給養廉銀二千兩，
大縣一千兩，中縣八百兩，小縣六百兩，同知、通判等官每員各
五百兩。

　　河南省全年耗羨銀共四十萬兩，巡撫、兩司以下，州縣以上
官員，於雍正二年（1724）三月間經巡撫石文焯議定支給養廉銀
兩，其中開歸道一萬兩，管河道、開封府各四千兩，歸德等六府

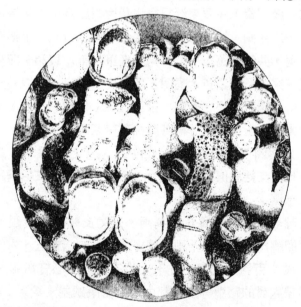

由於納稅的銀兩成色不等，因此地方官員爲上繳中央，先行熔鑄
而消耗部分銀兩。雍正皇帝爲避免這些火耗的銀兩中飽地方官員
的私囊，而實施「火耗歸公」。

各三千兩，理事同知一千兩，開封等府同知各八百兩，十通判各六百兩，陳留等四十三大州縣各一千兩，洧川等五十中州縣各八百兩，延津等十二小州縣各六百兩。通省大中小一〇五個州縣，合計支給養廉銀九萬零二百兩。

除文職人員外，武職將弁亦議給養廉銀兩，例如河東額引羨餘銀內自雍正三年（1725）為始每年支給西安、寧夏、四川將軍、副都統等員養廉銀六千兩。浙江杭州將軍衙門除部准鹽規內存留一千六百兩充作養廉，將軍隨印筆帖式四員，每員各給一百兩，副都統四員，每員各給四百兩。由於鹽商規禮也是重要的養廉財源，因此管理鹽務各員的養廉銀兩，較武職將弁更為優厚。其中巡鹽御史二萬兩，鹽運使一萬兩，運同二千兩，運判一千六百兩，鹽政四千八百兩。

由於各省養廉銀的來源，多寡不同，地方衝繁簡僻，頗有區別，所以各省官吏所得養廉銀兩，彼此並不一致，即使同為督撫，亦因人因地因時而異。直省督撫的養廉銀自七千兩至三萬兩不等，差距極大。清初定例，巡撫一年俸銀為一百二十餘兩，而山西、河南巡撫一年支給養廉銀各三萬餘兩，俱相當於本俸的二百五十倍。督撫司道等員所得養廉銀兩，除養贍家口外，尚需支付各項公費，正俸既薄，支給養廉銀兩，洵為循名責實的措施。

杜絕貪汙　澄清吏政

康熙年間（1661-1722）由於財政制度的內在缺點，及政治風氣因循廢弛的外在通病，以致吏治敗壞，虧空纍纍，貪汙納賄案件，層出不窮，侵吞額數，令人觸目驚心。例如，康熙四十九年（1710）六月，揭露戶部堂司等官百餘人先後貪汙草豆銀四十四萬兩，其中戶部堂官希福貪汙二十多萬兩。康熙五十四年

（1715）十月，揭露山西太原府知府趙鳳詔貪汙婪贓銀三十多萬
兩。自康熙四十八年起至六十一年（1709 至 1722），山東各州
縣錢糧虧空銀六十餘萬兩，倉穀虧空九十餘萬石。八旗應追補銀
二百餘萬兩，山西通省虧空四百餘萬兩，甘肅虧空錢糧五百餘萬
兩，其它各省錢糧虧空情形，亦極嚴重。

　　造成清初官吏貪汙納賄成風的因素，固然很多，但是不可否
認的，其財稅結構及俸薪微薄，更是不容忽視的原因。清初賦
稅，按照明代萬曆年間則例徵課，其課稅方針，極力避免增加正
項，地方不准輕易動支正
項。各州縣遂於正項之外，
加徵耗羨，由來已久。雍正
皇帝承認既成的事實，提解
耗羨，嚴禁加派，以耗羨彌
補虧空，並支給各官養廉銀
兩，於正俸之外，多給津
貼，改善其待遇。雍正皇帝
確立養廉銀制度，就是始自
耗羨歸公以後，嗣後支給各
官養廉銀兩始有的款。由直
省上下各員支給養廉銀的經
過，可以看出雍正年間養廉
銀制度實施的普遍，範圍亦
廣，直接受惠的固然是直省
上下各文武官員，而百姓因
此得免於地方官的需索加
派，雍正皇帝嘉惠民生，其

「儉以養廉」是官場用來互
勉、互慰的話：但如何養廉那
就更憑手段了。

功尤不可沒。

　　養廉銀制度是清代獨創的一種財政制度，從雍正初年至宣統末年，實行了將近二百年之久，對當時的吏治、財政、經濟及社會等方面產生了一定的影響。養廉銀制度實施後，嚴禁餽送，革除陋規，官吏貪汙納賄案件，明顯減少，吏治有所澄清。各省虧空逐年補足，國庫逐漸充裕，使清廷的財政狀況得以好轉。耗羨提解司庫，杜絕州縣中飽，小民免於科派之苦，已無重耗之累，減輕了負擔，法良意美。養廉銀制度實施的結果，雖然仍未能徹底杜絕官吏貪汙納賄的機會，使種種流弊一掃而空，對養廉銀制度不宜評價過高。但是由於雍正初期嚴厲實行多項賦役政革的措施，以配合養廉銀制度的實施，而使清朝的財政經濟開始走上正常發展的軌道，終於奠定清代前期鼎盛局面的經濟基礎。養廉銀制度的採行，確實具有劃時代的歷史意義，應當加以肯定。

錐拱雕鏤・賦物有象——
唐英督陶文獻

蝸寄老人　唐英小傳

唐英（1682-1756），字俊公，一字叔子，晚號蝸寄老人。《清史稿》記載，唐英是漢軍旗人。《八旗滿洲氏族通譜》記載，「唐應祖，正白旗包衣旗鼓人。世居瀋陽地方，來歸年分無考，其曾孫唐英，現任員外郎，兼佐領。」清聖祖康熙二十一年（1682）五月初五日，唐英生。康熙二十七年（1688），唐英七歲，入鄉塾。康熙三十六年（1697），唐英開始供役於養心殿。清世宗雍正元年（1723），擢爲內務府員外郎，掌理稽查內務府造辦處活計房當差匠役，畫押辦事，承造活計，領取錢糧等事宜。

唐英善畫，工書，能詩，擅長編寫劇本，深得雍正皇帝的賞識和信賴。《養心殿造辦處各作成做活計清檔》，簡稱《活計檔》。《活計檔・鑲嵌作》記載，雍正元年（1723）二月十三日，怡親王允祥（1686-1730）交龍油珀葡萄式小盤一件，著唐英照樣畫樣。同年二月十六日，唐英照樣畫樣完成，由怡親王允祥進呈御覽。同日，《活計檔・玉作》記載，怡親王允祥將定磁小瓶、嘉窯小扁磁盒、白玉小水注、官窯花瓶、竹節式磁壺、定磁爐、白玉菱花式支壺各一件，俱交唐英照樣畫樣。同年二月十六日，唐英畫樣完成，由怡親王允祥進呈御覽。

《活計檔》中「玉作」附「畫作」記載，雍正元年（1723）

二月十四日，怡親王允祥交下假官窯磁瓶、玉壺、漢玉水盛各一件。其中漢玉水盛隨玉匙一件及紫檀木座，諭令交由唐英畫樣。是日，唐英將假官窯磁瓶照樣畫樣完成，由怡親王允祥進呈御覽。

《活計檔》中「裱作」附「畫作」記載，圓明園來帖稱，郎中保德說：「九州清晏上仙樓的樓梯北邊貼的美人畫一幅。奉旨：畫的款式甚好，爾著唐英畫美人，其廣紋照先畫的衣紋一樣畫。」雍正四年（1726）正月十二日，唐英遵旨畫得美人畫一幅。

巴令，蒙文讀如“baling”，意即宗教祭祀的供物。《活計檔‧琺瑯作》記載，唐英奉怡親王允祥諭：「再做巴令七個，爾先做合牌樣我看，俟看准時再做。」同年正月十三日，唐英遵諭做得合牌樣一個，呈給怡親王允祥看。奉諭：「准做，但其中大小花朵不要銀琺瑯，內白色的用銀母碑碌，黃色的，或蜜臘，或象牙泡黃；青色的，或用青金石，或青玻璃作；綠色的，用孔雀石做；紫色的用紫英石做的；紅色的，或珊瑚，或用魚枕骨，或象牙茜紅，其火焰照樣做。周圍邊欄做直墻子鉤細花紋，中心鑲嵌五彩玻璃，配做銅燒古鉤花圓盤一件。架子用紫檀木，板上鑲嵌綠葉用金珀襯綠，或象牙泡綠配合著做。其人物仙女象馬等件，仍用象牙做。其七寶、八寶，與各樣零碎物體，或累線，或台撒兒等配合。」同年十二月二十六日，唐英做得鑲嵌巴令一份，進呈御覽。奉旨：「擺在佛堂」。

唐英辦事幹練，為怡親王允祥所賞識。雍正六年（1728）八月，怡親王允祥傳旨，唐英以內務府員外郎銜駐景德鎮御窯廠署，充協理官，監督窯務。唐英陛辭時，雍正皇帝諭以「工匠疾苦宜恤，商戶交易宜平」等語。同年十月間，唐英抵景德鎮窯

廠。雍正十三年（1735）冬，年希堯被革職，唐英奉旨調任管理
淮安關稅務。

　　清高宗乾隆二年（1737），唐英奉命復辦陶務，以淮安關榷
使兼領。乾隆三年（1738）十二月初八日，命兩淮鹽政三保署理
淮安關稅務，唐英奉旨單管宿遷關稅務，兼燒造瓷器。十二月十
八日，唐英交御淮安關稅務。十二月十九日，三保到淮安關新
任。因宿遷關與窯廠相距遙遠，燒造瓷器不能兼顧，乾隆四年
（1739）正月二十日，經內務府總管海望奏准宿遷關稅務，暫令
辦理淮安關稅務三保兼理。燒造瓷器事物，令唐英專司。正月二
十一日，唐英將淮安、宿遷等關事務，與署淮安關稅務、兩淮鹽
政三保陸續交代清楚，並將江西先造解淮安上色瓷器九千三百七
十五件，由陸路運送進京，次色瓷器二萬一千餘件，價造冊籍，
收拾裝桶，由水路運送進京。二月初二日，唐英自淮安關起身，
赴江西辦理窯務。二月二十八日，唐英抵達景德鎮窯廠，隨於三
月初一日開工，所有應造各種器皿，挨次加緊價造。

　　唐英所管九江關稅務，將於乾隆七年（1742）十二月差期屆
滿，於是先期奏請簡員更換。乾隆八年（1743）二月初七日，唐
英奏摺奉硃批：「仍令汝管關務，窯廠多住幾日亦可。」乾隆十
三年（1748）六月初九日，唐英由九江水路進京陛見。七月十一
日，唐英到京。七月二十二日、閏七月初六日、閏七月十四日，
乾隆皇帝三次召見唐英。閏七月二十二日，唐英出京。九月十七
日，唐英返回九江關署任事。

　　乾隆十四年（1749）冬，唐英奉調廣東粵海關。十六年
（1751），復調九江關，兼理窯務。十七年（1752）正月十七
日，唐英自廣東起程。三月初二日，抵九江關署。二十年
（1755）十一月十九日，唐英奉旨入京陛見，稅關印務交由其子

寅保署理。二十一年（1756）正月十九日，唐英在圓明園觀見，晉銜奉宸苑卿。正月二十七日，唐英陛辭請訓。三月十三日，唐英返抵九江關署。

景德官窯　馳名瓷都

我國歷代的陶瓷工藝，主要是以官窯爲核心，而帶動了民窯的發展。江西景德鎮御器廠，就是馳名中外的一個重要官窯。這裡有優良的造瓷原料，有便於燒瓷的松柴，有便利的水陸交通，尤其是來自廣東、福建、浙江的工匠，帶來了各地造瓷的豐富經驗。

江西景德鎮，原名新平。唐初以其地在昌江南岸，改名昌南，當時即以產瓷聞名。宋眞宗景德間（1004-1007），改地名爲景德，屬浮梁，置官窯，景德窯之名，即始於此時。元代浮梁州，洪武初，降州爲縣。《江西大志‧陶書》云：「陶廠景德鎮，在今浮梁縣西興鄉，水土宜陶。宋景德中始置鎮，因名置監鎮一員。元更景德鎮稅課局監鎮爲提領。洪武初，鎮如舊，屬饒州府浮梁縣。正德初，置御器廠，專筦御器。」景德鎮在浮梁縣西南，明清時期，俱在景德鎮設御瓷廠，以燒造優質瓷器馳名中外，素有瓷都之稱。

《欽定四庫全書‧江西通志》記載，「御器廠，中爲堂，後爲軒、爲寢，寢後高阜爲亭，堂之旁爲東西序，東南有門，堂之左爲官署，堂之前爲儀門、爲鼓樓、爲東西大庫房。爲作二十三曰：大碗作、酒鍾作、碟作、盤作、鍾作、印作、錐龍作、畫作、寫字作、色作、匣作、泥水作、大木作、小木作、船木作、鐵作、竹作、漆作、索作、桶作、染作、東碓作、西碓作。爲督工亭，爲獄房。廠之西爲公館，東爲九江道。爲窯六曰：風火

窯、色窯、大小爐横窯、大龍缸窯、匣窯、青窯。廠內神祠三，廠外神祠一，甃井二，爲廠二曰：船柴廠、水柴廠，放柴房、燒窯人役歇房。」

燒造陶瓷，重視燒造技術。《欽定四庫全書・江西通志》記載，「各作工匠，倘技藝精熟，則燒造亦易成。六作之中，惟風火窯匠最爲勞苦，方其溜火一日之前，固未甚勞，惟第二日緊火之後，則晝夜省視，添柴時刻，不可停歇，或倦睡失于添柴，或神昏惧觀火色，則器有楛窳拆裂陰黃之患。蓋造坯彩畫始條理之事也，入窯火候終條理之事也。火弱則窳，火猛則價。今查每窯作頭僅四人，燒火一人，人力既少，精神有限，欲其無倦惧也難矣。合用看火作頭四五名，燒火匠二名，每夜廠官親臨窯邊巡督，編立更夫，並民快各五名，分定更籌，遞相巡警，以察勤惰。至開窯時器皿完美，厚賞旌勞。倘有不堪，量其輕重懲戒。他如工匠損撞大器坯胎，須令謹慎。若加怒責，則畏懼相欺，雖知撞搕，亦蒙蔽不言。故自洗補至入窯，必看胚胎堪否，然後蓋匣封固起火燒造。如繪畫中小器，亦須細看上下四週有無疵繆，必體質完美，方可入窯，不然則徒費罔功矣。」燒造瓷器，各作匠役，功不可沒。

清世祖順治十一年（1654），命景德鎮燒造龍缸欄板等件，差官監督燒造，未成停止。康熙十年（1671），燒造祭器等項，俱估值銷算正項錢糧並未派徵，陶成分限解京。十九年（1680）九月，奉旨景德鎮燒造御器，差廣儲司郎中徐廷弼、主事李延禧、工部虞衡司郎中臧應選、筆帖式車爾德，於二十年（1681）二月內駐廠督造。每製成之器，實估價值，陸續進呈。凡工匠物料，動支正項錢糧，按項給發。至於運費等項，並不遺累地方，官民稱便。所燒陶瓷，包括缸、盆、盂、盤、尊、爐、瓶、罐、

碟、碗、鍾、盞等類，而飾以夔雲、鳥、獸、魚、水、花、草，或描，或錐，或暗花，或玲瓏，諸巧具備，品質精美。

霽紅窯變　天降祥瑞

　　唐英奉命督陶後，就開始投身於陶瓷事業中去了解它，研究它，對陶瓷的釉色、型制、仿古及創新，都有卓絕的表現，而使唐英成為我國陶瓷史上一位有理論、有著作傳世的陶瓷大師。國立故宮博物院現存唐英文獻尚夥，除史館檔傳稿外，主要有宮中檔硃批奏摺計三十一件，軍機處檔月摺包奏摺錄副計十七件。北京中國第一歷史檔案館現藏唐英榷務督陶硃批奏摺及軍機處奏摺錄副，數量亦夥，都具有高度的史料價值。一九九一年十月，瀋陽遼瀋書社出版《唐英集》，內含雜文、詩文、戲曲、部分硃批奏摺及錄副奏摺，對研究清代唐窯的發展，提供了很豐富的資料。

　　唐英熟悉窯廠事務，他在「奏請赴窯廠經理陶務」一摺指出春秋兩季是最關緊要的季節，春季二、三月間當開工之始，所有器皿，俱須定準，至於調停釉水、配搭顏料，都在此時料理。秋季八、九月的時候，風日高燥，對於坏胎火候最為合宜，正是燒成各種瓷器的時節。但瓷器的多寡，須視火候的旺衰，以及歲時的陰晴，所以不能按數成器。

唐英石雕像

　　現藏硃批奏摺及奏摺錄副，詳細記錄養心殿造辦處發下瓷樣
及唐英照式燒造的經過及進呈情形。乾隆元年（1736）六月，養
心殿發下脫胎圓琢瓷樣，唐英即照式燒造。

　　乾隆四年（1739）十月二十五日，唐英在京，太監胡世杰交
出釉裡紅掛瓶一件，畫樣一張，並傳旨說：「看明瓷器釉色，照
紙樣花紋燒造幾件送來，務要花紋清真，並將古瓷樣式好者揀選
幾種，亦燒造釉裡紅顏色，俱寫乾隆年款送來呈覽。」唐英遵旨
揀選古瓷畫樣內佳者數種發交窯廠協造葆廣等燒造進呈。

　　唐英在「遵旨燒造詩文轎瓶」一摺奏明乾隆七年（1742）九
月二十日，唐英將九江關務暫交九江府知府施廷翰管理後即赴窯
廠，查核一年造作。十月初一日，循例停工，十月二十五日，起
程回關，十月二十七日，在行走途中，遇家人齎捧御製詩一首，
並傳奉諭旨：「將此交與唐英燒造在轎瓶上，用其字拼寶，爾酌
量收小其安詩地方，並花樣亦酌量燒造。」唐英奉旨後，於十月
二十九日返回窯廠，覓得各作匠人一、二十名，收拾未完的胚
胎，傳喚好手，率領催總老格監看。由於天氣晴暖，胚胎、窯
火、設色、書畫，進行順遂。因轎瓶樣底不一，唐英將御製詩安
裝瓶上，字分四體，與瓶式配合，以避雷同。燒造期間，天氣晴
暖，泥釉融和，胚胎易就，共燒成轎瓶六對，計十二件，與歷次
奉發的四團畫山水膳碗、青龍方瓶，以及紙木樣杯盤等件，於乾
隆七年（1742）十一月十七日繕摺進呈。其御製詩箋仍留窯廠收
貯，以備次年春正式開工時，另酌款式再製轎瓶。

　　次色腳貨是選落的瓷器，向來並無解交之例，都散貯廠署，
聽人匠使用。唐英在「請定次色瓷器變價之例以杜民窯冒濫」一
摺指出景德鎮官窯燒造瓷器，上供御用，雖然是次色腳貨，及破
損瓷器，但其款式制度，並非民間所敢使用，不便遺存在外，隨

即與總管年希堯商議，將次色腳貨按件酌估價值，填造黃冊，於每年解運瓷器時一併進呈，交貯內務府，有可以變價者，即在京變價，有可供賞賜者，即留備賞用。乾隆七年（1742）六月二十三日，乾隆皇帝諭以「嗣後腳貨，不必來京，即在本處變價。」唐英認為國家分別等威，服務采章，俱有定制，官窯瓷器，有黃器、錐拱彩繪、五爪龍等件，非奉賞賜，臣下不敢珍藏擅用，至如官窯、哥窯、定窯、汝窯、宣窯、成窯等釉，以及無關定制的款式花樣等器，也有官窯民窯的區別。官窯瓷器，足底有年號字款，民窯則例禁書款。唐英奉命督陶後，即不敢將次色腳貨存留在外。他認為若將每年的次色腳貨在本地變價，則殷實有力的窯戶，即可借端影造，無從查禁，甚至托名御器以射利，則官窯選落的瓷器，轉致壅滯，而不能變價，對御器及錢糧，兩無裨益。乾隆八年（1743）二月二十日，唐英具摺奏請選落的黃器、五爪龍等件，照舊酌估價值，以備查核，仍附運進京，不致流佈民間，其餘選落的官造款釉花樣等件，不妨在外變價。原摺奉硃批：「黃器如所請行，五爪龍者，外邊常有，仍照原議行。」

　　乾隆八年（1743）二月二十六日，唐英將關務移交九江府知府施廷翰暫行管理後，即赴景德鎮，與協造催總老格料理開工，將奉發製造各器漸次入窯燒造。唐英具摺奏明是年三月初二日正式開工，所燒造的奉發瓷器，包括各色錦地四團山水膳碗、杯盤及六方青龍花瓶等件。此外，唐英又自行創造夾層玲瓏交泰等瓶共九種，送京進呈。同年四月十四日，唐英自廠回關。八月二十四日，唐英接到養心殿造辦處移會，將御製詩照前燒造掛瓶款式，製造數件。唐英隨即遵旨赴窯廠，與協造催總老格，加緊燒造，共得掛瓶四對，計八件，解京呈覽。同年十月間，唐英在窯廠督造瓷器，工匠人等以乾隆九年（1744）開春正當甲子年，決

定燒造萬年甲子筒一對。由於工匠齊集，更逢天氣晴和，胚胎、窯火、設色、書畫都順利，燒造完成，唐英專差家人齎捧進呈後，即於十一月初二日返回九江關署辦事。

乾隆八年（1743）十一月初五日，內廷交出青花蠟臺二對，傳旨：「仍交與唐英各配香爐一件，花瓶二件，配成送來。其蠟盤中層阡樣式，香爐、蠟臺、花瓶燒造幾分，比此樣放大些，亦燒造香爐、蠟臺、花瓶幾分送來。」唐英接奉樣式後，見蠟臺、花瓶、香爐稍大，必俟泥土融合，始不致坯胎拆裂，因此至次年三月開工始攢造。十一月二十一日，唐英接到內大臣海望寄信上諭：「著唐英照此掛瓶花紋、釉水、顏色，燒造些各款式。各色鼻煙壺，著其中不要大了，亦不要小了。其鼻煙壺蓋不必燒來。」當時正值泥土凝凍，歲例停工，各匠都已回家，窯火亦已停歇。但因鼻煙壺屬於小件胚胎，可以烘烤製造，於是差人至各家傳集匠工至九江關署，由唐英親自指點，擬成胚胎數種，並畫定顏色、花樣，即於新正持往廠署，在民戶燒造粗瓷的茅柴窯內燒製，並令星夜彩畫，先後造得各款式鼻煙壺四十件，由唐英家人進呈御覽。是月，唐英在窯廠燒造霽紅瓷器，燒出窯變數種，共計二十六件。唐英在「恭進上傳及偶得窯變瓷器」一摺奏稱：「雖非霽紅正色，其釉水變幻，實數十年來未曾經見，亦非人力可以製造，故窯戶偶得一窯變之件，即為祥瑞之徵，視同珍玩。至霽紅一種，出窯之後，除正色之外，類皆黑暗不堪，從未有另變色澤生疏鮮艷者。」霽紅窯變瓷器，確實為過去所罕見。

乾隆九年（1744）六月十九日，養心殿造辦處交下缺釉成窯天字蓋罐一件，並傳旨說：「著將缺釉的天字蓋罐一件，著交唐英補釉。如補得，補好送來；如補不得，不必補，仍舊送來。」唐英細看天字蓋罐，是屬於年久的成窯，火氣已經銷退，若將缺

釉之處補色，必須入爐燒製，由於爐火攻逼，對舊窯質地實不相宜，所以不敢貿然補釉，而送往窯廠仿照原罐款式大小，燒成三對，與奉發原罐一併進呈。同年十月二十三日，養心殿造辦處傳旨，雅滿達賴壇仙樓上著唐英製造青花白地瓷五供三堂，其瓶內配燒瓷苓芝花。唐英奉到諭旨後具摺奏聞，此時因窯廠停工，天氣寒冷，泥釉凝凍，不能攢造，至次年春開工，始陸續製造宣窯青花白地五供三堂，配造青花五彩瓷苓芝二種，進呈御覽。

　　乾隆十年（1945）二月初七日，造辦處發下渣斗木樣一件，象牙座一件，令唐英按座大小，照樣燒造哥窯瓶一件，仿舊燒造，不要款。三月初六日，唐英在九江關衙門接到養心殿行文及奉發銅胎紅法瑯蓋、藍法瑯蓋各一件，令唐英照樣燒造霽紅、霽青蓋各一件，裏子燒白的。同時又奉發青花白地無蓋小梅瓶一件，旋成瓶蓋木樣一件，令唐英按小梅瓶花樣大小燒造瓷蓋一件。此時正當春季窯廠開工的季節，唐英即於三月初十日從九江關起身赴廠，親自督催，按照木蓋樣製成瓶蓋一件。但恐仿照的瓶蓋火氣未退，與奉發的青花白地梅瓶有新舊之別，唐英又按照原瓶花樣大小，配造有蓋梅瓶一件，以成一對。奉發銅胎法瑯蓋，亦照樣造得霽紅、霽青蓋各一件。隨後又造得哥窯渣斗一件，仿配連座富餘一件，以成一對。唐英在窯廠創造的新樣轎瓶及陳設小件數種，亦一併進呈。

　　乾隆初年，唐英在景德鎮官窯燒造進呈的瓷器，品類繁多，例如脫胎圓琢器、釉裡紅掛瓶、御製詩轎瓶、四團畫山水膳碗、青花蠟臺、香爐、花瓶、杯盤、六方青龍花瓶、夾層玲瓏交泰瓶，萬年筆筒、鼻煙壺、仿宣窯青花白地瓷五供、仿哥窯瓶、渣斗、霽紅及霽青銅胎法瑯蓋、青花白地梅瓶等，不勝枚舉，其中有仿製，也有創新。

景德鎮官窯燒造瓷器，向來先運至淮安關署內配成匣座，然後轉運入京，所以每年動支淮安關贏餘內辦公銀二萬兩，以爲窯工及辦差等用。乾隆三年（1738）十一月，唐英循照往例，奏請乾隆四年（1739）分窯工費用仍在淮安關辦公銀內動支。經內大臣海望議覆，每年於淮安關留存銀內支領一萬兩，以爲燒瓷之用，如有不敷，再行奏請添支。但因唐英奉旨專司窯務後，凡燒造瓷器、配座、裝桶、解運，都由唐英在江西一手辦理，直送京師，旣不在淮安關配座解運，已不必專需淮安關銀兩。況淮安關距江西二千餘里，每年支領一萬兩，如不敷用，須俟奉准之後，再移文淮安關請領，往返需數月之久，遠不及濟，匠作人等不能停工以待。江西九江關距景德鎮窯廠僅二百四十里，移取較便。唐英奉旨管理九江關稅務後，即奏准自乾隆五年（1740）起於九江關贏餘內動支銀一萬兩。

珠山鐫石　陶成紀事

唐英雖然工書善畫，但對於陶瓷工藝的認識，是始於奉命督陶之後。他在「瓷務事宜示諭稿序」中說：「陶固細事，但爲生所未經見，而物料火候，與五行丹汞同其功，兼之摹古酌今，侈弇崇庳之式，茫然不曉，日唯諾於工匠之意者惴惴焉，惟辱命誤公之是懼，用杜門，謝交游，聚精會神，苦心竭力，與工匠同其食息者三年。抵九年辛亥，於物料火候生克變化之理，雖不敢謂全知，頗有得於抽添變通之道。向之唯諾於工匠意旨者，今可出其意旨唯諾夫工匠矣。因於泥土、釉料、坯胎、窯火諸務，研究探討，往往得心應手。」雍正六年（1728），唐英奉旨督陶，對陶瓷工藝，茫然不曉，至雍正九年（1731），經過三年的苦心竭力，對瓷工、釉科、坯胎、窯火生克變化的道理，頗能得心應

手。再經過四年的用心鑽研，至雍正十三年（1735），寫成《陶務敘略》及《陶成紀事碑記》。

　　唐英在《陶務敘略》中指出「陶固細務，自一身以及工役，皆邀皇上周恤，敢不具述始末以宣揚德意。且坊尊土簋，國家之儉德攸關，則陶器為世所必需，而製造亦為後所難免。得其道則事半功倍，失其道則公費人勞。苟茫無稽，於後何如？略志述於今。英雖不敢謂陶之微奧確信深知。然既習且久，其於製造之器皿條目、款釉尺寸、工匠錢糧，即夫賞勤勸惰之大略，不無一得之愚。」唐英督陶既久，益以研究探討，所以對瓷器的微奧，頗有心得。唐英將燒造瓷器各色條款，逐一鑴石於珠山之陽，俾後人「知所考稽審慎」，這就是著名的《陶成紀事碑記》，備載經費、工匠解額，臚列各色瓷釉，倣古創新，包括大小盤、杯、盅、碟、瓶、罍、罇、彝，歲例貢御凡五十七種。自宋大觀、明永樂、宣德、成化、嘉靖、萬曆各官窯，以及哥窯、定窯、鈞窯、龍泉窯、宜興窯、西洋、東洋諸器，都有仿製。其釉色有白粉青、大綠、米色、玫瑰紫、海棠紅、茄花紫、梅子青、騾肝、馬肺、天藍、霽紅、霽青、鱔魚黃、蛇皮綠、油綠、歐紅、歐藍、月白、翡翠、烏金、紫金、新紫、黃斑點、東青、青點、吹紅、吹青等種。又有澆黃、澆紫、填白、描金、青花、水墨、五彩、錐花、拱花、抹金、抹銀等名目。其中倣鐵骨大觀釉，有月白、粉青、大綠等三種，都是倣養心殿所發宋器色澤；倣銅骨無紋汝釉，是倣宋器貓食盤，人面洗色澤；鈞釉也是倣內發舊器，除玫瑰紫、海棠紅、茄花紫、梅子青、騾肝馬肺五種外，又得新紫、米色、天藍、窯變四種；倣米色宋釉，是從景德鎮東二十里外湘湖地方宋窯故址覓得瓦礫，而倣其色澤款式燒造；倣油綠釉，是內發窯變舊器，色如碧雲，光彩中斑駁古雅。其新創青

釉,是新試配的釉色,較霽青泛紅深翠,無橘皮棕眼;洋彩器皿是新倣西洋琺瑯畫法,人物、山水、花卉、翎毛,無不精細入神。

乾隆八年(1743)四月初八日,養心殿造辦處交出《陶冶圖》二十張,傳旨說:「著將此圖交與唐英,按每張圖上所畫,係倣何技業?詳細寫來,話要文些。其每篇字數要均勻,或多數十字,或少十數字亦可,其取土之山,與夫取料取水之處,皆寫明地名。再將此圖二十幅,按陶冶先後次第編明送來。」同年閏四月二十二日,唐英接到內廷移文後,即按每幅圖內所倣技業,並取土取料之山逐一編明,題爲《陶冶圖說》,又名《陶冶圖編次》,這就是我國有關燒造瓷器過程的第一部有系統的專書。唐英將圖幅先後次第,另編總幅,於同年五月二十二日繕摺進呈御覽。此二十幅圖依次爲:採石製泥、淘煉泥土、煉灰配釉、製造匣鉢、圓器修模、圓器拉坯、琢器做坯、採取青料、揀選青料、印坯乳料、圓器青花、製畫琢器、蘸釉吹釉、鏇坯挖足、成坯入窯、燒坯開窯、圓琢洋彩、明爐暗爐、束草裝桶、祀神酬願。第一幅「採石製泥」圖中繪開採、春碓、畚煉等採石製泥的方法。唐英在圖說中指出瓷土須採石煉製,其石主要產於安徽祁門縣坪里山谷,所產爲白石,開窯採取,剖有黑花,像鹿角菜形。當地人藉溪流設輪作碓,春細淘淨,形式如磚,浮梁方言叫做白不,色純質細,可以製造脫胎、塡白、青花、圓琢等器。此外江西饒州府產高嶺、玉紅、箭灘等石,只供攙合之用,適宜製造粗厚器皿。第三幅「煉灰配釉」圖說指出釉灰出自景德鎮南方一百四十里的樂平縣,以青白石和鳳尾草迭疊燒煉,用水淘洗而成。第四幅「製造匣鉢」圖說指出坯胎需用匣鉢套裝,始能保持潔淨。製造匣鉢的泥土,產於景德鎮東北里淳村,有黑、紅、白不同三

色。第八幅「採取青料」圖說指出青花瓷器有宣德、成化、嘉靖、萬曆的分別，都需藉青料繪畫。青料產於浙江紹興、金華兩府所屬各山，採者赴山挖取，在溪流洗去浮土，其色黑黃大而圓者為頂選，稱為頂圓子。此外，江西、廣東各山亦產青料，但色澤淡薄不耐鍛煉，只可畫染市賣粗器。第二十幅「祀神酬願」圖說指出「景德一鎮，僻處浮梁邑境，周袤十餘里，山環水繞中央一洲，緣瓷產其地，商販畢集。民窯二三百區，終歲煙火相望，工匠人夫不下數十餘萬，靡不藉瓷資生。」由《陶冶圖說》可以了解景德鎮確實具備燒造瓷器的優良條件，以及唐英對瓷器研究的精細。

　乾隆皇帝對唐英所燒造呈覽的瓷器，雖有「遠遜雍正年間所燒者」及「上色瓷器甚粗糙，釉不好」的責難，但唐英的成就仍是值得肯定的。《景德鎮陶錄》記述唐英燒造瓷器的貢獻說：「公深諳土脈、火性，慎選諸材，所造俱精瑩純全。又倣肖古名窯諸器，無不媲美；倣各種名釉，無不巧合；萃工呈能，無不盛備；又新製洋紫、法青、抹銀、彩水墨、洋烏金、琺瑯畫法、洋彩烏金、黑地白花、黑地描金、天藍、窯變等釉色器皿。土則白壤，而坯體厚薄惟膩。廠窯至此，集大成矣！」唐英就是清代陶瓷工藝史上集大成的一位督陶官。

唐英署名自製仿官釉墨彩行書詩句水丞

　唐英在廣東粵海關監

清代景德鎮製瓷過程圖（練泥）

清代景德鎮製瓷過程圖（修模）

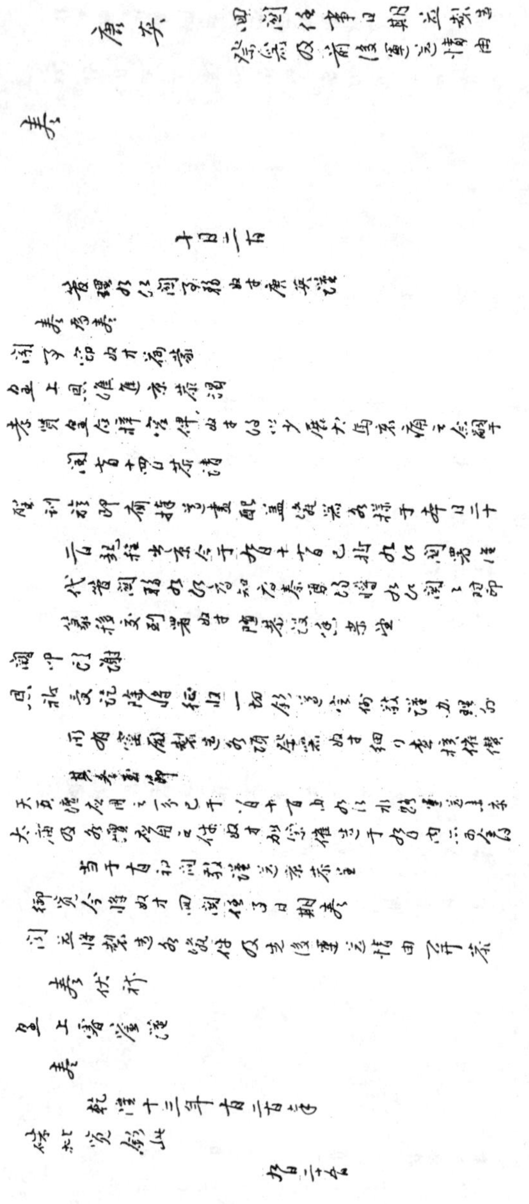

《軍機處檔·月摺包》，唐英奏摺錄副

饒州府浮梁縣示意圖
《欽定四庫全書‧江西通志》，繪圖

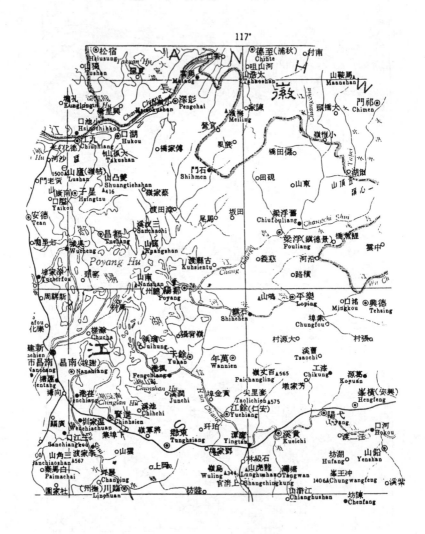

景德鎮位置示意圖

唐英陶事圖說二十則

一、惟陶利用，範土作胎，其土須採石煉製。石產江南徽州祁門縣，距窯廠二百里，山名坪里、谷口二處，皆產白鐇，開春細淘取淨，剖製有黑花如鹿角菜不形，土之藉以水輪設碓舂，合製採造之用……别有高嶺，各境宜採，幅中為開採為春碓為舂煉。州府屬玉紅製法同白，採不止可供。粗厚器皿箭灘數種，各就脱胎，產地撽合製造之用……於是云不越。

二、雜泥鬆，必至泥土淘煉，尤在精純，多以水星石了定帶瑕疵。攬標起渣，沈過以馬尾細籮再澄，雙層絹袋浸泥，木鈀翻過。泥匣鉢俾水滲，漿稠用無底木匣，下鋪新磚數層，內以過……

唐英，《陶事圖說》之一　《江西通志·陶政》

唐英，《陶事圖說》之二

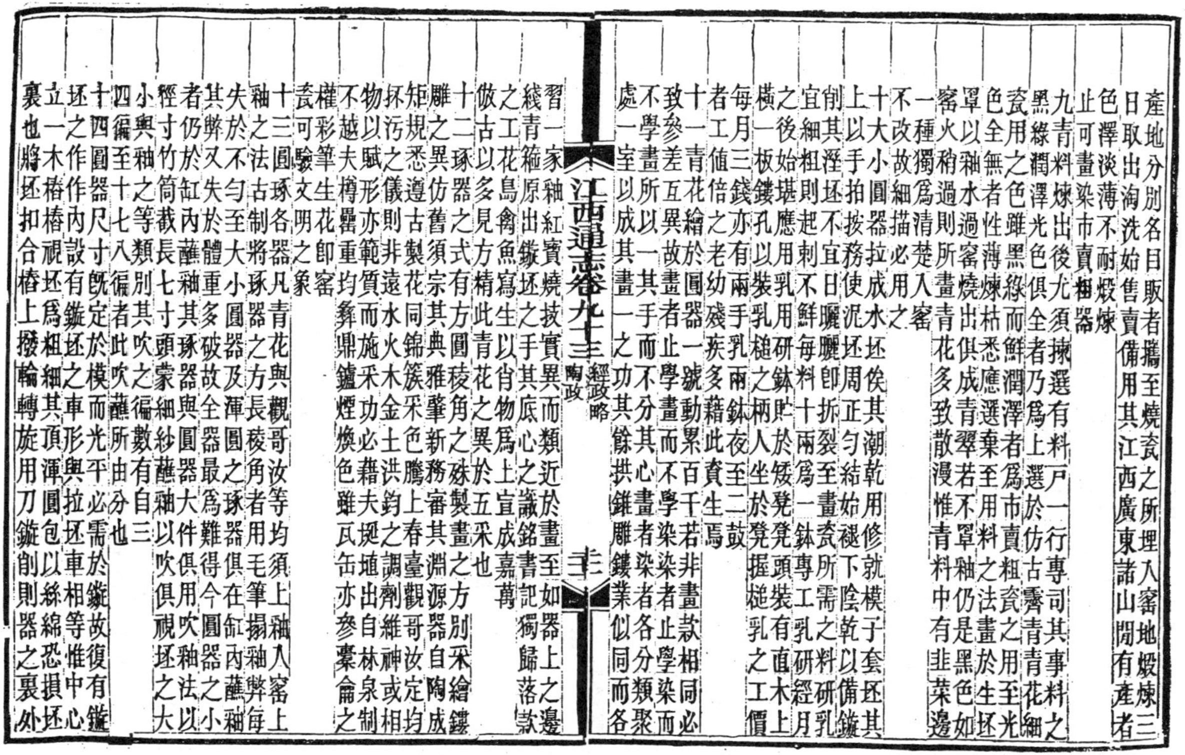

產地分別名目販者購至燒瓷之所埋入窰地煅煉三
日取出淘洗始售賣備用其江西廣東諸山間有產者
色澤淡薄不耐煅煉
止可畫染市賣粗器
九青料煉出後尤須揀選有料戶一行專司其事料之
黑綠潤澤光色俱全者乃爲上選於倣古霽青青花細
瓷用之色雖黑綠而鮮潤澤者爲市賣粗瓷之用至光
色全無者性薄煉枯悉應選棄至用料之法畫於生坯
罩以釉水過窰燒出俱成青翠若不罩釉仍是黑色如
窰火稍過則所畫青花多致散漫惟青料中有韭菜邊
一種獨爲清楚入窰
不改故細描必用之
十大小圓器拉成水坯俟其潮乾用修就模子套坯其
上以手拍按務使泥坯周正勻結始褪下陰乾以備鏇
削其淫坯不宜日曬曬即折裂至畫瓷所需之料研乳
宜細粗則起刺不鮮每料十兩爲一鉢專工乳研經月
之後始堪應用乳用研鉢貯於矮凳凳頭裝有直木上
橫一板鏤孔以裝乳槌之柄人坐於凳握槌乳之工價
每月三錢亦有兩手乳兩鉢夜至二鼓
者工值倍之老幼殘疾多藉此資生焉
十一青花繪於圓器一號動累百千若非畫款相同必
致參差互異故畫者止學畫而不學染染者止學染而
不學畫所以一其手而不分其心畫者染者各分類聚
處一室以成其畫一之功其餘拱錐雕鏤業似同而各

江西通志卷九十三　經政略　陶政

習一家釉紅寶燒技實異而類近於畫至如器上之邊
綫青籬原出鏇坯之手其底心之識銘書記獨歸落款
之工花鳥禽魚寫生以肖物爲上宣成嘉萬
倣古以多見方精此青花之異於五采也
十二琢器之式有方圓稜角之殊製畫之方別采繪鏤
雕之異仿舊須宗其典雅肇新務審其淵源器自陶成
矩規悉遵古製花同錦簇采色騰上春臺觀哥汝定均
抔污之儀則非遠水火木金土洪鈞之調劑維神或相
物以賦形亦範質而施采功必藉夫埏埴出自林泉之制
不越夫樽罍重均彝鼎鑪煙煥色雖瓦缶亦參橐籥之
權彩筆生花卽窰
瓷可驗文明之象
十三圓琢各器凡青花與觀哥汝等均須上釉入窰上
釉之法古制將琢器之方長稜角者用毛筆搨釉弊每
失於不勻至大小圓器及渾圓之琢器俱在缸內蘸釉
其弊又失於體重多破故全器最爲難得今圓器之小
者仍於缸內蘸釉其琢器與圓器大件俱用吹釉法以
徑寸竹筒截長七寸頭蒙細紗蘸釉以吹俱視坯之大
小與釉之等類別其吹之徧數有自三
四徧至十七八徧者此吹蘸所由分也
十四圓器尺寸既定於模而光平必需於鏇故復有鏇
坯之作作內設有鏇坯之車形與拉坯車相等惟中心
立一木樁樁視坯爲粗細其頂渾圓包以絲綿恐損坯
裏也將坯扣合樁上撥輪轉旋用刀鏇削則器之裏外

唐英，《陶事圖說》之三

皆得光平其式款粗細闊乎鏇手之高下故鏇匠爲緊
要之工至定足一行因拉坯之時下足留一泥靶長二
三寸便於把握以畫坯吹釉俟吹
畫工竣始鏇去其柄定足寫款
十五窯制長圓形如覆瓮高寬皆丈許深長倍之上罩
以大瓦屋名爲窯棚其煙突圍圓高二丈餘在後窯棚
之外瓷坯既成裝以匣鉢送至窯戶家入窯時以匣鉢
疊累罩套分行排列中間疏散以通火路其窯火有前
中後之分前火烈中火緩後火微凡安放坯胎者量釉
之輭硬以配合窯位俟坯器滿足始爲發火隨將窯門
磚砌止留一方孔將松柴投入片刻不停俟
窯內匣鉢作銀紅色時止火窨一晝夜始開
十六瓷器之成窯火是賴計入窯至出窯類以三日爲
率至第四日清晨開窯其窯中套裝瓷器之匣鉢尚帶
紫紅色人不能近惟開窯之匠用布十數層製成手套
蘸以冷水護手復用溼布包裹頭面肩背方能入窯搬
取瓷器瓷器既出乘熱窯以安放新坯因新坯
潮溼就熱窯烘焙可免火後拆裂穿漏之病
十七圓琢白器五采繪畫摹仿西洋故曰洋采須選素
習繪事高手將各種顏料研細調合以白瓷片畫染燒
試必熟諳顏料火候之性始可由粗及細熟中生巧總
以眼明心細手準爲佳所用顏料與法瑯色同其調色
之法有三一用芸香油一用膠水一用清水蓋油色便
於渲染膠水所調便於搨抹而清水之色則便於堆填

江西通志卷九十三 經政略 陶政 三三

也畫時有就桌者有手持者亦有眠側於
低處者各因器之大小以就運筆之便
十八白胎瓷器於窯內燒成始施采畫畫後復須燒
煉以固顏色爰有明暗爐之設小件則用明爐爐類法
瑯所用口門向外週圍炭火器置鐵輪其下託以鐵叉
將瓷器送入爐中傍以鐵鉤撥輪令其轉旋以勻火氣
以畫料光亮爲度大件則用暗爐爐高三尺徑二尺六
七寸週圍夾層以貯炭火下留風眼將瓷器貯於爐膛
人執圓板以避火氣爐頂蓋板黃泥固封燒
一晝夜爲度凡燒澆黃綠紫等器法亦相同
十九瓷器出窯每分類揀選以別上色二色三色腳貨
等名次定價值高下所有三色腳貨即在本地貨賣其
上色之圓器與上色二色之琢器俱用紙包裝桶有裝
桶匠以專其事至二色之圓器每十件爲一筒用草包
紮裝桶以便遠載其各省行用之粗瓷則不用紙包裝
桶止用茭草包紮或三四十件爲一仔〔[illegible]〕
駁或五六十件爲一仔茭草直縛於內竹篾橫纏於
外水陸搬移便易結實其匠采多以茭草爲名目
二十景德一鎮僻處浮梁邑境週袤十餘里山環水繞
中央一洲緣瓷產其地商販畢集民窯二三百區終歲
煙火相望工匠人夫不下數十餘萬靡不藉瓷資生窯
火得失皆尚禱祀有神童姓爲本地窯民前明製造龍
缸連歲弗成中使嚴督窯民苦累神躍身窯突中捐生
而缸成司事者憐而奇之於廠署內建祠祀焉號曰風
火仙迄今屢著靈異窯民奉祀維謹酬獻
無虛日甚至俳優奏技數部簇於一場

唐英，《陶事圖說》之四

督任內曾染患咽喉疼痛的疾病，乾隆二十一年（1756）六月中旬，因天氣炎熱，喉痛復作。七月三日，因暑熱氣虛，舊病益劇，飲食日減，身體軟弱，步履需人。此時，唐英已是七十五歲的高齡，氣血日衰，醫藥不能見效，一時猝難痊癒。同年七月二十七日，唐英具摺奏請解任。八月二十一日，獲准解任。同年冬逝世。唐英除一度轉使粵海關約二載外，其督御窯業前後幾達三十年，所造御瓷，無論倣古創新，莫不精美絕倫，使瓷藝益臻妙境。

陶器生產過程圖（琢器修模）

清代教案史料的蒐集與編纂

　　明清之際，中西海道大通，耶穌會士絡繹東來，或任職於欽天監，或供奉內廷，以學術爲傳教媒介，西學遂源源輸入，舉凡天文、地理、曆法、算學、物理、化學、醫學、美術、建築等均經傳教士傳入中國，對中國學術影響甚鉅。清朝定鼎中原後，耶穌會士轉而爲清廷効力，天主教各教派傳教士亦接踵來華。據統計自清世祖順治七年（1650）至清聖祖康熙三年（1664），全國教友增至二十五萬四千八百人。康熙三十四年（1695），共有耶穌會士三十八人，西班牙籍道明會士九人，奧斯定會士五人，巴黎外方傳教士六人，方濟各會士十六人。康熙四十年（1701），共有耶穌會士五十九人，方濟各會士二十九人，道明會士八人，外方傳教士十五人，奧斯定會士六人，聖堂會口計二百五十處①。清聖祖酷嗜西學，曾屢諭臣工查訪西洋人，凡有技藝的傳教士，俱令進京効力，康熙朝奏摺，奏報頗詳。例如康熙四十六年五月，清聖祖差遣戶部員外郎巴哈喇、養心殿監造筆帖式佛保辦理西洋人事務，前往廣東傳諭督撫，「見有新到西洋人，若無學問，只傳教者，暫留廣東，不必往別省去，許他去的時節，另有旨意。若西洋人內有技藝巧思，或內外科大夫者，急速著督撫差家人送來。」②是年八月十三日，兩廣總督趙弘燦等具摺奏稱廣東新到西洋人共十一名，其中龐嘉賓精於天文，石可聖巧於絲律，林濟各善於做時辰鐘表，俱遵旨差家人護送進京。其餘衛方濟、曾類思、德瑪諾、孔路師、白若翰、麥思理、利奧定、魏格爾八人，據趙弘燦稱俱係傳教士，故暫留廣東。德瑪諾又譯作得

馬諾，孔路師又作孔祿世，魏格爾又作魏哥兒。清聖祖後來訪知魏哥兒會刨製藥物，德瑪諾、孔祿世曉天文，又命趙弘燦差人伴送進京。其餘進京効力的西洋人甚爲踴躍，臣工具摺奏聞，頗有助於了解傳教士在華活動的情形。

耶穌會士等不乏聰明特達之士，富於宗教熱忱與殉道精神。由於清廷屢頒禁令，教難疊起。柯保安（Paul A. Cohen）著《中國與基督教》一書指出十九世紀清朝仇教排外的主要原因爲：傳統儒家的正邪觀念與闢異端的精神，是中國士大夫仇教的思想背景；傳教士進入內地後，威脅縉紳以維護傳統文化爲己任的尊嚴及其在社會上的特殊地位與權益；地方督撫在紳民反教情緒及朝廷飭令執行條約義務雙重壓力下深感行政的困難與處理教案的棘手；傳教士倚恃不平等條約深入內地傳教，干涉地方行政，其傳教事業遂摻入侵略性質；清季中央政權日趨式微，不克有效地履行條約承諾，傳教士乃自尋途徑，以堅船利砲爲後盾，以達到其傳教目的，中外教案遂層出疊見③。但清初禁教的背景與清末不同，清末紳民仇教排外情緒高昂，清初則不然。清廷雖屢頒諭旨查辦教案，然而紳民與教徒衝突案件，實屬罕見；清初國勢鼎盛，中央政權相當鞏固，中外之間，並未簽訂不平等條約，西洋傳教士富於宗教熱忱，冒險犯難，以傳播福音，並未恃條約爲護符，其傳教事業固未摻入侵略性質，尤不至於威脅地方縉紳的尊嚴與權益。在各省查出的教徒中，出身生監者不乏其人。呂實強教授著《中國官紳反教的原因》一書分析儒家思想與基督教的教義，並無太多衝突的地方。由清季傳教事業的侵略特質所衍生的各種具體問題給予國人的困擾與反感的深重，以及中國社會禮俗與西方不同等，都是構成國人反教的重要原因④。

清聖祖善遇西人，曲賜優容。「康熙與羅馬使節關係文書」

內載耶穌會士德里格等上書教宗格來孟第十一原文，德里格在書中曾指出「西洋人在中國，皇上聖德俱一體同仁，並不分何國何會，咸恩養榮耀。」清聖祖在乾清宮西暖閣召見耶穌會士時，曾面諭白晉（Bouvet, Joechim）、雷孝思（Regis, Jean Baptiste）等稱「西洋人自利瑪竇到中國二百餘年，並無貪淫邪亂，無非修道，平安無事，未犯中國法度，自西洋航海九萬里之遙者，為情願効力。朕因軫念遠人，俯垂矜恤，以示中華帝王不分內外，使爾等各獻其長，出入禁庭，曲賜優容至意，爾等所行之教與中國毫無損益。」⑤康熙四十八年（1709），直隸眞定縣武擧鄭逢時將園地典於西洋人高德，因租銀不清，發生爭執。清聖祖據京中西洋人奏報後，即諭直隸巡撫趙弘燮云「近日聞得京中西洋人說眞定府堂內有西洋人偶有比〔彼〕此爭地以致生禍授打等語，未知虛實。但西洋人到中國將三百年，未見不好處。若事無大關，從寬亦可，爾細察緣由情形，寫摺奏聞。」⑥禮儀的爭執並非始於康熙年間，明思宗崇禎十五年（1642），道明會士黎玉範對中國禮儀發生異議，至羅馬進呈意見書。康熙四十三年（1704）十一月二十日，教宗格來孟下令禁止敬孔祭祖禮儀。康熙四十四年四月初六日，教宗欽使多羅爲中國禮儀問題抵達廣州。清聖祖飭廣東督撫優禮接待，派員伴送進京。由於多羅聽信主教嚴襠「忘誕議論」，「輕論中國理義之是非」，清聖祖即令其出京，逐往澳門。終因教會內部的紛爭，而導致清聖祖的禁教。「康熙與羅馬使節關係文書」對於敬天、祭禮、祀祖等禮儀習俗辯駁極詳，內含諭旨與書信等，《文獻叢編》曾選刊十四件，俱爲清聖祖處理教案的原始資料。

清世宗在位期間，直省督撫查辦教案的奏摺，其史料價值極高。雍正元年（1723），閩浙總督覺羅滿保（gioroi mamboo）

題請將各省居住的西洋人，其通曉技藝願意赴京効力者，即送往京城，此外一概送赴澳門安插。是年十二月，經禮部議准，並將天主堂改爲公所。清世宗鑒於西洋人在各省居住年久，突令搬移，恐地方上的人混行擾累，故降旨給予半年或數月限期，沿途委官照看⑦。其後經傳教士戴進賢（Kogler, Ignace）等呈請寬免逐回澳門。清世宗以安插西洋人料理未妥，飭兩廣總督孔毓珣盡心料理。孔毓珣具摺奏稱「西洋人在中國未聞犯法生事，於吏治民生，原無甚大害。」西洋傳教士國籍不同，澳門濱海，地方偏僻，欲回則無船可搭，欲住則地窄難容。因此，孔毓珣議定將各省送到的西洋人暫令在廣州省城天主堂內居住，不許出外傳教，亦不許百姓入教，除年老有殘疾的教士准其久住外，其餘俱不限年月，遇有各人本國洋船抵達廣州，即令陸續搭船回國。至於各府州縣的天主堂，盡行改作公所，不許西洋人潛往居住。清世宗閱摺後批諭云「朕不甚惡西洋之教，但與中國無甚益處，不過從衆議耳，你酌量如果無害，外國人一切從寬好，恐你不達朕意，過嚴，則又不是矣，特諭。」⑧

　　史學家多以傳教士捲入清朝宮廷政爭爲清世宗禁教的主要原因。康熙末年，諸皇子爲爭奪大位的繼承，各樹黨羽，耶穌會士站在皇八子及皇十四子方面，與皇四子即清世宗對抗。加以教士散佈各省，「邀結天下人心，逆形已成」，所以清世宗即位後，正式頒佈禁教明詔⑨。但清世宗對西洋人並非深惡痛絕，朝廷禁教由來已久，地方督撫亦遵旨查禁傳教活動。康熙五十九年，傳教士畢天祥（Appiano, Luigi）、計有綱（Guignes, Antoine）二人因傳言不實，清聖祖降旨將其禁錮。世宗即位後，曾頒降恩詔，赦免西洋人德里格等。因廣東督撫未將畢天祥等列入大赦冊內具題上聞，故仍監禁。雍正四年六月，教宗呈請援照釋放德里

格之例，將監禁在廣州的畢天祥、計有綱一體釋放。清世宗即飭
廣東督撫將其釋放⑩。促成清世宗禁教的原因很多，其中經濟因
素亦不容忽視。康熙年間曾經降旨禁止輸米出海，惟沿海地方偷
運米石出海的流弊，仍未盡除。雍正七年，監察御史伊拉齊經訪
查後具摺奏稱「向年原有無賴小民將內地米石私載小船偷出界發
賣，希圖重價。因有沿海地方居住之西洋人收買，載入大船出
洋。蓋小民偷運，人數無多，夜行晝伏，弁兵不及覺查，此往日
所有之弊。」伊拉齊又訪得松江府城天主堂內有西洋人名叫畢登
榮、莫滿二人居住，託言養病，常出門拜客，地方土民多有歸其
教者，西洋貿易船隻往返走洋，難免無偷賣米石之弊⑪。雍正七
年閏七月二十五日，大學士公馬爾賽等遵旨寄信密諭各省督撫澈
底查辦。直省督撫接奉寄信上諭後即札飭各府州縣密查，將天主
堂改爲育嬰堂、義學、公所，或改建天后宮。但傳教士冒險深入
內地傳播福音者仍絡繹不絕，內地民人入教者亦極衆多。據統
計，雍正十二年（1734），在北京領洗者有一千一百五十七人，
領聖體者有七千二百人。雍正十五年（1735），江南省領洗者有
一千零七十二人。乾隆六年（1741），德瑪諾（Hinderer, Rom-
ain）在江南省聽告解一萬一千五百零五人，送聖體九千八百十
二人，付成人洗一千二百二十二人，終傅一百十一人⑫。

　　乾隆十一年（1746），清高宗首次正式降諭查禁天主教。是
年四月，福建巡撫周學健據福寧府知府董啓祚稟報其境內崇奉天
主教者甚衆，且有西洋人傳教。周學健即密遣撫標弁兵前往查
拏。計拏獲道明會桑主教白多祿（Sans, Pedro）及四同會神父華
若亞敬（Salvehi, Joachim）、費若用（Zohannes Alcobel）、施
方濟各（Francisco Diaz）、德方濟各（Francisco Serrano）五
人，另又拏獲白多祿的書記郭惠人，堂主陳廷桂等人，並搜出畫

像經卷等物⑬，周學健等奏請從嚴治罪。是年七月，辦理軍機處議覆，略謂「天主教係西洋本國之教，與燃燈大乘等教有間，遽繩以法，似於綏遠之義未協，應令該撫將現獲夷人檻送澳門，勒限搭船回國。」但周學健堅稱「該國夷人實非守分之徒，有難加以寬典者。查西洋人精心計利，獨於行教中國一事，不惜鉅費。現訊據白多祿等並每年雇往澳門取銀之民人繆上禹等，俱稱澳門共有八堂，一堂經管一省，每年該國錢糧運交呂宋會長，呂宋轉運澳門各堂散給。又西洋風土，原與中國相似，獨行教中國之夷人，去其父子，絕其嗜欲，終身爲國王行教，甚至忘身觸法，略無悔心。至中國民人一入其教，信奉終身不改，且有身爲生監，而堅心背道者。又如男女情欲，人不能禁，而歸教之處女，終身不嫁，細加察究，亦有幻術詭行。臣前於福安各堂內搜出番冊一本，訊係冊報番王之姓名。凡從教之人，已能誦經堅心歸教者，即給以番名。每年赴澳門領銀時，用番字冊報國王，國王按冊報人數多少加賞。現在福安從教男婦共二千六百餘人，夫以白多祿等數人行教，而福安一邑已如此之多，合各省計之，何能悉數。是其行教中國之心，固不可問，至以天朝士民而冊報番王，以邪教招服人心之計，尤不可測。」⑭周學健所稱番王，即指教皇，清代官書多作教化王，番名即教名，至其誣衊傳教士使用幻術的原因，是由於從傳教士衣服內搜出藥物及費若用寄存內地的骨箱。周學健奏請將白多祿等按律定擬，明正國典，「以絕狡謀」。清高宗雖以周學健所奏「未免言之過當」，惟「照律定擬，自所應當」。乾隆十一年十一月，經三法司核擬題覆，奉旨白多祿著即處斬，華若亞敬、費若用、施方濟各、德方濟各依擬應斬，郭惠人依擬應絞，俱著監候秋後處決。清廷行文到閩後，周學健即遵旨將白多祿處斬，其餘五人分禁省城司府縣各監⑮。

清高宗對西洋天主教並非決不寬容，因西洋人崇奉天主教爲其習
俗，原所不禁。西洋人來華後於京師或澳門天主堂瞻禮吃齋，向
不過問，但不得擅自私往各省潛匿內地，誘使民人入教。滿洲入
關後，邪教勢力猖熾，天地會活動日趨積極，地方滋事案件屢見
不鮮，秘密社會分子竟有崇奉天主教者，爲杜亂源，乃屢申邪教
禁令。後藤末雄著「乾隆帝傳」曾指出「乾隆時代，朝廷因對白
蓮教之政治陰謀懷有極大之恐怖觀念，遂將此種觀念擴大至天主
教身上。」⑯福建巡撫周學健等查禁天主教的主要原因，實由於
當時清高宗降旨嚴禁內地邪教的活動，道明會傳教士等深入鄉村
傳教，國人對天主教誤解極深，將其列入左道邪教，遂因查禁邪
教而波及天主教。地方官吏認爲天主教案，雖無悖逆情詞，但旣
有教名，即屬邪說，自應嚴加究治，其邪教根源，附和黨羽，務
絕根株⑰。是時邪教名目繁多，如大乘教、燃燈教、紅陽教、子
孫教、緣明教、斗母教、長生教、龍華會等不勝枚舉，或爲白蓮
教餘支，或屬民間膜拜團體，地方官吏以其倡立會名，誆騙財
物，佯修善事，陰謀不軌，甚至誘拐幼女，採生折割。清高宗亦
屢稱從來左道惑衆最爲人心風俗之害，尤其江南閩浙民人多崇尚
鬼神，好談禍福，聚衆拜會，男女混雜，最易滋事。地方督撫具
摺時每稱閩浙地方風氣悍而不馴，民俗愚而好動，師巫邪術，旣
易惑其聽聞，結黨拜盟，尤樂附和，招集多人，作奸犯科，聚衆
生事，種種不法，由茲而起。福建福寧府屬旣有西洋人懷挾重
貲，潛匿傳教，招致男女，禮拜誦經，創建教堂，設立會長，地
方官吏視其教與邪教無異，遂一體查禁⑱。

　　乾隆年間，由於福建巡撫周學健嚴屬查禁天主教，導致教
難，西洋傳教士及呂宋商船長郎夫西拔邪敏等來華探詢白多祿骨
殖等事，引起地方督撫的疑懼，被監禁的神父華若亞敬等俱奉旨

監斃，同時更擴大教難，教案疊起，福建龍溪縣、江南吳江縣、四川成都縣、江西廬陵縣、南康縣、直隸寶坻縣及河南、廣東、山西、陝西、山東等省俱查獲教案。嘉慶年間，白蓮教勢力更猖熾，禁教益嚴厲，教難屢興。道光年間，鴉片戰爭後，中外簽訂通商條約，法人請弛傳教禁令，教士來華者益眾，傳教士與鴉片同樣不受國人的歡迎，仇教排外的情緒與日俱增，民教衝突事件此仆彼起，幾乎年年都有教案，處處有教案，終於導致天津教案的「大屠殺」（The Tientsin Massacre）。

　　有清一代，自清初迄清末，直省教案層出不窮，現存教案史料亦極浩瀚。國立故宮博物院典藏宮中檔奏摺，除部分廷臣的摺件外，主要為外任官員奏報地方事宜的原始資料，含有極豐富的地方史料。奏摺不是例行公文，不必循例具題，有事具奏，無事不得頻奏，督撫提鎮等各報各的，彼此不能相商。奏摺與奏本不同，無論公私事件，臣工凡有聞見，必須據實具奏。因此，奏摺是一種價值極高的直接史料。清代奏摺，自康熙年間普遍採行以來至宣統末年，臣工繳回宮中的摺件，為數甚夥。其中對於西洋傳教士的活動及內地民人習教的情形，報導頗為詳盡，尤其閩浙兩廣及直隸督撫的奏摺最值得重視。奏摺內除君主御批外，所有傳諭及寄信上諭原文俱抄錄呈覽，有助於了解君主的態度或朝廷的決策。乾隆朝以來，直省內外臣工的奏摺，除請安、謝恩、陛見等摺件為例行事件不錄外，其餘奏摺凡奉有御批者，辦理軍機處都錄副存查，按月分包儲存，故稱月摺包，簡稱摺包。御批摺件的抄錄，《樞垣紀略》記述甚詳：「凡抄摺，皆以方略館供事，若係密行陳奏及用寄信傳諭之原摺，或有硃批應慎密者，皆章京自抄。各摺抄畢，各章京執正副二本互相讀校，即於副摺面註明某人所奏某事，及月日，交不交字樣，謂之開面。」⑲所謂

副摺，即指月摺包內御批奏摺的抄件，亦即奏摺副本。錄副摺件是據原摺逐字抄寫，其價值與宮中檔奏摺原件相等。案清代制度，臣工奉到寄信上諭後，例應將上諭全文抄錄覆奏，但因辦理軍機處已經有案可查，故奏摺錄副，多將寄信上諭刪略不抄。至於未奉硃批的奏摺，則以原摺存入月摺包內。副摺與原摺封面俱書明奉批日期、具奏人姓名、事件摘由、圖冊單片等附件數目，並編有字號。錄副奏摺的附件多為原件，如各類清單、供詞單等，所謂供單，即訊問當事人的口供清單，原為宮中檔奏摺的附件，臣工具奏呈覽後留中不發，而歸入月摺包存查。傳教士及內地習教民人被查獲後，地方官加以審訊後都錄有供詞，這些供詞是研究教案始末的第一手史料。宮中檔奏摺間有不全者，月摺包的錄副奏摺，常可補宮中檔的闕漏。例如宮中檔乾隆奏摺原件，除乾隆元年、四年、五年、八年、十四年、五十七年、五十八年、六十年分現存各數件外，主要是從乾隆十六年七月至五十四年十二月的原摺及少數的附件。辦理軍機處月摺包現存錄副奏摺則起自乾隆十一年至五十六年，從上列年分的比較可知月摺包所含時間，較宮中檔為長。福建福安縣及龍溪縣教案發生於乾隆十一年四月間，延長至乾隆十七年十二月內，西洋教士及內地信徒多人慘遭追害，清高宗與閩浙督撫禁教的嚴厲，遠過於清世宗，因宮中檔原摺散佚不全，軍機處月摺包錄副奏摺不易見到，史學家遂不明清初諸帝禁教的真相。乾隆十二年，白多祿被處斬後，閩浙總督喀爾吉善以閩省瀕臨外洋，時有呂宋等商船往來貿易，恐有窺探消息之虞，故奏請將各處監禁神父華若亞敬等明正典刑。乾隆十三年八月，喀爾吉善具摺奏稱「臣等留心體察福寧府屬福安縣民人陷溺蠱惑於天主教既深既久，自查拏之後，將教長白多祿明正典刑，稍知儆懼。然革面未能革心，節次密訪各村從

教之家，凡開堂誦經及懸掛十字架念珠等類，彰明較著之惡習，雖已屏除，而守產不嫁，不祀祖先，不拜神佛，仍復如故。本年閏七月內，司府各官訪有省城居民李君宏、李五兄弟二人，向係崇奉天主教。今西洋夷人華敬等監禁省城，伊等復爲資送物件進監，並代爲傳遞消息，稟知臣等。臣等隨飭提挐嚴究，雖訊之李五等資助夷人衣糧及潛通信息，狡不承認，其送食物進監，並有福安縣民繆上禹等浼其轉送物件，給與華敬等，已直供不諱，現在提挐繆上禹等根究確情。由此以觀，是民間堅定信奉天主教之錮習，始終不能盡除。華敬等夷人自係伊等奉爲神明之教長，在閩一日，伊繫念邪教之心，一日不熄。更且閩省接連外番，貿易商船絡繹不絕，又與廣東夷人屯聚之澳門，水陸皆可通達，雖口岸查禁未嘗不嚴，而西洋夷人形跡詭秘，從教之人處處皆有，隱匿護送，莫可究詰。」⑳喀爾吉善奏摺錄副，現存於月摺包內，宮中檔查無原摺。因此，抄件仍可補原摺的不足。乾隆十三年九月初六日，將軍新柱陛辭回閩，將面奉密諭知會喀爾吉善，令其將「擬斬監候之西洋人華敬四犯，但行監斃，以絕窺探。」㉑次日，華若亞敬等遇害。羅光主編《天主教在華傳教史集》謂華若亞敬等「窒息獄中，屍首被焚化。」聖教會尊白多祿、華若亞教、費若用、施方濟各、德方濟各五人爲殉道眞福。在江蘇浙江曾查獲王安多尼與談方濟各傳教案件，乾隆十三年閏七月，清高宗降諭江蘇巡撫安寧等將王安多尼等瘐斃獄中，王安多尼與談方濟各二人遂被掠笞飢寒而死。但恐傳播信息，清高宗命安寧於接奉密諭後，即傳司府遵照辦理，且不可將各犯供語敘入題本內。《清高宗純皇帝實錄》記載王安多尼等俱在監病故，而隱飾「瘐斃」傳教士的眞相。由前舉教案可知軍機處月摺包錄副奏摺的重要性。《文獻叢編》選刊的「天主教流傳中國史料」就是乾隆末

年辦理教案軍機處錄副存查的部分摺件。月摺包內除摺件外，其
他文書種類繁多，例如知會、咨呈、節略、揭帖、稟文、啓札、
照會等，不勝枚舉。所謂照會，即一種外交文書，清季總理衙門
與各國公使往來的文書，或直省督撫與各國領事互相行文，稱爲
照會。晚清中外交涉頻繁，臣工所遞奏摺既夥，清廷亦頻頻頒降
諭旨，道咸同光四朝《籌辦夷務始末》即據當時諭摺按時間先後
彙編而成，內容刪改甚少。光緒朝《諭摺彙存》是彙集每日京報
而成，內含宮門抄、上諭、章奏、摺片及咨箚等，爲數極夥，但
內容刪略較多，其史料價值不及《籌辦夷務始末》。清季中外教
案交涉的重要諭摺多見於《籌辦夷務始末》，但中外往來的照會
多未刊印，故宮博物院文獻館曾將各國交涉教案的照會，陸續發
表於《文獻叢編》。中央研究院近代史研究所編印的《教務教案
檔》則是根據清季總理各國事務衙門清檔中的教務教案資料編纂
而成，內含詔諭、奏疏、函札、照會、咨文、條規、告示、稟
文、供單、清册、詳文、檄文、揭帖、甘結、合同、廷寄等，俱
爲研究清季教務交涉的珍貴史料。

　　宮中檔奏摺，除軍機處錄副存查的抄件外，另有月摺檔，又
稱爲月摺簿，月摺包內的摺件，是逐件抄錄，其格式與原摺相
近，然後按月歸包。月摺檔將選抄的奏摺於逐日抄繕後，按月分
裝成册。國立故宮博物院現藏月摺檔起自道光朝，每季一册，或
每月一册。咸豐朝的月摺檔，每月一册，或二、三册不等，同
治、光緒朝，每月有多至五、六册者。月摺檔所選鈔的多爲重要
的摺件，間亦可補宮中檔的不足。除月摺檔外，另有性質相近的
外紀檔，又稱爲外紀簿。《大清會典事例》云「凡記載綸音，分
爲三册：每日發科本章，滿漢票簽處當直中書摘記事由，詳錄聖
旨爲一册，曰絲綸簿：特降諭旨別爲一册，曰上諭簿；中外臣工

奏摺奉旨允行及交部議覆者別爲一冊，曰外紀簿，以備查考。」
㉒所謂外紀簿，即票簽處所抄外省的摺件。月摺檔照原摺抄錄，
外紀檔則刪略較多。案清代制度，上諭類別甚多，從其性質而
言，有寄信上諭與明發上諭的分別。寄信上諭簡稱廷寄，由軍機
大臣面承口諭後撰擬進呈，經述旨後發交兵部加封以寄信方式由
驛馳遞；明發上諭，初由內閣撰擬，辦理軍機處設立後，始由兼
領軍機大臣的大學士撰擬進呈，進述旨後發交內閣傳抄，以次達
於部科，用內閣名義宣示中外，而冠以「內閣奉上諭」字樣。從
檔案形式而言，則有大長本上諭、長本上諭、方本上諭的分別。
票簽處所抄的上諭簿，即屬於內閣奉上諭的大長本上諭簿，至於
方本上諭則爲軍機處兼載各類上諭的檔冊，軍機處專抄字寄與傳
諭的檔冊，稱爲寄信檔或廷寄檔。君主處理教案時，令軍機大臣
寄信地方督撫，遵照密諭辦理。辦理教案後，爲宣示中外，即頒
降明發上諭。寄信上諭是以軍機大臣名義寄出，清代歷朝修實錄
時將寄信上諭改書「諭軍機大臣」字樣。君主頒發諭旨時每先摘
敘臣工奏疏，然後指示方略。因此，清代實錄雖多潤飾，但仍不
失爲重要的官書。以上所舉爲犖犖大者，若能以檔案爲主，輔以
方志、文集、傳記及西文資料，互相補充或比較，史料既較齊全
可信，則於清代教案的研究，必有極大的貢獻。由於清代教案史
料數量極夥，首先應參考顧保鵠編著《中國天主教史大事年
表》，將涉及傳教習教活動的各種史料，有系統的加以蒐集。依
據新出史料，將大事年表增補訂正，仿郭廷以教授編著《近代中
國史事日誌》體例，按月日繫事，編成清代天主教史事日誌，這
種初步工作，極便於研究者的參考與檢查。有清一代，直省各州
縣，教案層出疊見，爲便於教案史料的整理，應將清代劃分爲幾
個階段，或仿清代歷朝實錄體例，以每一君主在位期間爲一朝，

再按省分州縣分別輯錄，年經月緯，加以排比，注明出處，先作
成各地區教案史料彙編。如此，對於天主教流傳中國史的纂修既
有幫助，且專題研究亦有裨益。西洋傳教士遠涉重洋，東來傳播
福音，對於西學的輸入，貢獻極大，為了增補天主教史人物傳，
或編纂教士列傳，則可仿清代國史館長編總檔體例，據各種資
料，摘錄要點，作成教案長編總檔，而將總檔內各人名按日另彙
一冊，作為長編總冊。以總檔為經，總冊為緯，按日可稽，不致
遺漏，實於編纂教士列傳有極大的幫助。

【註　釋】

① 顧保鵠編著《中國天主教史大事年表》，頁 38。民國五十九年十
二月，光啟社出版。

② 《宮中檔康熙奏摺》，第一輯，頁 491。民國六十五年六月，國立
故宮博物院出版。

③ Paul A. Cohen, "China And Christianity, The Missionary Movement
And Growth of Antiforeignism," 1860-1870. Harvard University Pre-
ss, Cambridge, Massachusetts, 1963.

④ 呂實強著《中國官紳反教的原因》（1860-1874），中央研究院近
代史研究所專刊第十六本，頁 6-7。民國五十五年八月。

⑤ 「康熙與羅馬使節關係文書」，《文獻叢編》，頁 170。民國五十
三年三月，臺聯國風出版社印行。

⑥ 《宮中檔康熙朝奏摺》，第五輯，頁 403，民國六十五年七月。

⑦ 《大清世宗憲皇帝實錄》，卷一四，頁 14。雍正元年十二月壬戌，
據禮部議覆。

⑧ 《宮中檔》，第一九二五三號，雍正二年十月二十九日，孔毓珣奏
摺。

⑨　郭廷以撰〈中國近代化的延悞〉，《大陸雜誌》第一卷第二期，頁8。

⑩　《大清世宗憲皇帝實錄》，卷四五，頁32。雍正四年六月丙寅，諭旨。

⑪　《宮中檔》，第一七〇七號，雍正七年閏七月初四日，伊拉齊奏摺。

⑫　顧保鵠編著《中國天主教史大事年表》，頁46-47。

⑬　《大清高宗純皇帝實錄》，卷二六七，頁25。乾隆十一年五月癸亥，據周學健奏；《軍機處檔》第二七七二箱，二二包，三一四二號，喀爾吉善奏摺錄副。

⑭　《大清高宗純皇帝實錄》，卷二七五，頁19。乾隆十一年九月壬戌，據周學健奏。

⑮　《軍機處檔・月摺包》，第二七七二箱，二二包，三一四二號。乾隆十三年八月初七日，喀爾吉善奏摺。

⑯　後藤末雄著《乾隆帝傳》，結論，頁283。昭和十七年十月，生活社出版。

⑰　《軍機處檔・月摺包》，第二七七二箱，二二包，三三〇九號。乾隆十三年九月二十四日，阿里袞奏摺錄副。

⑱　拙撰〈清高宗禁教考〉，《國立中央圖書館館刊》，第七卷第一期，頁106。民國六十三年三月出版。

⑲　梁章鉅纂《樞垣紀略》，卷二二，頁6。《近代中國史料叢刊》，第十三輯，文海出版社。

⑳　《軍機處檔・月摺包》，第二七七二箱，二二包，三一四二號。乾隆十三年八月初七日，喀爾吉善奏摺錄副。

㉑　《軍機處檔・月摺包》，第二七七二箱，二三包，三三三七號。乾隆十三年十月初二日，喀爾吉善奏摺錄副。

㉒　《欽定大清會典事例》，卷一五，頁6。臺灣中文書局據光緒二十五年刻本景印。

臣智識短淺惟恐所行不當仰懇

皇上逐事指訓俾臣不致錯悞則感戴

聖恩益無極矣所有原奉

硃諭具摺恭繳并繪香山澳門圖恭呈

御覽謹

奏

朕不愚惡西洋之教但与中國無甚益處不

過徒眾議耳保船舉無害果其實外國人一

切柔遠寬好恐保不違你意過嚴則又不是

美特諭

雍正貳年拾月　貳拾玖　日

《宮中檔》孔毓珣奏摺（局部）

清朝起居注册的纂修及其史料價值

一、前　言

　　起居注是官名，掌記注之事，記述皇帝的言行。起居注官所記之文，稱爲起居注册，是一種類似日記體的史料①。其體例起源甚早，周代已設左史、右史之職。漢武帝時，禁中有起居注，由宮中女史任之。王莽時，置柱下五史，聽事侍旁，記載言行，以比古代左右史，後漢明帝、獻帝時俱有起居注。魏晉時，著作郎兼掌起居注，後魏始置起居注令史，隋更置起居舍人。唐代又置起居郎，即左史，起居舍人，即右史，記注言動，以當古代左史記言，右史記事之職。唐代記注體例，是以事繫日，以日繫月，以月繫時，以時繫年，並於每季，彙送史館②，大唐創業起居注殘本，保存至後世。宋代仿唐制，仍以起居郎及起居舍人爲左右史，分掌記注，其制度更加詳備。宋代以降，因君權擴大，起居注但記皇帝善事。元代雖設起居注，惟所記皆臣工奏聞事件，不記君主言動。明代洪武初年即置起居注，宋濂曾撰明太祖起居注册。河北省立圖書館藏有萬曆起居注册，其後又陸續發現泰昌、天啓等朝起居注册。清初沿襲前明舊制，亦置起居注，本文撰寫的目的即在就國立故宮博物院現藏清代起居注册，以探討起居注官設置的經過，起居注册編纂的情形，及其史料價值，俾有助於清史的研究。

二、太宗文皇帝日錄的編譯

　　滿洲入關前，已有類似歷代起居注冊的記錄。天聰三年（1629）四月，太宗欲以歷代帝王的得失爲借鏡，並記載皇帝的言行，特設文館，命滿漢儒臣，繙譯記注。分爲兩直：巴克什達海、筆帖式剛林、蘇開、顧爾馬渾、托布戚等人，繙譯漢字書籍，即日講官所由始；巴克什庫爾纏、筆帖式吳巴什、查素喀、胡球、詹霸等人，記注政事，此即起居注官所由始③。天聰十年（1636）三月，改文館爲內三院，即內國史院、內秘書院、內弘文院，分任職掌。其中內國史院的職掌爲記注皇帝起居詔令，收藏御製文字等事，內弘文院則註釋歷代行事善惡，進講御前，侍講皇子等事④，起居注與日講各自爲職。

　　太宗文皇帝日錄的體例，與後來的起居注冊，已極相近。羅振玉輯錄《史料叢刊初編》內所刊太宗文皇帝日錄殘卷，包括天聰二年正月至十二月全年分，及崇德六年六月分。其中記載，有不見於實錄者，例如天聰二年五月初五日，日錄云「阿敏貝勒未奉上旨，私以其女與八林部塞忒爾太吉爲妻。」⑤太宗實錄初纂本及重修本，俱不載其事。據《舊滿洲檔》的記錄云「Sunja bi-yai ice sunja de amin beile ini sargan jui be han i hess akū ini cisui bar-in i seter taiji de sargan buhe.」⑥由此可知日錄是據滿文舊檔五月初五日的記事，譯出漢文。史事日期，日錄與實錄的記載，間有出入者。例如天聰二年，朝鮮國王遣總兵官李蘭等齎國書並貢春季禮物，實錄將其事繫於是年二月初二日，日錄則繫於二月初八日。日錄載二月初八日「上遣使往哈喇親部，被查哈喇部多羅忒截殺凡兩次。上命貝子群臣戒之曰，此番而來者，皆精選兵丁，安得多人，當相機行之，愼勿滋亂。」重修本實錄將此段記載分

繫於初八日庚子及初九日辛丑：「庚子，以遣往喀喇沁使臣，爲察哈爾國多羅特部落兩次截殺，上親率偏師，往征之。辛丑，上召集諸貝勒大臣，諭曰：此行皆選精銳以往，兵不甚多，當出奇制勝，爾等誠諭軍士，嚴明紀律，勿得輕進。」《舊滿洲檔》載二月初八日申刻啓程征討察哈爾，次日，戒諭諸貝勒大臣。實錄所載，與滿洲舊檔相合。日錄內所載人名地名，其漢字譯音，尚未畫一，與太宗實錄初纂本及重修本，多不相同。例如天聰二年二月初一日，日錄略謂「我主布言阿海率兵十萬至時，查哈喇三千人，至八演速白地索賞于漢人。」《太宗實錄》初纂本云「我汗與布顏台吉率十萬兵回，正遇揷漢兒兵三千，從宣府請賞。」《太宗實錄》重修本云「我汗與布顏台吉率兵十萬回時，復值察哈爾兵三千人，赴明張家口請賞。」滿洲舊檔原文云「meni han hong taiji juwan tumen cooha gaibi jihe. tere jidere de caharai ilan minggan niyalma bayan sube de šang gaiki seme dosibi。」日錄所言「八演速白」，即張家口，是據滿洲舊檔「bayan sube」，按滿洲語讀音譯出漢字。由於太宗日錄多未經潤飾，其內容亦較豐富，仍不失爲滿洲入關前的一種珍貴史料。

三、起居注官的設立

清初內國史院的職掌，並不限於記注皇帝起居，此外尚須編纂史書，撰擬表文，纂修歷朝實錄，亦未正式確立起居注官的名稱。世祖定鼎中原後，臣工屢次疏請設立起居注官。順治十年正月，工科都給事中劉顯績奏稱「自古帝王，左史記言，右史記動，期昭示當時，垂法後世。我皇上種種美政，史不勝書，乞倣前代設立記注官，凡有詔諭，及諸臣啓奏，皇上一言一動，隨事直書，存貯內院，以爲聖子神孫萬世法則。」⑦順治十二年正

月，大理寺少卿霍達以世祖正當及時力學年齡，疏請專設日講
官，取《大學》、《論語》，《帝鑑圖說》、《貞觀政要》、
《大學衍義》等書，令講官日講一二章。臣工一方面疏請設立起
居注官，一方面又疏請另置日講官，以復前代舊制。

　　康熙七年九月，內秘書院侍讀學士熊賜履疏稱「皇上一身，
宗廟社稷所倚，中外臣民所瞻仰。近聞車駕將幸邊外，伏乞俯採
芻言，收回成命。如以農隙講武，則請遴選儒臣，簪筆左右，一
言一動，書之簡冊，以垂永久。」奉旨云「是，朕允所奏，停止
邊外之行，所稱應設起居注官，知道了。」據清會典的記載，康
熙九年，始置起居注館於太和門西廊⑧。但據清實錄的記載，清
代正式設置起居注官是始於康熙十年八月。是月十六日，實錄云
「設立起居注，命日講官兼攝，添設漢日講官二員，滿漢字主事
二員，滿字主事一員，漢軍主事一員。」⑨起居注官既以日講官
兼攝，則日講與起居注已逐漸結合，稱為日講起居注官。掌院學
士以下，坊局編檢以上，侍講、侍讀等俱得開列請簡，充任記注
官。每日二員侍直，將應記之事，用滿漢文記注。起居注衙門的
編制包括滿洲記注官四員，漢記注官八員，清文主事一員，清漢
文主事一員，清漢文主事二員，漢軍主事一員，清文筆帖式四
員，滿文筆帖式四員，漢軍筆帖式四員。康熙十一年，增設清文
筆帖式四員，清漢文筆帖式二員。十二年，增設滿洲記注官一
員，漢記注官二員。十六年，增設滿洲記注官一員。二十年，增
設漢記注官八員。至此，滿漢記注官共二十二員，日直記載，俱
應會同校閱，其起居注冊，則例應會同內閣諸臣看封儲庫。康熙
三十一年，裁漢記注官六員。三十八年，裁滿漢主事各一員。

　　康熙五十五年，兩江總督郝壽具摺奏請寬免江南舊欠錢糧。
聖祖有欲蠲免江南錢糧之意，故諭令繕本具題，但當郝壽具題

後，聖祖始知郝壽受人囑託，彼此私同商定，且西邊正值軍需孔殷之時，故未准所請，照部議分年帶徵。康熙五十六年三月間，記注官陳璋等查閱檔案，欲將聖祖未行蠲免舊欠錢糧，前後諭旨不符之處，指出書寫。聖祖以起居注官所記事件，難於憑信，降旨令九卿議奏。是年四月，將陳璋等革職。康熙五十七年三月，聖祖以起居注官內年少之員甚多，官職卑微，不識事體輕重，或遺漏諭旨，或私抄諭旨，攜出示人，且朝廷已有各衙門檔案，不必另行記載，起居注官應如何裁革之處，令大學士會同九卿議奏。大學士、九卿等遵旨會議具奏，略謂「皇上手書諭旨及理事時所降之旨，幷轉傳之旨，各處俱有記載檔案。又如本章所批諭旨，六科衙門既經記載發抄，各部院又存檔案，歷可稽查。且記注官多年少微員，或有事關重大者，不能全記，以致將諭旨舛錯遺漏，又妄行抄寫與人。倘伊等所記之旨，少有互異，關係甚鉅，應將起居注衙門裁去。」⑩奉旨允從後，起居注官即被裁革。

　　自古帝王臨朝施政，右史記言，左史記動，蓋欲使君主一舉一動，俱著為法則，垂範後世。世宗即位後，為示寅畏小心，綜理庶政，舉措允宜起見，又令翰林院恢復日講起居注官，如康熙五十六年以前故事，於世宗視朝臨御，祭祀壇廟之時，令滿漢講官各二人侍班，除記載諭旨政務外，所有君主一言一事，皆令書諸簡冊。復於太和門西廊設起居注館，除滿漢記注官員，仍照康熙三十一年舊例設立外又設滿洲主事二員，清文筆帖式八員。雍正十二年，增設漢主事一員，於進士或舉人出身的內閣中書揀選引見補授。乾隆年間以降，起居注衙門的人員續有變動，其中記注官，滿洲八員，漢十二員，以翰林、詹事官充任，均兼日講官，掌侍直起居，記言記動。主事，滿洲二員，漢一員，掌出納

文移，校對典籍。筆帖式，滿洲十四員，漢軍二員，掌繙譯章奏
⑪。恢復建置後的起居注衙門，其員額雖有變動，但起居注衙門
迄清季仍在，而且其記注工作亦從未間斷⑫。

四、現藏清代起居注冊的數量

　　起居注官記載皇帝言行的檔冊，稱爲起居注冊。清代歷朝起
居注冊包含滿文本與漢文本兩種，國立故宮博物院現藏清代起居
注冊，康熙朝起居注冊，滿文本多於漢文本。康熙十年八月，正
式設置起居注官，惟起居注冊的記載卻始於是年九月。滿文本起
居注冊康熙十年九、十月合爲一冊，其餘每月一冊，全年共十二
冊，閏月增一冊。四十三年至四十九年及五十三年以降各年俱
缺。漢文本起居注冊，始自康熙二十九年，每月一冊，閏月增一
冊。四十三年至四十九年及五十三年以降各年亦缺。自雍正朝以
降，滿漢文起居注冊，每月增爲二冊，全年共二十四冊，閏月另
增二冊。雍正朝滿文本起居注冊始自雍正八年正月，迄十三年，
每月俱全。漢文本起居注冊始自雍正八年七月，迄十三年，每月
亦全。

　　乾隆朝滿漢文本起居注冊俱始自乾隆元年正月，其中滿文本
較全，冊數亦較多，惟乾隆十三年二月、五月，十四年至十五
年，十九年，二十三年正月至四月，二十四年至二十九年，三十
六年至三十八年，四十四年至四十五年，四十七年，五十年，五
十一年正月至二月上，五十二年至五十三年，五十八年正月至六
月等年月缺，其餘各年分俱全。漢文本起居注冊所缺較多，乾隆
十年七月至十二月，十一年正月至二十年六月，二十三年，二十
六年，四十四年至四十五年，四十七年，五十一年十一月上，五
十二年至五十三年，五十六年七月至十二月，五十七年至六十年

等年月俱缺。其中自乾隆三十四年至四十五年存有漢文本起居注冊草本，五十七年及五十九年，存有內起居注冊各一長摺。嘉慶朝滿文本起居注冊，三年正月至四月，七年至十二年，十七年至十九年及二十二年等年月俱缺，另存太上皇起居注冊乾隆六十一年至六十三年春夏秋冬每季各一冊及六十四年春季一冊。漢文本起居注冊，嘉慶元年至十二年六月，十七年至十八年，二十一年至二十五年等年月俱缺。

道光朝滿文本起居注冊，自道光元年至三十年各年皆全，漢文本起居注冊所缺甚多，道光元年至五年六月及八年分各月俱缺。咸豐朝滿漢文起居注冊自咸豐元年至十一年各月分皆全。同治朝漢文本起居注冊，自同治元年至十三年各月分皆全，滿文本起居注冊，同治元年七月至十二月，二年四月至十二月，九年四月至五月，十三年九月至十月等年月俱缺。光緒朝滿文本起居注冊，光緒八年正月至三月，二十三年四月上，二十五年至二十六年等年月俱缺。漢文本起居注冊，七年正月至八年三月，二十五年至二十六年，二十八年正月至三月，三十一年正月至六月等年月俱缺。宣統朝存元年至二年滿文起居注冊，缺漢文本起居注冊。

國立故宮博物院現藏康熙朝漢文本起居注冊是始自康熙二十九年，羅振玉輯錄《聖祖仁皇帝起居注》包含康熙十二年正月至十二月，十九年九月，四十二年七月至九月，其內容與現藏起居注冊大致相同。例如康熙十二年正月初二日云「初二日癸酉，午時，上詣太宗貴妃宮省視。又詣太皇太后、皇太后問安。本日，起居注官杜臻、喇沙里。」現藏滿文本起居注冊云「ice juwe de, sahahūn coko inenggi, morin erinde, dele, taidzung ni gui fei i gung de, sain be fonjime genefi, geli taihūwang taiheo, hūwang taiheo i gung de genefi, elhe be fonjiha。tere inenggi, ilire tere be ejere hafan du jen, lasari。」滿漢文本起居注冊的文意俱相同。又如是年五月初一日，《聖祖仁皇帝起居注冊》云「初一日庚午早，上御乾清門，聽部院各衙門官員面奏政事。辰時，上御弘德殿，講官傅達禮、熊賜履、孫在豐進講子在陳曰：歸與歸與一章；子曰：伯夷、叔齊不念舊惡一章；子曰：孰謂微生高直一章；子曰：巧言令色足恭一章。巳時，上詣太皇太后宮問安。本日，起居注官李仙根、喇沙里。」⑬現藏滿文本起居注冊云「sunja biyai ice de šanggiyan morin inenggi, erde, dele kiyan cing men duka de tucifi, geren jurgan, yamun i ambasa be dere acafi, wesimbuhe dasan i baita be icihiyaha. muduri erinde, dele, hung de diyan de tefi, giyangnara hafan fudari, hiong sy li, sun dzai fung be, kungdz cen de bifi hend-ume, bedereki bedereki sehe emu fiyelen, kungdz i henduhe, be i, šu ci, fe ehe be gūnirakū sehe emu fiyelen, kungdz i henduhe, we, we šeng g'ao be tondo sehe emu fiyelen, kungdz i henduhe, faksi gisun, araha cira dabatala gungnere be sehe emu fiyelen be giyangnabuha. meihe erinde, dele, tai huwang taiheo i gung de genefi, elhe be fon-jiha. tere inenggi, ilire tere be ejere hafan li siyan gen, lasari.」

　　由上所引滿漢文本起居注冊，可知其文意亦相同，此外各條，在詞句上偶有出入，或因滿漢文繙譯詳略不同所致。羅氏輯錄聖祖起居注冊的數量雖然有限，但仍可補現藏漢文本起居注冊的闕漏。

五、起居注冊的纂修

　　據清會典的記載，凡逢朝會、御殿、御門聽政、有事郊廟、外藩入朝、大閱校射及每歲勾決重囚等，記注官皆分日侍直。凡

謁陵、校獵、駐蹕南苑、巡狩方岳等，記注官皆扈從。凡侍直，
敬聆綸音，退而謹書之，具年月日及當直官姓名於籍，每月成
帙，封鐍於匱，歲以十二月具疏，送內閣收藏，記注官會內閣學
士，監視貯庫⑭。康熙十年，起居注衙門設立以後，凡遇聖祖親
詣兩宮問安，起居注官皆隨行記注。惟昏定晨省，問安視膳，爲
子孫常禮，於康熙十四年諭令侍直官不必隨行。聖祖每日聽政，
一切折出票籤應商酌事件，起居注官除照常記注外，遇有折本啓
奏，則令侍班記注。但遇會議機密事情及召諸臣近前口諭，俱不
令記注官侍班。聖祖聽政之日，侍班漢記注官歸至衙門後纂寫諭
旨，與滿洲記注官校看。但因記注官入侍時，跼蹐無措，所記諭
旨每致遺漏舛訛，記注官只得查閱科鈔或各部院檔案。至於滿漢
臣工題奏事件，則據原疏抄錄或摘記，然後分別對譯。滿洲記注
官據滿字奏疏纂修滿文本起居注冊，漢記注官則據譯漢奏疏纂修
漢文起居注冊。漢滿文諭旨亦各據原諭纂修，然後對譯。在康熙
年間，諭旨及奏疏多以滿字書寫，因此，漢文本起居注冊，必俟
譯成漢字後始按月纂修漢文本起居注冊。例如康熙三十六年四月
初九日，費揚古奏報準噶爾噶爾丹汗死訊一摺，係以滿字書寫。
其原摺云「goroki be dahabure amba jiyanggiyūn hiya kadalara dorgi
amban fiyanggū sei gingguleme wesimburengge, g'aldan i bucehe,
danjila sei dahara babe ekšeme boolame wesimbure jalin, amban be,
elhe taifin i gūsin ningguci aniya duin biyai ice uyun de, sair balhasun
gebungge bade isinjiha manggi, ūlet i danjila sei takūraha cikir jaisang
ni jergi uyun niyalma jifi alarangge, be ūlet i danjila i takūraha elcin,
ilan biyai juwan ilan de, g'aldan aca amtatai gebungge bade isinafi
bucehe, danjila, noyan gelung, danjila i hojihon lasrun, g'aldan i giran,
g'aldan i sargan jui juncahai be gajime uheri ilan tanggū boigon be

gaifi enduringge ejen de dahame ebsi jifi, baya endur gebungge bade ilifi, hese be aliyame tehebi, enduringge ejen adarame jorime hese wasimbuci, wasimbuha hese be gingguleme dahame yabumbi, urjan-jab jaisang, urjanjab i deo sereng, aba jaisang, tar jaisang, aralbai ja-isang, erdeni ujat lama se, juwe tanggū boigon be gaifi, dzewang ara-btan be baime genehe. erdeni jaisang, usta taiji, boroci jaisang hošooci, cerimbum jaisang se, juwe tanggū boigon be gaifi, danjin ombu be baime genehe. danjila sei wesimbure bithe, ne mende bi sembi cikir jaisang sede, g'aldan adarame bucehe, danjila ainu uthai ebsi jiderakū, baya endur bade tefi, hes he aliyambi sembi seme fon-jici alarangge, g'aldan ilan biyai juwan ilan i erde nimehe, yamji uthai bucehe, ai nimeku be sarkū, danjila uthai jiki seci, morin umesi turga, fejergi urse amba dulin gemu ulga akū yafagan, geli kūnesun akū, uttu ojoro jakade, baya endur bade tefi, hese be aliyame bi, enduringge ejen ebsi jio seci, uthai jimbi sembi, danjila sei takūraha elcin de gemu ejen i jakade benebuci, niyalma largin, giyamun i morin isirakū be boljoci ojorakū seme, cikir jaisang be teile, icihiyara hafan nomcidai de afabufi, ejen i jakade hahilame benebuhe, aldar gelung ni jergi jakūn niyalma be, amban be godoli balhasun de gamafi, tebuhe giyamun deri ejen i jakade benebuki, danjila i wesimbure emu bithe, noyan gel-ung ni wesimbure emu bithe, danjila i hojihon lasrun i wesimbure emu bithe be suwaliyame, neneme dele tuwabume wesimbuhe。 erei jalin ekšeme gingguleme donjibume wesimbuhe。」⑮康熙三十六年四月十五日，滿文本起居注冊所載費揚古奏疏即係據原摺抄錄修成，其中出入極少。原摺內 baya endur，起居注冊改作 bayan en-dur；juncaha，作 jucihai；aba jaisang 改作 ab jaissang；dzewang arabtan 改作 tsewang rabtan；cerimbum jaisang 改作 cering bum ja-isang，此外並無不同。原摺封面粘貼簽條書明「奏章譯」字樣，漢文本起居注冊即據譯漢奏疏抄錄修成。四月十五日，漢文本起居注冊記載噶爾丹死訊全文云「撫遠大將軍領侍衛內大臣伯費揚古等奏，為飛報噶爾丹已死，丹濟喇等投降事。臣等於康熙三十六年四月初九日至塞爾巴爾哈孫地方，有厄魯特丹濟喇等所遣齊奇爾寨桑等九人來稱，我等係厄魯特丹濟喇所遣之使，三月十三日，噶爾丹死於阿察阿木塔台地方。丹濟喇、諾顏格隆、丹濟喇之婿拉思倫，攜帶噶爾丹尸骸，並帶噶爾丹之女朱戚海，共三百餘戶投皇上前來，駐於巴顏恩都爾地方候旨，皇上作何發落，以便遵旨施行。吳爾占渣布寨桑、吳爾占渣布之弟色冷、阿布寨桑、塔爾寨桑、阿喇爾拜寨桑、額爾得尼吳渣特喇麻等帶得二百戶人投策旺拉布灘而去。額爾得尼寨桑、吳思塔台吉、博羅齊寨桑、和碩齊車凌奔寨桑等帶二百戶人投丹津鄂木而去，丹濟喇等所奏之本，現在我等處等語。問齊奇爾寨桑等，噶爾丹死亡之故，並丹濟喇為何不即行前來而駐於巴顏恩都爾地方候旨？據云：噶爾丹於三月十三日早得病，至晚即死，不知是甚病症。丹濟喇欲即行前來，因馬甚瘦，而所帶人等大半無馬，俱屬步行，又無行糧，為此駐於巴顏恩都爾地方候旨，皇上如命其前來，彼即速至。今若將丹濟喇所遣之使盡送行在，恐人多驛馬不足，故止將齊奇爾寨桑交與郎中諾木齊岱速送行在。其阿爾達爾格隆等八人，臣等帶至郭多里巴爾哈孫地方，由於設驛站送往行在。所有丹濟喇奏本一件，諾顏格隆奏本一件，丹濟喇之婿拉思倫奏本一件，一併先行奏聞。」⑯費揚古所繕滿文原摺內 baya endur，漢文本起居注冊譯作巴顏恩都爾，juncahai 譯作朱戚海，aba ja-isang 譯作阿布寨桑，dzewang arabtan 譯作策旺拉布灘，與滿文

本起居注冊相合。易言之,漢文本起居注冊是據滿文本起居注冊逐句對譯,纂修成帙。

世宗在位期間,於視朝臨御、郊祀壇廟時,俱令滿漢日講起居注官各二人侍班,記載諭旨政務及皇帝言行,所謂既退則載筆。但起居注冊的纂修則是於次年查閱各處檔案彙編成冊。例如雍正十年分的漢文本起居注冊,凡遇「弘」字未避高宗弘曆名諱。高宗嗣位後於雍正十三年九月二十日頒降諭旨,臣工名字與御名相同者,上一字少寫一點,即書作「弘」,下一字將中間禾字改書爲木,以存迴避之意。檢查雍正十一年分起居注冊內臣工姓名與高宗御名相同者甚多,並未避諱,例如武弘彥、趙弘恩、楊弘毅、譚治弘、田弘祚、陳弘謀、徐弘道等人,其弘字俱未迴避御名。自雍正十二年分起始迴避御名,例如鹽驛道楊弘緒、都司趙廷弘等人,所有弘字俱改書「弘」字。由此可知雍正十二年分的漢文起居注冊是在雍正十三年九月二十日頒佈迴避御名諭旨以後始正式繕寫成冊。從現存起居注冊稿本可以了解清代纂修起居注冊的過程及其資料的來源。在起居注冊稿本封面右下角多書明纂修人員姓名,其中乾隆朝的起居注冊,纂修官人數尤夥,如中允彭冠、侍讀學士朱筠、編修謝啓昆、洗馬史貽謨、右贊善王燕緒、編修沈士駿、修撰陳初哲、中允曹仁虎、嵇承謙、編修祝德麟、侍讀吳省欽、詹事錢載、莊通敏、贊善彭紹觀、編修陸費墀、編修姚頟、侍講鄒奕孝、編修芮永肩、侍讀董誥、侍讀學士褚廷璋、侍講沈初、侍講張壽、贊善侍講學士劉躍雲、詹事金士松、侍講劉亨地、侍講學士陸錫熊、編修王嘉曾、編修秦潮、侍講學士紀昀、編修李鎔、洗馬黃良棟、檢討季學錦、侍講王仲愚、編修愈大猷等人。起居注冊每月分上下二冊,由纂修官一人出名彙編纂修。在稿本上間亦註明校稿人員的姓氏,例如乾隆三

十五年四月分，在起居注冊封面右下角標明「校訖」及「吳校」字樣，五月分，書明「謝校」，八月分，書明「沈校」，四十年十二月分上，書明「鄒奕孝恭校」字樣。據清會典的記載，日講起居注官載事順序為首上諭，次部本、通本、旗摺、京外各官奏摺，先公後私，其次各部院衙門引見，八旗引見。所載上諭，是以當日事務輕重為序，事關壇廟陵寢者，例應首載。其載部本，首內閣，次宗人府、翰林院、六部、都察院、理藩院。若遇有禮部慶賀，太常寺祭祀本，則列於內閣之前。其載通本，首總督，次巡撫，以省分先後為序⑰。

　編纂起居注冊，先成草本，由總辦記注官逐條查覈增改，送請掌院學士閱定。纂修草本時是將所抄各種檔案，每日按順序排比，其檔案來源包括內記注，上諭簿、絲綸簿、外紀簿、通本、部檔、部院檔、旗檔、御門檔、內務府檔、紅本檔、折本檔、勾決簿、兵部檔、吏部檔、都察院檔、部折檔、理藩院檔、國子監檔、寺檔、清字檔、清字譯檔、清字上諭簿。其中兵部、吏部等檔，即所謂部本。在京六部本章，及各院府寺監衙門本章，附於六部之後，統稱部本。凡各省將軍督撫及盛京五部本章，俱齎至通政使司轉遞內閣，稱為通本。內記注所載為皇帝御殿、詣宮、請安、賜宴、觀看燈火、進膳、赴園、巡幸、拈香、駐蹕、行圍等活動。絲綸簿為內閣票籤處記載諭旨的主要簿冊，取「王言如絲，其出如綸」之義。外紀簿為票籤處記載外省臣工摺奏事件的簿冊。上諭簿有長本與方本之分，或記載特降諭旨，或兼載明發與寄信諭旨。內務府檔為內務府奏請補授員外郎等各缺事件。旗檔為記載八旗世管佐領、前鋒、雲騎尉、護軍參領、防禦等旗員任免事件。內閣大學士票擬本章，或雙籤，或三籤，得旨後批寫於本面，稱為紅本。部本進呈御覽後，其未奉諭旨者折本發下，

俟御門聽政時進呈啓奏。勾決簿爲刑部記載朝審秋審情實各犯勾
決事件。國子監檔爲國子監奏請補授助教等員缺及帶領正陪人員
引見等事。部院檔所載多爲引見補授陞署降調等項。都察院檔所
載多爲奏請任滿員缺欽點更換等事。編纂起居注册草本時，是按
日摘記各檔，依序排列，並註明出處，類似長編或史料彙編。例
如乾隆三十四年七月初一日辛巳，起居注册草本的內容爲「上詣
安佑宮行禮，內記注。是日，大學士尹、劉奉諭旨陳筌著准其回
籍終養，提督貴州學政著王士棻去，上諭簿。又兵部奏福建詔安
營遊擊員缺請以預保註册之長福營右營千總王德華擬補一疏，奉
諭旨王德華依擬用，餘依議，絲綸簿。是日，起居注官哈清阿，
彭冠。」在起居注册草本封面右下角書明「中允彭冠恭纂」字
樣。各類檔案的編排，有一定的順序，不可錯亂。乾隆四十年二
月十二日庚寅，起居注册草本記載大學士舒赫德，于敏中奏請將
內閣大庫所藏無圈點老滿文檔，照新滿文另行音出一分一疏，奉
諭旨「是，應如此辦理。」原稿註明「外紀」字樣。草本送請覆
校後粘貼素籤云「外紀照舊例移絲綸簿之後。」至於寄信上諭，
起居注册例不應載。乾隆三十六年正月分下，起居注册草本封面
右下角書明「九月二十六日送繙，十月十四日領回。」同年三月
分上，草本封面書明「九月二十六日送繙，十月十三收回。」所
謂送繙，即送交滿洲記注官譯成滿文。清代起居注册，自乾隆朝
至清季，其起居注册是先纂修漢文草本，然後譯成滿文本。由於
起居注册彙編多方面的原始資料，仍有其史料價值。

六、起居注册的史料價值

起居注官記載的範圍極爲廣泛，內容亦較詳盡，可補其他官
書的不足。其中有涉及中外關係者，例如康熙三十一年四月二十

七日，聖祖御瀛臺勤政殿聽政，理藩院具題索倫總管博魁員缺，以索倫達瑚理、副總管顧爾鼎阿等六人職名開列呈覽。聖祖云「達瑚理、佐領塔爾瑚蘭前率四十人往雅克薩偵探，路遇厄羅斯五百餘人，衝入交戰，出時因失三人往尋，又衝入，兩次交戰，我師止損三人，將厄羅斯之人已殺五十餘名，塔爾瑚蘭實係人材壯健，朕稔知其詳，著陞補索倫總管。」⑱厄羅斯即俄羅斯，又作羅剎。雅克薩之役，爲清初中俄重要交涉，惟清實錄、東華錄、平定羅剎方略俱不載塔爾瑚蘭偵探雅克薩經過。康熙三十三年五月十三日，《聖祖實錄》但云「遣官祭關聖帝君」一事，起居注冊則云「辰時，上御乾清門聽政，部院各衙門官員面奏畢，大學士伊桑阿、阿蘭泰、王熙、張玉書、學士王掞、李根、德珠、溫保、戴通、顧藻、沈圖以折本請旨，理藩院題黑龍江將軍薩布素請緝拏鄂羅斯打貂皮人。上曰：我國邊界甚遠，向因欲往觀其地，曾差都統大臣侍衛等官，皆不能遍到，地與東海最近，所差大臣於六月二十四日至彼，言仍有冰霜。其山無草，止生青苔，彼處有一種鹿最多，不食草，唯食青苔，彼處男女，睡則以木撐頷等語。我國邊地，我國之人尚不能至，況邊界相接鄂羅斯國一二竊來打貂皮者，亦不能無因。此遽爲緝拏，彼則懼死，必致相鬥，若相鬥，我國之人豈肯輕釋，可差司官一員到將軍薩布素處，令其明白寫書與鄂羅斯國，言彼國之人竊來我邊地打貂皮，我國差人緝拏，若緝拏之時而與我相敵，我國斷不肯安靜。」中俄陸路接觸，由來甚早，明清之際，俄人積極東侵，以葉尼塞斯克（Yeniseisk）及雅庫茨克（Yakutsk）爲中心，向貝加爾以東，外興安嶺以南進行拓殖。順治元年，雅庫茨克總管哥羅溫（Peter Golowin）遣波雅柯夫（Vasili Poyarkov）經阿爾丹河（R. Aldan）進入黑龍江。順治七年，哈巴羅夫（khabarov）

等人攻佔雅克薩（yaksa）地方，迭破索倫諸部。順治十一年，俄人進入松花江。康熙初年，俄人於黑龍江北岸設兵移民，公然犯境，滿洲發祥地遂首當其衝，飽受俄人的擄掠蹂躪。康熙二十八年七月，中俄簽訂尼布楚條約，但俄人侵華的勢燄，並未稍戢。俄國的殖民活動，其基本目的即在擴張領土，蠶食中國邊地⑲。探討中俄關係，起居注冊仍不失為珍貴的史料。中外通商問題頗受清聖祖的注意。康熙三十七年四月十四日辰時，聖祖御暢春園內澹寧居聽政，戶部以廣東海稅復行議減具奏。聖祖云「海稅事朕知已久，聞收稅人員，將船內所載諸物，屑屑搜檢，概行徵稅，以致商船稀少，海船亦有自外國來者，如此瑣屑，外國觀之，亦覺非體，爾等傳前任收稅人員，問明缺額之故具奏。」是月十九日，大學士伊桑阿等奏稱「臣等遵旨問前任廣東收海稅人員，據云，以前稅銀原足，數年來內地貨物販賣外國者甚多，因此價不及前，所以外國貨物至中國者，亦不得價。況福建、浙江、江南又開海禁，設關榷稅，因洋貨分散，致錢糧缺額。」康熙二十二年，清廷議開海禁，設粵海、閩海、浙海、江海四關，開放對外通商，但由於洋貨分散，稅收苛繁，稅吏中飽，以致徒病外商而無益於國庫。康熙五十年二月初九日，起居注冊記載聖祖與起居注官對話內容云「問起居注官常鼐曰：爾曾到何處？常鼐奏曰：臣曾到上海。上曰：乍浦、上海相隔不遠，其至乍浦船隻亦到上海否？常鼐奏曰：乍浦至上海甚近，上海係一海套，外國洋船不到此處，其在洋貿易者，俱係上海蘇州人裝載本地紗綢布疋至洋內常岐島賣與倭國，回時裝紅銅、海菜至內地販賣。上頷之。又問曰：松江、上海相隔幾里？常鼐奏曰：百里有餘。上曰：是相隔甚近。」上海開港較晚，在康熙年間仍未引起外商的注意。起居注冊所載重要資料，清實錄俱隻字未提。

　　康熙朝起居注冊記載頗多聖祖評論史事的內容。康熙二十九年三月二十九日，聖祖實錄云「上以康熙二十四、二十五兩年內所閱通鑑，御製論斷一百有七則，命贊善勵杜訥交起注館記注。」檢查起居注冊，三月分計二冊，其中一冊即御製通鑑論斷原稿，共計四十葉。三月二十九日，內庭供奉日講官起居注贊善勵杜訥至起居注館，將摺子三冊交與掌院侍郎庫勒納云「皇上二十四、二十五兩年閱覽通鑑論斷之語，記爲摺子三冊，我於本日口奏交起居注館記注，奉旨著交與，遂交訖。」御製通鑑論斷三冊即「閱三皇五帝紀論」、「上閱周桓王紀論」、「上閱周景王時楚滅蔡用隱太子於岡山論」，共計一百七則，例如聖祖論宋代變法一則云「上閱司馬光謂改新法當如救焚拯溺論曰，宋哲宗之初，廷臣咸欲革除新法，猶以改父之政爲嫌，司馬光毅然爲以母改子，遂使群疑立釋，可謂要言不煩，善處大事者矣。若以紹聖更法，遂尤其建議之際已留瑕隙，令惠卿輩得其短長，是皆事後之見爾。」聖祖批閱明史的情形，起居注冊記載尤詳。例如康熙二十九年二月初三日，聖祖實錄記載聖祖諭旨云「諭大學士等，爾等所進明史，朕已詳閱，遠過宋元諸史矣。凡纂核史書，務宜考核精詳，不可疏漏。朕於明代實錄，詳悉披覽，宣德以前，尙覺可觀，至宣德後，頗多訛謬，不可不察。」起居注冊亦載此道諭旨，其原文云「諭大學士等曰：爾等所進明史，朕已詳閱，編纂甚佳，視宋元諸史遠過矣。史書最關緊要，纂輯之時，務宜考核精詳，不可疏漏。史書必身親考論，方能洞曉。朕於明代實錄，詳悉披覽，宣德以前，尙覺可觀，至宣德以後，頗多紕謬，譌字亦不少，弗堪寓目。宋通鑑其書亦多失實，如所載兀朮以六馬登金山，爲韓世忠所阻。今觀大江如此遼闊，金山在江中央，六馬豈能飛渡耶？舊史歸功世忠，謂賴其堅守四十一日，此不過

當時粉飾之談，妄爲誇張，以夸耀後世耳，舊史舛謬，類多如此，不可不察。」實錄館纂修人員將諭旨原文加以潤飾，並將宋通鑑所述金兀朮事俱行刪略。康熙四十二年四月二十三日辰時，聖祖御暢春園內澹寧居聽政，曾發出大學士熊賜履呈覽明朝神宗、熹宗以下史書四本，並諭大學士等稱明季太監，皆及見之，魏忠賢惡跡，史書僅記其大略，據起居注冊記載「其最惡者，凡有拂意之人，即日夜不令休息，逼之步走而死。又幷人之二大指以繩拴而懸之於上，兩足不令著地，而施之以酷刑。」⑳清實錄將聖祖所述魏忠賢惡跡俱刪略不載。

聖祖在位期間，皇太子再立再廢，諸皇子樹黨傾陷，終於禍起蕭墻，導致骨肉相殘的悲劇，聖祖實錄於其事跡，多諱而不載。聖祖有后妃嬪貴人二十一人，生子三十五人，其中皇長子胤禔，爲惠妃納喇氏所生，但非嫡出。皇二子胤礽（in ceng），爲孝誠仁皇后赫舍里氏所生，也是嫡長子，康熙十四年十二月，冊立爲皇太子。皇三子胤祉，爲榮妃馬佳氏所生。皇四子胤禛，則爲孝恭仁皇后所生。皇十三子胤祥，爲敬敏皇貴妃章佳氏所生。據聖祖稱，在諸皇子內，皇三子字學已造佳境，數學亦精。十三皇子的學問「殊有望，異日必當大成。」起居注冊記載聖祖親口所述，聖祖實錄卻刪略不載。皇太子正位東宮後，聖祖加意教育，舉凡經史騎射，無不躬親訓誨。聖祖曾指出皇太子的儀表及學問才技，俱有可觀，清實錄俱將聖祖稱讚之言盡行刪略。康熙三十二年五月十九日，起居注冊云「是日，轉奏事敦住傳旨諭大學士伊桑阿等曰：朕因違和，於國家政事，久未辦理，奏章照常送進，令皇太子辦理，付批本處批發，細微之事，即或有一二遺誤，無甚關係，其緊要大事，皇太子自於朕前奏聞。」清實錄記載是日諭旨云「諭大學士等，朕躬違和，久未理事，今已稍愈，

奏章著照常送進。」不僅內容簡略，且文意亦有出入，按起居注冊所言奏章照常送進，並非聖躬稍愈，而是令皇太子辦理。聖祖親征準噶爾期間，凡事俱由皇太子聽理，聖祖曾讚許云「舉朝皆稱皇太子之善。」康熙四十七年九月，因皇太子言動失常，難託重器，將其圈禁於咸安宮。翌年三月，聖祖以其狂疾漸痊，復正儲位。滿漢大臣見聖祖年齒日長，紛紛趨附皇太子，父子之間遂成壁壘。康熙五十一年十月初一日，奏事員外郎傻子雙全捧出御筆硃書諭旨已指出皇太子「因朕為父，雖無弒逆之心，但小人輩，懼日後被誅，倘於朕躬有不測之事，則關係朕一世聲名。」清實錄將「雖無弒逆之心」，改作「雖無異心」。康熙五十二年二月初二日，起居注冊內云「昔立皇太子時，索額圖懷私倡議，凡皇太子服御諸物，俱用黃色，所定一切儀注，與朕無異，儼若二君矣，天無二日，民無二王，驕縱之漸，職是之故。」清實錄亦載此諭，惟將「儼若二君矣，天無二日，民無二王」等句刪略不錄。世宗在位期間，實錄館奉敕纂修聖祖實錄，將聖祖所頒諭旨加以潤飾及刪削後，已失史料眞貌，探討清代史事，起居注冊實為不可或缺的資料。

　　世宗朝起居注冊始自雍正八年，就現存雍正年間的起居注冊而言，仍不乏珍貴史料，例如辦理軍機處的設置經過及其名稱的更易，起居注冊就是一種重要的輔助資料，辦理軍機處的建置時間，清代官書的記載及私家著述，極不一致。清史稿張廷玉傳謂雍正八年以西北用兵設軍機房於隆宗門內，軍機大臣年表則稱雍正七年六月始設軍機房。梁章鉅纂輯樞垣記略原序謂雍正八年庚戌設立軍機處，同書軍機大臣除授一節，則以雍正十年二月爲軍機大臣除授之始。雍正九年四月初八日，起居注冊記載明發上諭，內云「即以西陲用兵之事言之，北路軍需交與怡賢親王等辦

理，西路軍需交與大將軍岳鍾琪辦理，此皆定議於雍正四年者。
王大臣等密奉指示，一絲一栗，皆用公帑製備，纖毫不取給於民
間，是以經理數年，而內外臣民並不知國家將有用兵之舉，以致
宵小之徒如李不器輩竟謂岳鍾琪私造戰車，蓄養勇士，訛言繁
興，遠近傳播，達於朕聽。朕將岳鍾琪遵奉密旨之處，曉諭秦
人，而訛言始息，即此一節觀之，若非辦理軍需秋毫無犯，何至
以國家之公事，疑爲岳鍾琪之私謀乎。及至雍正七年大軍將發，
飛芻輓栗，始有動用民力之時（下略）。」辦理軍需既定議於雍
正四年，岳鍾琪等密奉指示，製造戰車，募練勇士，以致訛言繁
興，足見辦理軍需大臣實已存在。清世宗實錄亦載是日明發上
諭，惟將李不器指稱岳鍾琪私造戰車一段刪略不錄。李宗侗教授
曾指出雍正四年的下半年爲軍需房成立的最始年月，至七年六月
始改爲軍機房，至十年三月更改爲軍機處㉑。但軍需房正式設置
的時間，實晚於世宗任命軍需大臣，世宗初命張廷玉、蔣廷錫與
允祥爲辦理軍需大臣，經理數年後始正式設立軍需房。張廷玉等
曾具摺指出「雍正七年派撥官兵前往西北兩路出征，一切軍務，
事關機密，經戶部設立軍需房。」㉒是時軍需房並未改稱軍機
房，清史稿軍機大臣年表所稱軍機房字樣，是出自清史館纂修人
員的臆斷之詞。雍正十年，頒用辦理軍機事務印信後，仍稱辦理
軍需大臣，尚未改稱辦理軍機大臣。清世宗實錄雍正十年十一月
二十八日云「辦理軍機大臣等議奏，據署陝西巡撫史貽直奏請統
轄勇健營兵丁提督陳天培、總兵官徐起鳳罷軟廢弛，不能約束兵
丁，以致沿途生事妄行（下略）。」惟起居注冊內則作「辦理軍
需大臣」。同年十二月十六、二十四等日，實錄俱書「辦理軍機
大臣」字樣，而起居注冊皆作「辦理軍需大臣」，與宮中檔奏摺
硃批相合。乾隆初年纂修世宗實錄時，爲求畫一名稱而一律改書

辦理軍機大臣字樣。

　　清初文字獄案件，層出不窮，清世宗實錄間亦記載所頒明發上諭，惟內容多經刪略，起居注册所載諭旨多較實錄詳盡，且據原頒諭旨全文記載，未經刪改潤飾，其史料價值實高於實錄或聖訓等官書。起居注册所載諭旨亦有不見於實錄者，例如雍正十年九月十七日起居注册記載內閣奉上諭云「今科陝西鄉試主考吳文煥、李天籠策問秦省水利一條內稱，秦中沃野千里，水泉灌溉之利爲多，歷代名臣官陝土者，類不以浚渠築堰導流尋源爲要務，若倪寬之在漢，葉清臣之在宋，耿炳文、項忠、張鎣、石永之在明，其措施何地奏績何功，能一一詳指否？又稱京畿之間，大建營田，興修水利，多士亦聞之熟矣。秦省爲桑梓之邦，尤所深悉，其明切陳之無隱等語。朕思秦中素稱天府，水泉隨在皆可疏蓄，以資耕種。其最著者，西安等處則有鄭白龍洞諸渠，寧夏則有漢唐大清等渠，歷年久遠，漸至淤塞，堤堰大半傾圮，水田僅存其名。雍正五年，朕敕令該督撫將鄭白龍洞諸渠，動用國帑，加意興修，務期渠道深通，堤堰堅固，現今農田得其利益。至漢唐大清等渠，朕特命大臣等親往經理，專司其事，居住數年，庀材鳩工，悉心修築，年來水泉充裕，禾稼有收，此秦中興修水利之大概也。吳文煥等若以水利策問考試士子，即當就該省所現行者，令其敷陳條對，或可備採擇之資，或可爲善後之計，乃舍今而援古，去近而求遠，撍拾往事，泛爲舖張，並遠引京畿，以爲近日興修水利之一證，而於本省工程，關係利弊者，無一言提及，想以秦中疏濬諸渠爲無裨於民生耶？抑或以該省工程爲不足論耶？務虛文而無實際，乃爲政爲學之大患。吳文煥等識見卑鄙如此，不可不加懲儆，著交部察議具奏。嗣後各省鄉試題目，俱著報部，如有支離迂闊草率弇鄙之處，該部即行指出題參。」原

諭爲鄉試重要資料，亦可見清初文網之密，羅織入微，士子每因引用不當，擇詞疏漏，動輒得咎。當曾靜因文字獄案被發往湖南觀風整俗使李徽衙門後，曾投遞稟帖云「靜今日之於大人本臣子也，而大人之於靜即君父也。」㉓李徽即以曾靜於忠孝之本源未明，悖逆之情形尚在而具摺參奏。雍正八年八月十一日，湖南省城貼有萬姓傳單，約於十九日共執曾靜，縛手沈潭云云。是年十一月初六日，世宗頒降明發上諭，略謂「湖南向來風俗澆漓，不知尊君親上之大義，是以有曾靜、張熙此等悖逆妄亂之人，此乃人心習氣漸染而成者，非曾靜一人之過也。朕爲湖南世道民風計，特寬曾靜之罪，諭以正理，感以至誠以信及豚魚之道，動其天良，使之深知愧恥，改過自新，朕並非加恩於曾靜一人，實欲使湖南萬民折心自問，若有懷奸邪不軌之念者，各知猛省，相率而趨於忠厚良善之路（下略）。」滿洲入關後，漢人慘遭屠戮，南明恢復事業雖告失敗，但漢人的反滿運動，此仆彼起，迄未終止，知識分子將亡國之痛與孤憤之情表現於詩文者，亦屢見不鮮。清初諸帝或採高壓政策，顯加誅滅，禁燬著述，以懲隱慝；或採懷柔政策，詔舉山林隱逸，廣開明史館，以寄託孤臣孽子之心；或採調和政策，使其故國之思，潛消於不自知，以消除漢人反滿氣燄。世宗所頒明發上諭，可以了解其處理文字獄案件的態度，起居注冊記載諭旨全文，清實錄俱諱而不錄。

　　清世宗在藩邸時，於究心經史之餘，亦拈性宗，頗有所見，御極以後，崇尚佛道的風氣頗盛，硃批奏摺亦多引佛家語。怡親王允祥抱恙期間，世宗曾諭令臣工訪問精於醫理及通曉性宗道教之人，以爲調攝頤養之助，域內高僧眞人深受禮敬。江西貴溪縣龍虎山，爲漢代張道陵煉丹成道勝地。世宗曾言張道陵「嘗得秘書，通神變化」，能驅除妖異。京師白雲觀道士曾奉召醫治允祥

病狀，並蒙賞賜。雍正八年七月，復化名賈士芳，由田文鏡差人
護送入京。據實錄云「初到時，朕令內侍試以卜筮之事，伊言語
支離，啟人疑惑，因自言上年曾蒙召見，朕始知即白雲觀居住之
人也，伊乃自言長於療病之法。朕因令其調治朕躬，伊口誦經
咒，並用以手按摩之術，見伊心志姦回，語言妄誕，竟有天地聽
我主持，鬼神聽我驅使等語。」㉔起居注册內所載上諭，對調治
世宗病情則記錄甚詳。「昨七月間，田文鏡將伊送來。初到之
時，朕令內侍問話，並試以占卜之事。伊言語支離，有意啟人疑
惑，因而說出上年曾蒙召見，朕始知即白雲觀居住之人也。朕因
諭之曰：自爾上年入見之後，朕躬即覺違和，且吾弟之恙，亦自
此漸增。想爾本係妖妄之人，挾其左道邪術，暗中播弄，至於如
此。今朕躬尚未全安，爾既來京，當惟爾是問。伊乃自言長於療
病之法，朕因令其調治朕躬，伊口誦經咒，並用以手按摩之術，
此時見效奏功，無不立應。其言則清淨無為，含醇守寂之道，亦
古人之所有者。一日朕體中不適，伊授以密咒之法，朕試行之，
頓覺心神舒暢，肢體安和，朕深為喜慰，加以隆禮。乃此一月以
來，朕躬雖已大愈，然起居寢食之間，伊欲令安則安，伊欲令不
安則果覺不適。其致令安與不安之時，伊必預先露意，且見伊心
志奸回，言語妄誕，竟謂天地聽我主持，鬼神供我驅使，有先天
而弗違之意，其調治朕躬也，安與不安，伊竟欲手操其炳，若不
能出其範圍者。」世宗患病期間，屢次密諭各省督撫訪求名醫及
道人，按摩與經咒並用，堪稱應驗，清實錄將此中情節，俱刪略
不載。雍正十一年正月二十五日，起居注册記載明發上諭，述及
世祖在臨御寰區萬幾餘暇，留心內典，優遇國師玉琳琇、木陳忞
等。世宗御極之初，則欲俟十年後庶政漸理，然後談及佛法。是
時世宗在位已屆十年，隨閱讀玉琳琇、木陳忞語錄。據世宗稱玉

琳琇所著性地超脫，乃直踏三關，實能丕振宗風，闡揚法旨。木
陳忞語錄文采華麗，且具正知正見。又著《北遊集》六卷，其中
記述世祖諭旨云「願老和尚勿以天子視朕，當如門弟子旅菴相
待。」又記述世祖性情云「上龍性難攖，不時鞭撲左右，偶因問
答間，師啓曰：參禪學道人，不可任情喜怒，故曰：一念嗔心
起，百萬障門開者此也。上點首曰：知道了，後近侍李國柱語師
云，如今萬歲爺不但不打人，即罵亦希逢矣。」㉕探討世祖朝史
事，《北遊集》等書，實爲重要資料，世宗所頒明發上諭內舉述
頗詳，清實錄等官書俱諱言其事，起居注冊仍不失爲珍貴史料。

　　清代起居注冊例不進呈御覽，乾隆二年二月初六日，高宗御
養心殿，召入總理事務王大臣及九卿等，諭稱自聖祖、世宗以
來，從未批覽記注。高宗指出「人君政事言動萬國觀瞻，若有闕
失，豈能禁人之不書，倘自信無他，又何必觀其記載。當時唐太
宗索觀記注，朕方以爲非，豈肯躬自蹈之乎？」㉖乾隆朝以降歷
朝起居注冊所載諭旨，多見於實錄，其內容出入亦甚少。惟因起
居注冊的纂修，取材甚廣，除內記注外，舉凡滿漢文諭旨及各部
院檔冊等俱逐一彙鈔編纂，其範圍極爲廣泛。因此，自乾隆以降
的起居注冊，仍爲探討清史時所不可或缺的一種重要史料。

七、結　語

　　歷史研究，應從史料入手。史料的搜集、整理、考訂與分析
就是歷史研究法的階梯。治史者不宜捨棄實際史料，而高談方
法。清代檔案浩瀚無涯，雖因戰亂遷徙，間有散佚，惟其接運來
臺者，爲數仍極可觀，國立故宮博物院現藏清代歷朝滿漢文起居
注冊，共計五十箱，即爲一種數量頗多，內容珍貴的史料。清初
自康熙十年八月仿明制設起居注館，同年九月正式纂修起居注

冊。康熙五十七年，雖裁撤記注館，但世宗即位後又恢復建置，遂成爲定制。記注君主言動，有一定體例，先載起居，次載諭旨，其次載題奏事件，再次記載官員引見。其資料來源則參考內閣上諭簿、絲綸簿、外紀簿及宗人府、理藩院、各寺監八旗等滿漢文檔案。所有諭旨及官員引見、除授，俱全載，記載部本，係查閱略節，記載通本，則查閱揭帖，記載祭祀、行禮、問安、駕幸、駐蹕等項，俱查閱內起居注摺。記注館彙鈔的各處檔案，按日排纂。因此，起居注冊僅爲一種史料。清代纂修實錄，剪裁史料，隱諱史事，所載諭旨及題奏內容多經潤飾刪略，以致往往與客觀的事實不符合。起居注冊所載諭旨，係據頒降諭旨原文全錄，內容詳盡，其史料價值高於實錄，或官修史書。實錄不僅將諭旨潤飾或刪略，臣工奏疏亦經竄改。例如康熙三十六年四月十五日，聖祖實錄載撫遠大將軍費揚吉疏言，厄魯特丹濟拉遣齊奇爾等九人來告曰「閏三月十三日，噶爾丹至阿察阿穆塔台地方，飲藥自盡，丹濟拉、諾顏格隆、丹濟拉之婿拉思綸攜噶爾丹尸骸及噶爾丹之女鍾齊海共率三百戶來歸。」惟查閱費揚古原疏則云噶爾丹死於三月十三日，且據齊奇爾寨桑等供稱「噶爾丹於三月十三日晨得病，至晚即死，不知何病？」㉗起居注冊所載與原疏相合，清代歷朝雖纂修實錄，卻仍保存起居注冊，史料與史書，並行不悖，因此，起居注冊仍不失爲一種珍貴的史料。

【註　釋】

① 陳捷先撰〈清代起居注館建置略考〉，《清史雜筆》(一)，頁81，民國六十六年八月，學海出版社。

② 《中國史學史》，頁82，民國四十九年十二月，臺灣商務印書館。

③ 陶希聖等著《明清政治制度》，下編，頁77，臺灣商務印書館，

民國五十六年八月。

④　《大清太宗文皇帝實錄》，卷二八，頁2，天聰十年三月辛亥。

⑤　羅振玉輯《史料叢刊初編》，「太宗文皇帝日錄殘卷」，頁1，文海出版社，民國五十三年四月。按八林部，即巴林部，太吉即台吉。

⑥　《舊滿洲檔》，第六冊，頁2816，國立故宮博物院，民國五十八年八月。

⑦　《大清世祖章皇帝實錄》，卷七一，頁15，順治十年正月庚辰，據劉顯績奏。

⑧　《欽定大清會典事例》，卷一〇五五，頁1，據光緒二十五年刻本景印，臺灣中文書局。

⑨　案王先謙纂修《東華錄》亦繫於康熙十年八月甲午，與聖祖實錄同。

⑩　《大清聖祖仁皇帝實錄》，卷二七八，頁14，康熙五十七年三月戊辰，據大學士等奏。

⑪　《大清會典》，卷八十四，頁7，乾隆二十九年，內府刊本。

⑫　陳捷先撰《清代起居注館建置略考》，見《清史雜筆》，(一)，頁90。學海出版社，民國六十六年八月。

⑬　羅振玉輯《史料叢刊初編》，上冊，「聖祖仁皇帝起居注」，註二，頁1。

⑭　《大清會典》，卷八十四，頁7，乾隆二十九年，內府刊本。

⑮　《宮中檔康熙朝奏摺》，第九輯，頁35，康熙三十六年四月九日，費揚古奏摺。

⑯　《起居注冊》，康熙三十六年四月十五日甲子，據費揚古等奏。

⑰　《欽定大清會典》，卷七〇，頁12。

⑱　《起居注冊》，康熙三十一年四月分。

⑲　拙撰〈清季東北邊防經費的籌措〉，《東吳文史學報》，第三號，頁 94，民國六十七年六月。

⑳　《起居注冊》，康熙四十二年四月分。

㉑　李宗侗撰〈辦理軍機處略考〉，《幼獅學報》，第一卷，第二期，頁 6，民國四十八年四月。

㉒　《宮中檔》，第七十八箱，五三二包，二〇四九九號，雍正十三年九月二十二日，張廷玉等奏摺。

㉓　《起居注冊》，雍正八年七月十九日上諭。

㉔　《大清世宗憲皇帝實錄》，卷九八，頁 15，雍正八年九月辛卯，內閣奉上諭。

㉕　《起居注冊》，雍十一年正月二十五日，內閣奉上諭。

㉖　《大清高宗純皇帝實錄》，卷三六，頁 6，乾隆二年二月初六日甲子上諭。

㉗　拙譯《清代準噶爾史料初編》，頁 219，民國六十六年九月，文史哲出版社。

道光五年七月初一日《起居注册》

（局部）

咸豐元年正月初一日《起居注册》

清代秘密社會史的研究與出版

一、前　言

　　歷史記載，最主要的是人物事蹟，歷史學就是以人物作爲主要的研究對象。但社會包含許多個人，歷史研究的注意力，不能僅集中在少數上層社會的精英身上，而忽視下層社會的廣大群衆。所謂秘密社會，就是指下層社會中各種非公開活動的民間組織而言。因其生態環境、組織形態、思想信仰及社會功能，彼此不同，各有其特殊條件，爲了研究上的方便，將秘密社會劃分爲秘密會黨和秘密宗教兩個範疇，是有其必要的。所謂秘密會黨就是由民間異姓結拜組織發展而來的秘密團體，其成員以兄弟相稱，藉盟誓維持橫的散漫關係。因清初以來，政府已經制訂刑律，查禁異姓結拜弟兄，所以各會黨的倡立，都與清廷律例相牴觸，各會黨的活動，都是不合法的，而遭官方的取締。所謂秘密宗教，則爲雜揉儒釋道的思想而產生的各種民間教派，雖然是建立在小傳統的各種膜拜團體，但也具備宗教的本質，有其超越的意義。各教派藉教義信仰，師徒輾轉傳授，以建立縱的統屬關係。其共同宗旨，主要在勸人燒香誦經，導人行善，求生淨土，其思想觀念，與佛教的教義最相切近。各教派多傳授坐功運氣，爲村民療治時疾，其修身養性的方式，與道教頗相近似。民間宗教也具有宗教福利的性質，養生送死各種儀式，多由各教派主持，在地方上扮演了重要的角色，具有生存、整合與認知的社會功能。惟因各教派未經立法，並未得到官方的認可，在清代律例

中，也有查禁白蓮教等所謂邪教的條例，所以各教派的組織與活動，都是不合法的，對官方而言，各教派都是一種秘密性質的不合法宗教組織，而遭到官方的取締。

二、秘密會黨的研究基礎

秘密會黨在性質上是屬於多元性的異姓結拜團體，並非始於一時，起於一地，更非創自一人。民間金蘭結義的風氣，雖然由來很早，但其倡立會名，陰作記認，會黨的盛行，實始自清代。清朝末年，由於知識分子與秘密會黨的結合，而促成了近代中國社會結構的重大改變，秘密會黨的起源及其發展，遂引起中外史家的廣泛興趣。早在清代末年，光復會的成員陶成章在緬甸時，已作「洪門歷史篇」，後來刊載於《光華日報》，宣統二年（1910）正月，《中興日報》轉載該文。民國初年，陶成章嫌該文頗多疏漏，另撰〈教會源流考〉。

光緒二十二年（1896），日本東西同文會成員平山周加入興中會。同年二月，日本外務省派遣平山周、宮崎滔天等人來華考察秘密結社及革命黨的活動，與哥老會首領畢永年等過從甚密，蒐集了不少會黨內部文件，後來撰寫《中國秘密社會史》一書，民國元年（1912）五月，由商務印書館出版。全書共分六章，對白蓮教、天地會、三合會、哥老會及興中會的敘述頗為翔實，其中保存了不少原始文獻，有助於會黨信史的重建。民國十三年（1924），商務印書館出版古研氏著《中國之秘密結社》一書。古研氏就是平山周的別名，該書是節錄《中國秘密社會史》一書的第一部分。

民國二十一年（1932），蕭一山赴歐考察文化史跡，於旅英期間，在倫敦大英博物館發現晚清粵人手抄天地會文件多種，皆

係英國波爾夫人（Mrs. Ball）在香港、廣州購得者。蕭一山從事抄錄，因加編次，歸類汰繁，附以說明，成《近代秘密社會史料》一書，於民國二十四年（1935），由國立北平研究院排印出版。全書共分六卷，其中卷二附錄陶成章撰〈教會源流考〉，又加卷首，內含插圖八幅及〈天地會起源考〉一篇。

　　坊間出版的幫會叢書，指不勝屈，例如劉師亮著《漢留大觀》，於民國二十四年（1935）四月，由中外印刷公司出版。廣西是太平軍發難之地，會黨盛行。民國二十二年（1933），貴縣修志局局長躬訪邑中遺老，徵求天地會文獻，終於發現抄本一帙。次年，經羅爾綱整理刊布，載於《國立北平圖書館館刊》，題為〈貴縣修志局發現的天地會文件〉。民國二十六年（1937），粵人羅漢將其家守先閣舊藏天地會文件發表於《廣州學報》第一期。其後，羅爾綱又匯集〈貴縣修志局發現的天地會文件〉、〈守先閣本天地會文件〉、〈教會源流考〉三種文件及編者所撰〈水滸傳與天地會〉、〈論近代秘密社會史料〉的本子而成《天地會文獻錄》一書，於民國三十二年（1943）七月，由上海正中書局出版。民國二十五年（1936）十月，生社出版陳培德主編《海底》，民國二十七年（1938）八月，耘夫著《漢留全史》排印本出版，由星星書報社總經銷。民國二十九年（1940），胡利民著《民族精神》於上海出版排印本，本書開端題有《漢留溯源》字樣，當為該書原名。同年，成都四川地方實際問題研究會刊印傅況麟主編《四川哥老會改善之商榷》。是年八月，李子峰編《海底》及薛澄清譯、施列格（Gustave Schlegel）著《天地會研究》。施列格是荷蘭人，曾任荷屬東印度公司中文通事，同治二年（1863），蘇門答臘巴東埠警察破獲華僑會黨組織，起出天地會誓詞、會章、暗號、隱語等，交由施

列格研究。施列格參考米因博士（Dr. Milne）著《三合會》及其
他文獻撰成此書，民國二十九年（1940）八月，由海上商務印書
館出版。民國三十年（1941），劉聯珂著《中國幫會三百年革命
史》，由澳門留園出版社出版。龍襄三著《洪門常識問答》，於
民國三十一年（1942）八月，由誠正學塾再版。民國三十五年
（1946），雷發聲著《漢留問答》、山逸編《袍哥內幕》出版。
民國三十六年（1947），南寧桂南印刷廠承印張贇集稿《金不
換》，和平出版社出版戴魏光著《洪門史》，上海益社出版劉脣
遐編著《漢留組織研究》。朱琳編《洪門志》，於民國三十七年
（1948）再版。此外，群英社編輯《江湖海底》、張大聰編《洪
門會概說》、橫磨編著《洪門探珠錄》、帥學富編著《清洪述
源》、飛烈編著《洪門搜秘》等書，也先後問世，都是後世所見
幫會秘笈，但因各書的內容，多屬於傳說故事，其可信度不高。

　　近十餘年來，根據清代官書、方志、地方資料彙編而成的出
版品，爲數頗爲可觀。例如上海社會科學院歷史研究所編輯《上
海小刀會起義史料匯編》，於 1958 年，由上海人民出版社出版，
1980 年 7 月再版。全書共有八十三萬餘字，是一部大型的史料
匯編，廣泛蒐集了有關中外文的史料。華中師範學院歷史系爲了
研究辛亥革命時期湖北地區的會黨活動，於 1961 年元月及 6 月
先後兩次前往鄂北調查江湖會響應武昌首義問題，共訪問了三百
多位老人。在調查中發現了不少當事人的日記、筆記，經過整理
後，彙編出版《江湖會資料選輯》，可以說是研究湖北江湖會較
爲完整的資料彙編。咸豐末年，浙江東南、福建東北角，金錢會
頗活躍。聶崇岐編《金錢會資料》，於 1958 年 5 月，由上海人
民出版社出版，全書內容包括趙之謙的《金錢會瑣記》、程春榮
的《福寧紀事》、《左文襄公全集》及平陽、永嘉等縣縣志的有

關內容，有重要的參考價值。

廣西是天地會活動的重要地區，研究天地會與太平天國革命的關係，是一個不可忽略的問題。1978 年 11 月，北京中華書局出版的《太平天國革命時期廣西農民起義資料》，就是輯錄太平天國革命時期廣西天地會活動的資料彙編。全書共分四章，所輯錄的資料來源，包括地方志、清實錄、碑文、奏稿及其他官私著述。中國人民大學清史研究所、中國第一歷史檔案館合編《天地會》，自 1980 年 11 月出版第一冊，先後出版七冊，這七冊的《天地會》，可以說是目前有關天地會研究較爲完整的檔案文獻彙編，其資料時間範圍，起自乾隆五十一年（1786），迄於鴉片戰爭之前。全書內容分爲四大部分：一、天地會的起源；二、林爽文起義；三、乾隆五十二年末至嘉慶初年天地會的活動；四、道光二十年（1840）以前天地會的活動。所彙編的資料，多屬當時檔案，內含嚴煙、許阿協等人供詞，也收有添弟會會簿，雖因排版不免有脫落錯字，所刊印者亦非天地會全部檔案，但就研究林爽文案件而言，誠屬難能可貴。

1981 年 3 月，廣東太平天國研究會、華南師範學院歷史系編印《廣東地區太平天國史跡調查和資料選編》，其資料來源，主要是有關廣東地區在鴉片戰爭以後天地會起事的地方志、檔案資料及實地調查資料。中山大學也編印《太平天國時期廣東天地會起義文件》，內含天地會案件文書五十八件，選錄專著、專文多種，內含詩歌百餘首。1983 年，福建人民出版社出版劉如仲、苗學孟合編《臺灣林爽文起義資料選編》，其資料來源主要爲檔案、碑刻、地方志、清實錄及私人著作中有關林爽文起事的資料。書中含有林爽文起事後的文告十五件，以及供詞一四六件。同年 1 月，杜邁之等輯《自立會史料》集，由長沙岳麓書社出

版，全書收錄有關資料一百餘篇，內含章程、宣言、布告、軍令、奏摺、咨呈、函電等。1985 年，北京中華書局出版《辛亥革命前十年間民變檔案史料》上下二册，內含頗多各種會黨案件的官方文件。此外，中華書局出版的《清代檔案史料叢編》，含有頗多秘密社會資料，其中第一輯有洪全福起事資料，第二輯有李沅發起事資料。

　　關於會黨資料彙編的整理出版，對探討會黨問題，頗為方便，由於資料的集中，可以避免時間的浪費。但國內對這方面的整理出版，實屬罕見。民國五十三年（1964），鄧嗣禹編《海內外會黨對於辛亥革命的貢獻》，由臺北文星書局出版。民國六十七年（1978）4 月，《臺灣人文》月刊第三期選載國立故宮博物院《軍機處檔・月摺包》內林爽文案各犯供詞七十二件，俱為探討臺灣天地會起事的珍貴資料，但因該刊物的停刊，公布檔案的工作，亦告終止。

　　中央研究院所藏內閣大庫檔案，含有相當豐富的地方史料，民國十九年（1930）開始刊印的《明清史料》，從甲編到壬編，其中含有不少移會文件涉及清代會黨案件者。例如《明清史料》戊編第一本「張天駿揭帖」中已含有乾隆七年（1742）福建漳浦縣所破獲的小刀會案件；戊編第三本「刑部為內閣抄出福建水師提督黃仕簡奏移會」中所載臺灣諸羅縣添弟會及雷公會案件，敘述詳盡，不失為重要的會黨第一手資料。

　　國立故宮博物院現藏宮中檔，主要為清代康熙年間以來各朝君主的硃批奏摺及其附件。國立故宮博物院既以典藏文物為職志，亦以刊布文獻為一貫的計畫。為便利中外學人的研究，自民國六十二年（1973）6 月起分輯出版宮中檔，到目前已出版的宮中檔，如《宮中檔康熙朝奏摺》，共九輯，《宮中檔雍正朝奏

摺》，共三十二輯，《宮中檔光緒朝奏摺》，共二十六輯，《宮中檔乾隆朝奏摺》，共七十五輯。各輯將宮中檔諭摺按年月日先後編次影印，分冠簡目，標明日期、具奏人姓名官銜及事由，頗便於查閱。宮中檔奏摺不僅是清初以來通行的文書，同時也是君主廣諮博採的重要工具，臣工凡有聞見，或處理案件，無論公私，俱應據實奏聞，以便君主集思廣益，作爲施政參考，督撫提鎮等員，彼此不能相商，各報各的，是一種可信度很高的直接史料。其次就奏摺的來源而言，除了部分廷臣的奏摺外，主要是來自直省外任官員，所以對地方事件奏報詳盡，含有非常豐富的秘密社會史料。例如《宮中檔雍正朝奏摺》第十一輯，雍正六年（1728）八月初十日，福建總督高其倬奏摺，就是處理臺灣父母會案件的文書，奏摺中指出是年正月十三日，諸羅縣民陳斌等二十三人，歃血拜把，結拜父母會，各人以針刺血，滴酒設誓，共推湯完爲大哥，以朱寶爲尾弟。高其倬奏摺指出父母會得名的由來，是由於拜把結盟的會員，每人出銀一兩，如有父母老了，彼此幫助。各種會黨的性質不同，其社會功能亦有差異，但都是一種異姓結拜組織。《宮中檔雍正朝奏摺》第十四輯，雍正七年（1729）十月十六日，福建觀風整俗使劉師恕奏摺中指出「查泉屬七縣，晉江、南安、同安最爲難治，安溪、惠安次之，永春、德化又次之。其初，大姓欺壓小姓，小姓又連合衆姓爲一姓以抗之。從前以包爲姓，以齊爲姓。近日又有以同爲姓，以海爲姓，以萬爲姓者。」福建泉、漳二府民間大姓欺凌小姓，小姓及各雜姓遂結連相抗，探討早期的異姓結拜組織，宮中檔確實提供了豐富可信的直接史料。

三、秘密會黨史的研究專著

歷史研究有其前後相承性，史學家必須熟悉以往史學家的研究成果。完全忽視前人的研究成果，一切從頭開始，不僅是智慧與力量無謂的浪費，而且也是漠視歸納與綜合方法的運用。綜合前人的研究成果，可以作新研究的起點。史學家以前人的研究成果作基礎，濟以博覽，始能推陳出新。

1950 年 12 月，香港三聯書店出版謝興堯著《太平天國前後廣西的反清運動》，全書分爲十六章，綜合敘述太平天國革命時期，太平軍與秘密會黨在廣西地區所進行的反滿活動，是論述天地會的社會背景及其活動的早期專著。陶成章著《浙案紀略》，於 1957 年 7 月，由上海人民出版社出版。全書分爲上中下三卷，記載晚清浙江地區各秘密會黨的組織及其活動。原書附外紀〈教會源流考〉一篇，是中國最早的一篇秘密會黨史著作。1959 年 1 月，呂舜祥著《蘇松太會黨起義》，是一種油印本，全書分爲十六節，敘述咸豐三年（1853）上海小刀會起事經過。方詩銘著《上海小刀會起義》，於 1965 年 1 月，由上海人民出版社出版，全書分爲八章，主要敘述上海小刀會起義的時代背景、起事經過及其歷史意義，可以說是有系統敘述上海小刀會起事的重要著作。徐宏兵著《小刀會的故事》，於 1975 年 8 月，由上海人民出版社出版，是一本通俗性的小冊子。

太平天國起事以後，各省會黨相繼響應，其中浙江、福建接壤地帶，金錢會十分活躍。馬翊中、馬允倫合著《浙南金錢會起義》，於 1963 年 3 月，由浙江人民出版社出版。全書分爲十二節，敘述咸豐八年（1858）浙江南部金錢會起事，攻佔浙江平陽、福建福鼎等縣城的經過。書中第三節對金錢會和白布會有較

詳盡的敘述。

　　民國六十二年（1973）十二月二十三日，《中國時報》「人間」副刊開始連載關雲撰〈秘密社會與黑社會面面觀〉，後來作者又增添了一些新的資料，撰成《閒話秘密社會及黑社會》，於民國六十三年（1974）八月，由世界文物出版社出版，內容包括二十六節，附錄三篇，對秘密會黨及秘密宗教的傳說故事，作過一番整理，是一本通俗化的論文集。

　　中央研究院近代史研究所研究員陸寶千著《論晚清兩廣的天地會政權》，於民國六十四年（1975）五月出版，全書分為諸政權始末、政治異動觀念之構成、動亂組織、天地會之社會侵蝕、天地會之蛻變僵滯、天地會之應生團體六章。作者指出天地會的別名甚多，舉凡三點會、三合會、添弟會等，皆其異稱，作者概以天地會名之。全書重點不在敘述天地會的發展過程，而在闡明這一歷史事件的意義與價值。作者認為天地會是一種政治異動團體，以復合的政治異動觀念為其行為的指導，此觀念是由民族主義、道德觀念、宗教信仰所組成。昇平天國等諸政權的領袖，絕大部分出身於中國傳統社會的游離層，乃導致知識分子及農民群眾的不合作，並激起團練的產生。傳統社會中的知識分子，在道德主義的觀念下，逐漸與天地會疏離，產生敵對行動，天地會的政治異動，終歸失敗。在異族政權之下，有民族主義傳統的知識分子，與以民族主義為號召的天地會，二者不能合作而自相殘殺，實為中國近代史上的一大悲劇。

　　天地會是清代著名的一個秘密會黨，數十年來，它一直成為臺灣史學界所關注的重要研究課題之一。國立故宮博物院圖書文獻處研究人員之一的莊吉發，因從事整理清代檔案之便，也重視中國秘密社會的研究，民國七十年（1981）一月，所著《清代天

地會源流考》一書，列爲故宮叢刊甲種。全書分爲七章，討論天
地會的起源及其發展，大量利用國立故宮博物院現藏宮中檔及軍
機處檔等直接史料，是近年來研究清代天地會歷史的學術專著。
《中國史研究》，1982 年第四期，刊載赫治清撰〈臺灣學者莊
吉發《天地會》研究述評〉一文指出「從莊吉發有關天地會的論
述可以看出，大量運用檔案材料是他研究的一大特點。」本書指
出各種異姓結拜團體，具有各種會黨名稱，會黨林立，並非起於
一地或一時，林爽文之役以後，天地會始成爲各種會黨的通稱。
太平軍發難後，不相統屬的各種會黨匯合成爲民族革命的洪流，
最終以革命方式推翻了清朝政府。1980 年 9 月，福建人民出版
社出版劉如仲編《臺灣林爽文起義》，也是根據北京故宮博物院
明清檔案部的檔案資料，並參考清實錄及有關縣志寫成。全書詳
細敘述了林爽文起義的整個過程，著重介紹有關的史料，具有一
定的參考價值。

　　昭和四十五年（1970 年）十二月，日本東京巖南堂書店出
版佐佐木正哉著《清末之秘密結社》前篇《天地會之成立》，全
書分爲三章，第一章〈天地會傳承之考察〉；第二章〈林爽文之
叛亂及天地會〉；第三章〈天地會成立之背景〉，書中對天地會
的起源，天地會成立的背景，天地會以外的各種結社，都作了相
當程度的分析。莊政著《國父革命與洪門會黨》（正中書局，臺
北，民國六十九年九月），是探討晚清知識分子結合洪門會黨的
重要著作。此外，溫雄飛著《南洋華僑通史》（東方印書館，民
國十八年十一月），是學者探討天地會起源時常引用的著作，有
其參考的價值。劉妮玲著《清代臺灣民變研究》（國立臺灣師範
大學歷史研究所專刊九，民國七十二年九月），雖非秘密會黨的
專著，惟書中第五章分析臺灣民變的性質，對臺灣秘密會黨的起

源、宗旨、性質及其組織，頗多討論，具有一定的參考價值。

法國學者謝諾（Jena Chesneaux）著《中國秘密社會》（Secret Societies In China, In the Nineteeth and Twentieth Centuries）由 Gillian Nettle 譯成英文，於 1971 年，由香港出版司出版。全書分爲九章。第一章介紹三合會的創立、儀式、誓詞、隱語等；第二章簡述其他結社，如白蓮會、八卦教、捻、大刀會、義和拳、在理會、齋教、紅鬍子、紅槍會、哥老會、青幫、小刀會、金錢會、清茶會、金丹會、一貫道等教會；第三章至第七章分別討論秘密社會與中國社會、反抗政權、反抗外人入侵及晚清以來革命等問題。戴玄之著《紅槍會》（食貨出版社，臺北，民國六十二年），是探討民初民間組織的著作，全書討論鄉團的演變，紅槍會的派別、組織及功能等問題，作者的分析足供參考。

四、秘密會黨史的研究論文

發掘史料，從史料的排比與分析中重建信史，是探討秘密會黨最主要的途徑。其涉及會黨問題的史料，大致可分爲兩大類：一類爲會黨內部的文件，自十九世紀中葉以後，陸續發現並刊布；一類是政府文書，即所謂歷史檔案。有清一代，會黨的活動非常頻繁，各省文武大吏查辦案件，其呈報朝廷的奏摺、咨文及供單等類文書，仍多保存，俱爲珍貴的直接史料。近年來由於檔案的整理與公布，發現頗多關於秘密會黨的文獻資料，學者撰文介紹會黨史料的亦不乏其人。《故宮博物院院刊》，1979 年，第二期，刊載朱金甫撰〈清代檔案中有關哥老會源流的史料〉一文，就是根據北京故宮博物院明清檔案部所藏的上諭檔、軍機處錄副奏摺、刑部檔案以及宮中檔硃批奏摺，介紹有關清代哥老會起源問題的一些史料。作者指出在咸豐年間以前，哥老會是以江

湖會或仁義會的名號在民間活動，太平軍起事以後，江湖會或仁
義會的一些組織開始變名爲哥老會，由天地會而江湖會到哥老
會，這就是它的源流。中國第一歷史檔案館所藏清代檔案中有關
天地會的資料，頗爲豐富，1981 年，中國第一歷史檔案館創辦
了《歷史檔案》季刊，在創刊號中刊載秦寶琦撰〈天地會檔案史
料概述〉，全文分爲關於天地會的起源、林爽文起義、乾隆末年
天地會的活動、嘉慶道光年間的天地會四節，就該館所藏臺灣
檔、上諭檔、硃批奏摺及軍機處錄副奏摺中有關天地會的資料，
作了簡要的介紹。《歷史檔案》1986 年第一期，秦寶琦撰〈有
關天地會起源史料〉，文中介紹的史料包括：(一)乾隆三十三年
五月初八日，閩浙總督崔應階審擬盧茂結會起事奏摺；(二)乾隆
三十五年正月二十日，福建巡撫溫福爲報李阿閔起事奏摺；(三)
乾隆五十四年五月初三日，閩浙總督伍拉納等審擬行義奏摺。在
奏摺中所附供詞單，文中亦刊載介紹，不失爲珍貴的直接史料。
中國會黨史研究會編《會黨史研究》，於 1987 年 1 月由上海學
林出版社出版。該書附錄劉子揚撰〈清代秘密會黨檔案史料概
述〉，文中指出在中國第一歷史檔案館中所保館清代秘密會黨的
檔案，是研究清代會黨的珍貴史料。由於各會黨的情況不同，有
關檔案也多寡不等，有的從檔案中基本上可以反映某會黨活動的
風貌，也有爲數不少的會黨，從檔案中僅能了解其會名，而無具
體活動情況的記載。作者就各主要會黨的情況分爲四組作概要介
紹，第一組包括抬天會、車會、五岳會、關聖會、籮筐會、小刀
會、鐵船會、關帝會、猛將會、鐵尺會等十個會黨，均爲乾隆中
期以前所倡立，是天地會出現前的早期會黨。在這個時期的會黨
組織中，尙未發現明確的反清口號，大都以「遇事互助，免受人
欺」爲結拜目的。第二組包括天地會、三點會、三合會、䑵黬

會、陰盤陽盤、仁義會、父母會、平頭會、串子會、紅線會等十
個會黨，均為天地會的演變，它們之間，脈系相通，其入會結拜
儀式，傳授手訣口號及歌詞詩句，基本相同。第三組包括邊錢
會、兄弟會、忠義會、公義會、黑會紅會、奇門會、花子會、丫
叉會、把子會、捆柴會等十個會黨，大都與天地會無甚關聯，各
有其組織形式、規定暗號，仍以互相幫助為主要目的。第四組包
括哥老會、江湖會、哥弟會、洪江會、銅刀會、桃園會、勝得
會、天元會、趙公會、紅蓮會等十個會黨，山堂林立，散放票
布，有的直接武裝起事，有的密切配合太平天國及辛亥革命的軍
事行動。作者指出已往的某些史籍中，認為清代的秘密會黨，
「無一非天地會之支派」，把天地會作為清代最早成立的會黨。
但從清代檔案史料中所反映的會黨情況看，這種說法並不正確。
因此，對清代會黨史的研究，不應忽視天地會出現以前早期各類
會黨的研究，亦應重視天地會系統以外其他會黨組織的研究。國
立故宮博物院現藏清代檔案中含有大量的會黨史料，《大陸雜
誌》第六十八卷，第四期，刊載莊吉發撰〈天地會文件的發現及
其史料價值〉一文，就現藏軍機處檔月摺包內貴州湄潭縣人楊正
才所呈遞的天地會文件，作了簡單介紹。貴縣修志局於民國二十
二年（1933）發現〈反清復明根苗第一〉等天地會文件，楊正才
所抄錄的天地會「逆書」於嘉慶二十二年（1817）由湖廣總督阮
元呈遞軍機處，所以在時間上早了一百餘年。楊正才所抄天地會
文件雖有「結兄去前，萬兄在後」字樣，但無西魯犯境，僧兵退
敵及少林寺被焚等傳說。貴縣修志局發現的天地會文件內附錄
「白碇香爐插草詩」，詩中開列五祖姓名，長房是蔡德忠，二房
是方大洪，三房是馬起興，四房是胡德帝，五房是李式開。楊正
才所抄天地會文件亦開列五祖姓名，其長房、二房的姓名都相

同，但三房叫做吳天成，四房叫做吳德蒂，五房叫做李色開，頗
多出入。

　　關於秘密會黨的研究論文，頗多屬於通論性的文章，有其綜
合概括的貢獻。1947 年 1 月，《歷史政治學報》第一期刊載莊
澤宣、陳宇恂合撰〈中國秘密會黨之源流及組織〉，文中將中國
秘密會黨的起源，上溯到戰國時代的游俠，並論述近代秘密會黨
的主要流別。《歷史教學》，1956 年，第十期，刊載來新夏撰
〈反清的秘密結社〉，文中就白蓮教、天地會和哥老會的反抗清
朝問題，提出看法，作者認爲反清秘密結社的多次起義，均因成
分不純、缺乏明確的政治綱領，甚至受迷信限制和組織散漫的影
響而終告失敗。《北京大學學報》，1961 年，第三期，刊載邵
循正撰〈秘密會社、宗教和農民戰爭〉，文中指出天地會首先控
制了東南沿海各省交通線上的運輸工人，這種特點和我國南方商
品經濟的發展及變化有關。秘密會社在近代並不能成爲農民的眞
正代表，由於其弱點及落後性，而不能領導農民戰爭取得勝利。
《歷史研究》，1963 年，第二期，刊載王天獎撰〈十九世紀下
半紀中國的秘密會社〉，本文根據會黨與教門在成員成分、組織
特點、思想意識等方面的差異，認爲會黨基本上是游民無產者的
組織，教門基本上是農民群衆的組織。其共同弱點及缺點爲成員
複雜、組織散漫、盲動性、破壞性，又缺乏明確的政治目標，終
致失敗。《星洲日報》，1973 年，元旦新年特刊第三十四版刊
登戴玄之撰〈略論清幫與洪門的起源〉，文中指出天地會是洪二
和尚所創，入會者皆爲其門徒，故稱洪門。《學術月刊》，1979
年，第三期，刊載陳守實撰〈關於秘密會社的一些問題——在歷
史進程中一種運動形態的考察〉，文中指出秘密會社產生於現存
社會，以集體的力量挾制破壞著現存制度，但它又受到現存社會

的制約，不可能超出原生的社會形態的框框。《中國史研究動態》，1979 年，第五期，刊載劉坤一摘譯法人謝諾（Jean Chesneaux）著《秘密社會組織在中國歷史上的發展》文中指出十九世紀中葉，中國的秘密社會組織，，分爲北方的白蓮教和南方的三合會兩大系統，組織形式雖然不同，但有著共同的傳統與共同的思想意識傾向。《中央研究院近代史研究所集刊》，第十期，於民國七十年（1981）七月出版，刊載王爾敏撰〈秘密宗教與秘密會社之生態環境及社會功能〉，作者對秘密社會重新下了定義，對秘密宗教與秘密會社的區別，論述詳盡。第一屆國際漢學會議，在臺北中央研究院舉行，民國七十年（1981）十月，出版論文集，其中歷史考古組鄧嗣禹（S. Y. Teng）發表〈中國秘密社會導論性的探討〉（"An Introductory Study of Chinese Secret Societies"），文中對中國秘密社會的術語由來及其特徵，從過去到最近的研究概況，基本概念與方法，以及進一步研究的領域和問題，都作了概括性的討論。1985 年 3 月，陳旭麓撰〈秘密會黨與中國社會〉，上海學林出版社出版《會黨史研究》收錄該文，作者指出史家一向把會黨起事歸之於一般農民起義，並沒有將會黨起事的特殊性表述出來。因爲會黨起事不同於一般農民起事的一哄而起，卻是由一種經常性的秘密結社組織、發動。由於會黨的長期活動，其中有許多人就以串連對象、聯絡會衆爲職業，會黨成員每每是身無恒業、生活不穩定的人群。所以，會黨的構成，愈到後期，愈是游勇游民。《會黨史研究》附錄周育民撰〈中國會黨問題研究述評〉，文中對天地會的起源、立會宗旨，以及會黨與近代革命運動的關係，提出了綜合性評述。

有清一代，會黨林立，名目繁多，探討秘密會黨的問題，旣不能忽略天地會系統以外的其他會黨，更不能忽視天地會出現以

前的早期會黨。民國六十三年（1974）十月，莊吉發在《食貨月刊》復刊第四卷，第七期發表〈臺灣小刀會源流考〉，文中指出在乾隆七年（1742），清代官方文書已出現小刀會的名稱。1982年，中國人民大學出版出版《清史研究集》，第二輯，載秦寶琦撰〈臺灣學者對天地會小刀會源流研究述評〉，提出他個人的一些看法，可供參考。香港大學爲紀念創校七十五周年，於1985年12月12日至15日舉辦國際明清史研討會，會中莊吉發表〈從社會經濟變遷看清代臺灣秘密會黨的發展〉，論文中指出雍正六年（1728），臺灣已查獲父母會，這是爲父母年老身故籌措互助費而成立的異姓結拜組織，是天地會正式出現以前的早期會黨。

　　關於天地會的起源，異說紛紜，民國二十四年（1935），北平研究院出版蕭一山輯《近代秘密社會史料》，卷首有蕭一山撰〈天地會起源考〉。民國二十五年（1936）七月，《中山文化教育館專刊》，第二卷，第三期轉載該文。作者大體上承認溫雄飛著《南洋華僑通史》一書的推論，但是不同意將洪門傳說的故事和人物都依附到鄭氏一系身上，天地會的故事是拼湊而成的，而且當康熙十三年（1674）的時候，鄭氏尚據有臺灣，不可能從事於秘密結社，天地會起源於康熙十三年的說法是顯然的錯誤，於是另據倫敦所藏較早的《西魯敘事》等原抄本，證明天地會成立於雍正十二年（1734）甲寅七月二十五日。民國三十六年（1947）十月，《東方雜誌》，第四十三卷，第十六期刊載周貽白撰〈洪門起源考〉，文中指出洪門起源傳說分爲三個階段，即發端於福建藤牌兵，增飾於朱一貴，完成於林爽文。《歷史教學》，1956年，第五期，榮孟源撰〈天地會〉；《史學月刊》，1957年，第四期，兪澄環撰〈反清的秘密結社──天地會〉；民國五十九年（1970）十二月，《臺灣文獻》，第二十一卷，第

四期，黃玉齋撰〈洪門天地會發源於臺灣〉，均同意天地會成立於康熙年間，起源於福建或臺灣。民國六十六年（1977），臺北華岡出版公司出版《中華學術與現代文化叢書》第三集刊載翁同文撰〈康熙初葉「以萬爲姓」集團餘黨建立天地會〉，作者認爲天地會在以「洪」爲姓之前，曾有過以「萬」爲姓時期，從而推論天地會的結會緣起是「以萬爲姓」集團的餘黨所建立。康熙十三年（1674），吳三桂舉兵之後，「以萬爲姓」集團成員萬五達宗等人已開始反清。同年四月，《清聖祖實錄》記載河南總官兵蔡祿率所部謀叛，響應吳三桂，事洩以後，與部屬皆爲清軍圍捕遇難。蔡祿降清以前，原是「以萬爲姓」集團的萬七，所謂少林寺僧兵退敵立功，清帝負義焚寺，乃影射蔡祿率部降清，又與部屬在少林寺所在的河南遇害。少林寺焚餘五僧逃出與長林寺僧遇合結盟，就是指蔡祿部下殘餘分子脫逃回閩，與萬五達宗重聚，創立天地會，年代在康熙十三年，地點在閩南雲霄一帶。《史學彙刊》，第七期，翁同文撰有〈太陽誕辰節的起源與天地會〉、〈天地會隱語『木立斗世』新義〉等文。

　　民國五十七年（1968）六月，《大陸雜誌》，第三十六卷，第十一期刊載戴玄之撰〈天地會的源流〉，文中依據地方大吏的奏摺、會員的供詞等資料，考證天地會的起源。作者認爲天地會爲洪二和尚提喜所創，正式成立於乾隆三十二年（1767），起會的地點在福建漳州府漳浦縣高溪鄉觀音寺。《北京大學學報》，1964 年，第一期刊載蔡少卿撰〈關於天地會的起源問題〉，作者根據清代官方平定林爽文起事時追查天地會根源過程中所出現的有關檔案，考證天地會成立於乾隆二十六年（1761）。由於天地會的起源年代及地點，學者所據資料不同，而提出各種不同的看法。民國六十八年（1980）三月，《食貨月刊》復刊第九卷，

第十二期刊載莊吉發撰〈清代天地會起源考〉，作者根據國立故宮博物院現藏宮中檔奏摺指出清初民間異姓結拜，除以「以萬爲姓」集團外，尚有「以同爲姓」、「以海爲姓」、「以齊爲姓」、「以包爲姓」等集團的存在。異姓結拜風氣的盛行，與閩粵地方的社會經濟背景有密切關係，大姓欺壓小姓，小姓爲求自保，遂結連相抗，「以萬爲姓」集團不過是抵抗大姓或地主鄉紳的一個異姓結拜組織，其初並不含政治意味及反滿意識。異姓結拜組織，歃血瀝酒，或以「海」爲姓，或以「同」爲姓，或以「齊」爲姓，或以「包」爲姓，化異姓爲同性，以破除各本姓的矛盾，發揚四海皆兄弟的精神，各異姓結拜組織已具備會黨雛型，後來又有以「萬」爲姓、以「洪」爲姓集團，所謂秘密會黨就是異姓結拜組織的擴大。

近年來，由於檔案的公佈，探討天地會起源的論文，不勝枚舉，例如胡珠生撰〈天地會起源初探──兼評蔡少卿同志「關於天地會的起源問題」〉（《歷史學》，1979 年，第四期）；莊吉發撰〈從國立故宮博物院典藏清代檔案談天地會的源流〉（《故宮季刊》，第十四卷，第四期，民國六十九年）；張興伯撰〈天地會的起源〉（《明清史國際學術討論會論文集》，1982年，天津人民出版社）；秦寶琦撰〈從檔案史料看天地會的起源〉（《歷史檔案》，1982 年，第二期）；赫治清撰〈天地會起源「乾隆說」質疑〉（《中國史研究》，1983 年，第三期）；赫治清撰〈論天地會的起源〉（《清史論叢》，第五輯，北京，1984 年，4 月）；張菼撰〈天地會的創立年代與五祖之爲臺灣人〉（《臺灣風物》，第三十五卷，第二期，民國七十四年六月）；秦寶琦、劉美珍〈試論天地會〉（《清史研究集》，第一輯，北京，1980 年 11 月）；秦寶琦撰〈鄭成功創立天地會說

質疑〉（《福建論壇》，1982 年，第五期）；秦寶琦撰〈天地會起源乾隆說新證〉（《歷史檔案》，1986 年，第一期）；秦寶琦撰〈伍拉納、徐嗣曾奏摺的發現與天地會起源問題的研究〉（《清史研究通訊》，1986 年，第一期）；何正清撰〈簡論天地會的起源〉（《貴州社會科學》，1986 年，第四期）；何正清撰〈明末結社與天地會〉（《貴州史學叢刊》，1986 年，第一期）。1987 年 1 月，上海學林出版社出版《會黨史研究》，收錄的論文中，涉及天地會起源問題者頗多，例如：何正清、吳雁南撰〈略論天地會的起源〉；駱寶善撰〈論天地會的起源和性質〉；胡珠生撰〈天地會起源於乾隆中葉說駁議〉；秦寶琦撰〈評天地會起源「康熙說」〉。雖然各家對天地會起源時間及地點的看法並不一致，但對於康熙年間創立天地會的傳說，已不再相信，使用「天地」字樣的天地會本支，其正式成立當在乾隆年間。

　　天地會涉及的問題，十分廣泛，學者對天地會的性質、組織、創立宗旨及名稱的演變，各提出一些可供參考的看法。例如：魏建猷撰〈試論天地會的性質——兼與戴逸同志商榷〉（《文匯報》，1960 年 12 月 20 日）；戴逸撰〈關於天地會的若干問題——答魏建猷先生〉（《文匯報》，1961 年 1 月 20 日）；袁定中撰〈天地會究竟是什麼性質〉（《文匯報》，1961 年 11 月 10 日）；石羊撰〈關於會黨問題的討論〉（《教學與研究》，1962 年，第一期）；惟真撰〈關於天地會的性質和作用的討論〉（《文匯報》，1962 年 3 月 8 日）；莫仲一撰〈關於廣西會黨的一些問題〉（《廣西日報》，1964 年 4 月 22 日）；戴玄之撰〈天地會名稱的演變〉（《南洋大學學報》，第四期，1970 年）；劉美珍、秦寶琦撰〈關於天地會歷史上的若干問題〉

（《明清史國際學術討論會論文集》，天津人民出版社，1982
年）；周宗賢撰〈臺灣民間結社的本質與機能〉（《幼獅學
誌》，第十五卷，第一期，民國六十七年六月）；翁同文撰，秦
寶琦譯〈天地會創始人萬雲龍的原型〉（《清史研究通訊》，
1985 年，第三期）；赫治清撰〈略論天地會的性質〉（《學術
季刊》，1986 年，第二期）；赫治清撰〈關於天地會的性質〉
（《會黨史研究》，上海學林出版社，1987 年 1 月）；赫治清
撰〈略論天地會的創立宗旨〉（《歷史檔案》，1986 年，第二
期）；劉伯涵撰〈從崔應階等三件奏摺看天地會的軍事組織〉
（《歷史檔案》，1987 年，第二期），從上述論文可以了解學
者所關心的問題，相當廣泛。

　　乾嘉年間以降，由於中國社會經濟的變遷，人口流動性顯著
增加，秘密會黨的活動更加活躍。莊吉發撰〈從社會經濟變遷看
清代臺灣秘密會黨的發展〉（香港大學國際明清史研討會，1985
年 12 月）、〈清代社會經濟變遷與秘密會黨的發展：臺灣、廣
西、雲貴地區的比較研究〉（中央研究院近代史研究所《近代中
國區域史研討會論文集》，民國七十五年十二月）、〈清代閩粵
地區的社會經濟變遷與秘密會黨的發展〉（中央研究院第二屆漢
學會議，民國七十五年十二月）、〈清代江西人口流動與秘密會
黨的發展〉（《大陸雜誌》，第七十六卷，第一期，民國七十七
年一月）等文分析人口流動與秘密會黨的發展有密切的關係。此
外，如毛一波撰〈天地會之起源和發展及其與國民革命的關係〉
（《國民革命運動與臺灣》，民國四十四年）、莊吉發撰〈庚子
惠州革命運動始末〉（《大陸雜誌》，民國五十九年七月），黃
玉齋撰〈洪門天地會的組織自臺灣擴至全國〉（《臺灣文獻》，
第二十二卷，第一期，民國六十年三月），秦寶琦撰〈乾嘉年間

天地會在臺灣的傳播與發展〉（臺灣研究國際研討會論文，美國
芝加哥，1985 年，7 月）莊吉發撰〈清代嘉慶年間的天地會〉
（《食貨月刊》復刊，第八卷，第六期，民國六十七年九月），
莊吉發撰〈太平天國起事前的天地會〉（《食貨月刊》復刊，第
八卷，第十二期，民國六十八年三月），蔡少卿撰〈論太平天國
與天地會的關係〉（《歷史研究》，1978 年，第六期），黎斐
然撰〈鴉片戰爭前廣西天地會的活動〉（《學術論壇》，1986
年，第一期），黃玉齋撰〈洪門天地會向海外的發展〉（《臺灣
文獻》，第二十二卷，第二期，民國六十年六月），俞雲波撰
〈海外天地會淺說〉（《會黨史研究》，上海學林出版社，1987
年 1 月）等文，對天地會的傳佈及發展，提出不同的看法。

　　有清一代，會黨林立，名目繁多，有的是天地會本支，有的
是天地會的別名異支，有的則是天地會系統以外獨自創生的異姓
結拜組織。狹義的天地會是指使用「天地」字樣的天地會本支而
言，廣義的天地會則泛指各種不同名目的會黨而言。探討秘密會
黨問題，不能忽略天地會系統以外的其他會黨研究。哥老會就是
一個耳熟能詳的著名會黨，但它並不屬於天地會的系統。劉錚雲
著《清末之哥老會》（“ The Ko-lao-hui in Late Imperial China”,
Ph. D. Thesis, University of Pittsburgh, 1983.）指出嘓嚕之起乃肇
因於四川省土地資源的利用，由於清初以來大量移民的流入，而
於雍、乾之際達到飽和，一些無法為社會吸收的人，乃以結拜兄
弟的方式結合起來，鋌而走險。哥老會也不像多數人所相信，是
天地會的一支，而可能是由湘軍中的異姓結拜組織「兄弟兵」發
展而來的。作者另撰有〈嘓嚕：四川的一個異姓結拜組織〉
（Kuo-lu:“ a Sworn-Brotherhood Organization in Szechwan,” Late
Imperial China, vol. 6, No. 1 June 1985）、〈湘軍與哥老會──試

析哥老會的起源問題〉（中央研究院近代史研究所《近代中國區
域史研討會論文集》，民國七十五年十二月）等文。關於哥老會
的研究，可供參考的論文頗多，例如：甘作霖撰〈西人所述哥老
會之歷史〉（《東方雜誌》，第十四卷，第十一號，民國六年十
一月）；沙鐵帆撰〈四川之哥老會〉（《四川月報》，第八卷，
第五期，民國二十五年五月）；金海如撰〈漢留組織之史的研
究〉（《文化批判》，第三卷，第二期，民國二十五年三月）；
黃芝岡撰〈明礦徒與清會黨——四川哥老會考證〉（《歷史教
學》，第一卷，第三期，1951 年 3 月）；陳湛若、胡珠生撰〈哥
老會起源初探〉（《新史學通訊》，1952 年，第十二期）；戴
玄之撰〈嘓嚕子〉（《慶祝朱建民先生七十華誕論文集》，臺
北，民國六十七年四月）；莊吉發撰〈清代哥老會源流考〉
（《食貨月刊》復刊，第九卷，第九期，民國六十八年十二
月）；張珊撰〈安徽近代的哥老會運動〉（《安徽大學學報》，
1980 年，第三期）；張力撰〈嘓嚕試探〉（《社會科學研究》，
1980 年第二期）；胡昭曦等撰〈嘓嚕考析〉（《四川史學會史
學論文集》，1982 年）；徐安琨撰《哥老會的起源及其發展》
（國立政治大學，民國七十六年）等，學者已指出哥老會與嘓嚕
有近親關係，但兩者有明顯區別，並不是一回事。

　　清朝末年，漢人的種族意識日益高昂，太平天國既假天地會
勢力以興，同時又標榜種族意識，以倒滿與漢相號召，向來組織
散漫彼此不相統屬的各地會黨，在民族思想的激盪下，遂同時蠢
起，紛紛發難，為太平軍作前驅。當太平軍自武昌東下後，福
建、浙江、上海等地小刀會即相繼響應。有關太平天國時期小刀
會的研究，學者發表了不少的論文，例如：徐蔚南撰〈上海小刀
會亂事的始末〉（《逸經》，第十六期，民國二十六年三月）；

王天獎撰〈上海小刀會起義始末〉（《歷史教學》，1953 年，第十一期）；洪卜仁撰〈太平天國革命時期閩南小刀會的反清起義〉（《光明日報》，1956 年 3 月 15 日）；史敏等撰〈1853 年的閩南小刀會起義〉（《史學月刊》，1959 年，第九期）；黃嘉謨撰〈英人與廈門小刀會事件〉（《中央研究院近代史研究所集刊》，第七期，民國六十七年六月）；盧耀華撰〈上海小刀會的源流〉（《食貨月刊》復刊，第三卷，第五期，民國六十二年八月）；黃志中撰〈1853 年閩南小刀會起義性質初探〉（《福建師大學報》，1979 年，第四期）；方詩銘等撰〈上海小刀會起義的社會基礎和歷史特點〉（《歷史學》，1979 年，第三期）；唐天堯撰〈關於閩南小刀會的幾個問題〉（《福建師大學報》，1980 年，第三期）；唐曉撰〈論閩南小刀會起義〉（《福建論壇》，1981 年，第三期）等文，對小刀會的背景、會首出身、會黨性質及其起事經過，都作了充分的討論。除了小刀會外，在太平天國時期著名的會黨尚多，例如：王興福撰〈寧波雙刀會起義〉（《浙江學刊》，1982 年，第二期）；宋炎撰〈太平天國革命時期浙南金錢會的起義〉（《浙江師範學報》，1955 年，第一期）；徐和南撰〈太平天國時期浙南金錢會起義〉（《杭州大學學報》，1978 年，第四期）；周夢江撰〈金錢會的性質及其與太平天國的關係〉（《杭州師範學院》，1979 年，第一期）；周夢江等撰〈試論金錢會起義的原因〉（《溫州師專學報》，1980 年，第一期）；范啓龍撰〈福建紅錢會起義〉（《福建省歷史學會 1963 年年會論文集》）；鄒身城撰〈太平天國時期浙江的會黨〉（《會黨史研究》，上海學林出版社，1987 年 1 月）等文，可供參考。

太平天國的革命運動雖然失敗，但各省會黨已經匯合成為澎

湃的民族革命洪流，反滿意識日趨濃厚。中日甲午戰爭以後，國
勢陵夷，漢人排滿之風日盛，反滿革命就成為歷史趨勢。各省會
黨既成燎原之勢，進行革命的方式，主要就是從聯絡會黨著手，
會黨志士確實提供了廣大的力量。在辛亥革命時期，會黨與革命
運動的關係，學者討論頗多，例如：吳召宣撰〈清末浙江之哥老
會〉（《越風半月刊》，第十一期，民國二十五年四月）；魏建
猷撰〈辛亥革命前夜的浙江會黨活動〉（《學術月刊》，1961
年，第十期）；李文海撰〈辛亥革命與會黨〉（《教學與研
究》，1961 年，第四期）；陳輝撰〈辛亥革命時期鄂北江湖會
起義的若干問題〉（《光明日報》，1961 年 12 月 6 日）；林增
平撰〈辛亥革命時期天地會性質問題〉（《學術月刊》，1962
年，第二期）；莊政撰〈國父創導革命與洪門的淵源〉（《近代
中國》，第二十期，民國六十九年十二月）；胡國樞撰〈辛亥革
命時期的浙江會黨〉（《杭州師範學院學報》，1981 年，第二
期）；魏建猷撰〈辛亥革命時期會黨運動的新發展〉（《上海師
院學報》，1981 年，第三期）；蔡少卿撰〈論辛亥革命與會黨
的關係〉（《群眾論叢》，1981 年，第五期）；張玉法撰〈會
黨與辛亥革命〉（《傳記文學》，第三十八卷，第二期，臺北，
民國七十年二月）；陳漢楚撰〈清末會黨和辛亥革命〉（《史學
月刊》，1982 年，第四期）；陳輝撰〈關於辛亥革命時期長江
會黨的幾個問題〉（《華中師院學報》，1982 年，第五期）；
郭漢民撰〈辛亥革命時期湖南會黨的性質與作用〉（《湖南師院
學報》，1982 年，第二期）；杜文鐸撰〈哥老會與貴州辛亥革
命〉（《貴州社會科學》，1983 年，第四期）；莊吉發撰〈從
故宮檔案看國民革命運動的發展〉（《近代中國雙月刊》，民國
七十七年二月）。上海學林出版社出版《會黨史研究》一書收錄

的論文中，涉及晚清民初革命者共七篇論文，例如：林增平撰
〈會黨與辛亥革命〉、蔡少卿撰〈論自立軍起義與會黨的關
係〉、魏建猷撰〈試論社團改進會〉、陳輝撰〈辛亥革命時期的
湖北資產階級民主革命派領導下的會黨運動〉、胡繩武撰〈民初
會黨問題〉、陳劍安撰〈同盟會以前的孫中山與會黨〉、徐和雍
撰〈浙江會黨與光復會〉等文，在辛亥革命史的研究中，探討會
黨的成分、性質及其作用，是不可或缺的工作，上述論文提供了
一定的參考價值。

五、民間宗教信仰的綜合研究

　　傳統中國社會的宗教信仰，大致可以分為兩大類：一類是祖
先崇拜；一類是多神崇拜，把祖先崇拜和泛神崇拜結合起來，就
是中國宗教信仰的一大特色。儒、釋、道三家雖不同於秘密宗
教，卻為民間秘密宗教提供了思想上或信仰上的內容，秘密宗教
就是起源於民間的原始信仰，並雜揉儒、釋、道的思想而產生的
教派。戴玄之撰〈白蓮教的源流〉（《中國學誌》，第五本，日
本，1968年）、〈白蓮教的本質〉（《師大學報》，第十二期，
民國六十五年九月），對白蓮教的起源及其性質，都有詳盡的分
析，具有重要的參考價值。

　　明清時期教派林立，名目繁多，有的是白蓮教的遺裔別支，
有的是從羅祖教衍化而來，有的是獨自創生的教派，亦即所謂
「經非一卷，教不一名」，同時並起，枝幹互生。直隸鉅鹿等
縣，自明代嘉靖、隆慶以後，即為白蓮教的主要活動地區。甘肅
臨洮人黃育楩，是清代嘉慶九年（1804）甲子科舉人，歷任直隸
清河、鉅鹿等縣知縣及深州、滄州知州，為了嚴厲取締秘密宗
教，黃育楩到各地訪察，實地了解，在寺廟觀菴及民間查抄各教

派寶卷，並將這些寶卷尋章摘句，加以辯駁，編成《破邪詳辯》。黃育楩在鉅鹿縣知縣任內曾查出寶卷二十種，於道光十四年（1834）刻《破邪詳辯》四卷。在滄州知州任內查出寶卷二十六種，於道光十九年（1839）刻《續刻破邪詳辯》一卷。後來又在鄰近州縣查出寶卷二十二種，道光二十一年（1841）刻《又續破邪詳辯》及《三續破邪詳辯》各一卷，合計寶卷六十八種，都是通俗化的政治普及性讀物。昭和四十七年（1972）三月，日本學者澤田瑞穗出版《校注破邪詳辯》，附錄〈龍華經之研究〉、〈眾喜寶卷所見之明清教門史料〉、〈清代教案所見經卷名目考〉三篇論文。喻松青撰〈破邪詳辯淺析〉（《中國文化研究集》，第二輯，復旦大學出版社，1984 年），對《破邪詳辯》全書作了思想分析。

元代末年，白蓮教的勢力因信徒日增而方興未艾，日本筑波大學教授野口鐵郎著《明代白蓮教史之研究》（雄山閣出版社，東京，昭和六十一年二月），是一本集大成的著作，全書分為四編，第一編共二章十節，討論白蓮教的形成、基本性質、白蓮教與無為教及宗教結社的展開等問題；第二編共五章二十一節，討論白蓮教結社的成立，明初白蓮教結社的分析，明朝支配體制的確立與白蓮教結社，北邊白蓮教結社的存在意義，明末華北的白蓮教運動，明末清初贛南的宗教結社運動；第三編共二章十四節，討論白蓮教教義的展開與法術，明代宗教結社的教徒、經濟活動，白蓮教運動的千年王國論；附編共四章十四節，討論清末江西的齋教、三乘教、羅祖教、紅白黃教、紅蓮教、眞空教、無為教、天地會、哥老會等結社，是列舉宗教地域實例的個案研究，其中討論齋教與天地會及紅蓮教與哥老會的關係。書中引用論著頗多，例如：鈴木中正撰〈明清時代の民間教派における彌

勒信仰についての試論〉（《愛知大學文學部論叢》七一，1983
年），酒井忠夫撰《中國善書の研究》（弘文堂，1960 年）、
〈明末における新興の民衆信仰集團について〉（《東方宗教》
四八，1976 年），澤田瑞穗撰〈初期の黃天道〉、〈羅祖の無
爲教〉（《增補寶卷の研究》，國書判行會，1975 年），相田
洋撰〈羅教の成立とその展開〉（《續中國民衆反亂の世界》，
汲古書院，1983 年），酒井忠夫撰〈明末の無爲教について〉
（《東洋史學論集》三，1954 年）等等，都是重要參考論文。
關於早期白蓮教的研究，論著很多，例如：陶希聖撰〈元代彌勒
白蓮教會的暴動〉（《食貨半月刊》，第一卷，第四期，民國二
十四年）、〈明代彌勒白蓮教及其他妖賊〉（《食貨半月刊》，
第一卷，第九期，民國二十四年，第九卷）第三期，民國五十九
年九月）；李守孔撰〈明代白蓮教考略〉（《臺大文史哲學
報》，第四期，民國四十一年）；重松俊章撰〈關於初期之白蓮
教〉（《市村博士古稀紀念東洋史論叢》，1933 年）；野口鐵
郎撰〈明清時代之白蓮教〉（《歷史教育》，第十二卷，第九
號，1964 年）；向達撰〈明清之際之寶卷文學與白蓮教〉（《文
學》，第二卷，第六期，1934 年）；趙克堯等撰〈論白蓮教與
元末紅巾軍起義的關係〉（《中國農民戰爭史研究集刊》，第三
輯，1983 年）；王靜撰〈明代民間宗教反政府活動的諸種表現
與特徵〉（《明清史》，K24，1987 年，第五本）等文，分析白
蓮教的性質，有助於了解早期秘密宗教的活動。

　　有清一代，白蓮教屢次大規模起事，各省查辦白蓮教所留下
來的案卷，可謂汗牛充棟。中國社會科學院歷史研究所所編《清
中期五省白蓮教起義資料》，共五冊，於 1981 年 1 月，由江蘇
人民出版社出版。全書共分綜合材料、各地情況、起義自述、論

說及其他、外國人的記述五個部分,選錄了頗多的原始資料。中
國第一歷史檔案館編印《清代檔案史料叢編》,自 1978 年起由
北京中華書局出版第一輯,在 1979 年出版的第三輯內含有清茶
門及山東教案資料,1983 年出版的第九輯含有乾隆末年白蓮教
反清活動資料,由於這些檔案的公佈,對秘密宗教的研究,提供
了豐富的資料。

　　中國社會科學院近代史研究所研究員喻松青從 1978 年開始
對明清時期的民間宗教作了有系統的研究,先後發表論文多篇,
《明清白蓮教研究》一書於 1987 年由四川人民出版社出版,全
書共收十二篇論文,是作者自 1980 年以後陸續發表的。其中〈明
清白蓮教研究〉一文,1981 年作者曾在中國人民大學清史研究
所編印《清史研究集》第一輯發表,題目是〈明清時期的民間宗
教信仰和秘密結社〉,該文對明清時期白蓮教系統的民間宗教的
各大教派,從它們的產生、淵源、宗旨、信仰、群眾基礎、組織
情況及活動方式等方面,結合時代背景,作了歷史的介紹和分
析。〈明代黃天道新探〉是作者第一次發表的論文,該文根據新
發現的寶卷材料,對黃天道創教人李普明的生卒、活動及其家族
的情況作了新的考證及探討。中國人民大學書報資料中心出版
《明清史》,月刊,K24,1986(2),刊載馬西沙撰〈黃天教源流
考略〉一文,對黃天教的創立、傳承、教義思想淵源等問題,也
作了詳盡的分析,可供參考。《明清白蓮教研究》第三篇論文是
〈清茶門教考析〉,此文主要是根據北京故宮博物院第一檔案館
出版的有關檔案材料寫成的,闡述了明末聞香教教主王森及其家
族二百年來的宗教活動,對從聞香教演變而成的清茶門教,作了
分析研究。民國七十三年(1984 年)六月,《大陸雜誌》,第
六十八卷,第六期,刊載莊吉發撰〈清代清茶門教的傳佈及其思

想信仰〉一文，是根據臺北國立故宮博物院現存檔案及北京故宮博物院第一檔案館所出版的有關檔案寫成的，資料較完整，有參考的價值。《明清白蓮教研究》第四篇論文是〈天理教探討〉，對嘉慶十八年（1813）林清等人所領導的天理教起事作了全面的探討。關於天理教的起事，韓書瑞（Susan Naquin）著《1813年八卦教的叛亂》（*Millenarian Rebellion In China: The Eight Trigrams Uprising of 1813*）一書，於1976年由耶魯大學出版，該書充分利用臺北國立故宮博物院的檔案寫成，引起國際學者的重視。《明清白蓮教研究》第五篇論文是〈江浙長生教和衆喜寶卷〉，作者探討江浙長生教和北方黃天教的關係，同時介紹《衆喜寶卷》的內容。第六篇論文〈無爲正宗了义寶卷（上卷）研究〉、第七篇論文〈新發現的佛說利生了义寶卷〉、第九篇論文〈破邪詳辯淺析〉，都是對民間宗教讀物的討論。此外各文，包括：〈八卦教劉照魁所供的理條及其他〉、〈明清時期民間秘密宗教中的女性〉、〈明清時期民間秘密宗教中的孝親觀〉、〈關於明清時期民間秘密宗教研究中的幾個問題〉，概述了作者對研究明清時期秘密宗教的看法，可供參考。

鈴木中正著《關於中國革命與宗教》一書，於1974年，由日本東京大學出版會出版。1982年2月，東京大學出版會又出版鈴木中正所編《千年王國的民衆運動之研究》一書，全書分爲三部分：第一部分總論千年王國運動之世界史的展開，由鈴木中正撰寫；第二部分爲三章，第一章〈關於明末清初千年王國論的宗教運動〉，由野口鐵郎撰寫；第二章〈關於清朝中期民間宗教結社及其千年王國運動之傾向〉，由鈴木中正撰寫；第三章〈關於明清時代聞香教及清茶門教〉，由淺井紀撰寫；第三部分爲東南亞地區，分爲三章，分別由石井米雄、池端雪浦、關本照夫撰

寫。書中對祖羅教、收元教、無為教、白蓮教、聞香教、清茶門教等教派的起源、組織、信仰及傳教活動等問題，都作了較詳盡的探討。

　　鄭志明著《無生老母信仰溯源》，於民國七十四年（1985）七月，由臺北文史哲出版社出版，全書分為八章，除導論、結論外，其餘各章分別討論羅祖與五部六冊、羅祖的思惟方式、羅祖的思想體系、羅祖的信仰心態、羅祖的教化環境、五部六冊的引書。羅祖所建立的文化體系算是民間常民文化中的一部分，作者從思想、宗教、社會、政治、文化等五方面作了概述，以凸顯羅祖無為教的時間價值、歷史意義與文化功能。羅祖的思惟體系與宗教信仰是常民文化中的一部分，具有溝通大傳統理性智慧的文化特質，與教化小傳統一般百姓的同化作用。中外學者討論羅祖教的論文頗多，例如：宋光宇〈試論無生老母宗教信仰的一些特質〉（《中央研究院歷史語言研究所集刊》第五十二本，第三分，民國七十年十月）；葉文心撰〈人神之間——淺論十八世紀的羅教〉（《史學評論》，第二期，臺北，民國六十九年）；吉岡義豐撰〈羅祖之宗教〉（《大正大學學報》，第三十七號，日本 1950 年）；塚本善隆撰〈關於羅教的成立及流傳〉（《東方學報》京都版第十七號，1949 年）；鈴木中正撰〈關於羅教〉（《東洋文化研究所紀要》第一號，東京，1943 年）；澤田瑞穗撰〈羅祖之無為教〉（《東方宗教》第一、二號，東京，1951年）；莊吉發撰〈清世宗禁教考〉（《大陸雜誌》，第六十二卷，第二期，民國七十年六月）、〈清高宗查禁羅教的經過〉（《大陸雜誌》，第六十三卷，第三期，民國七十年九月）、〈清代民間宗教的寶卷及無生老母信仰〉（《大陸雜誌》，第七十四卷，第四、五期，民國七十六年四、五月）等文，俱可供參

考。其中〈清代民間宗教的寶卷及無生老母信仰〉一文中指出清代道光年間在河南、山東等省查無生老母廟多處，及墳塔遺址，並發現碑文。無生老母墳在河南汲縣城北三十里潞州屯地方，墳前有塔碑，墳塚之北是無生老母廟，大門三間，匾額兩旁塑大像四尊，有足踏裸婦人者，這些材料是探討無生老母信仰極難得的史料，有重要的參考價值。

　　民國七十五年（1986）十二月，中央研究院第二屆漢學會議，石漢璋（Richard Shek）曾發表〈無生老母信仰在清末歷史所扮演的角色〉（"Eternal Mother Religion: Its Role In Late Imperial Chinese History"）。此外，如 Daniel L. Overmyer 著 *Folk Buddhist Religion, Dissenting Sects In Late Traditional China.* (Harvard University Press)；韓書瑞（Susan Naquin）著 "Shantung Rebellion, The Wang Lun Uprising of 1774," (Yale University Press)。在 1982 年七月出版的《近代中國》(*Modern China, An International Quarterly of History and Social Science*, V 8, No. 3, July 18, 1982, Sage Publications)刊載多篇民間教派討論會論文，包括：Stevan Harrell and Elizabeth J. Perry, "Syncretic Sects in Chinese Society: An Introduction".石漢璋(Richard Shek) "Millenarianism Without Rebellion: The Huangtian Dao in North China." 韓書瑞 (Susan Naquin) "Connections Between Rebellions: Sect Family Networks in Qing China." David E. Kelley, "Temples and Tribute Fleets: The Luo Sect and Boatmen's Associations in the Eighteenth Century."

　　明清時期，民間宗教日益盛行，教派林立，學者也從各方面加以探討，發表了不少的論文。戴玄之撰〈老官齋教〉（《大陸雜誌》，第五十四卷，第六期，民國六十六年六月）、〈1835

年山西趙城之先天教亂〉（《食貨月刊》復刊，第七卷，第三期，民國六十六年六月）、〈天理教聯合天地會起兵之分析〉（《國立政治大學歷史學報》，第二期，民國七十三年三月）；莊吉發撰〈清代乾隆年間的收元教及其支派〉（《大陸雜誌》，第六十三卷，第四期，民國七十年十月）、〈清代三陽教的起源及其思想信仰〉（《大陸雜誌》，第六十三卷，五期，民國七十年十一月）、〈清代道光年間的秘密宗教〉（《大陸雜誌》，第六十五卷，第二期，民國七十一年八月）、〈清代嘉慶年間的白蓮教及其支派〉（《師大歷史學報》，第八期，民國六十九年五月）、〈清代八卦教的組織及信仰〉（《史學集刊》第十七期，民國七十四年五月）、〈從院藏檔案談清代秘密宗教盛行的原因〉（《故宮學術季刊》，第一卷，第一期，民國七十二年秋）、〈清代義和拳源流考〉（《大陸雜誌》、第六十五卷，第六期，民國七十一年十二月）、〈清代青蓮教的發展〉（《大陸雜誌》，第七十一卷，第五期，民國七十四年十一月）、〈清代民間宗教信仰的社會功能〉（《國立中央圖書館刊》新第十八卷，第二期，民國七十四年十二月）；馬西沙撰〈八卦教世襲傳教家族的興衰──清前期八卦教初探〉（《清史研究集》，第四輯，四川人民出版社，1986 年）、〈方榮升收圓教逆案再探〉（《清史研究通訊》1985 年，第三期，北京）、馮佐哲撰〈嘉慶年間五省白蓮教大起義〉（《清史論叢》，第二輯，北京，1980 年 8 月）、陸景琪等撰〈金鄉義和拳辨析〉（《歷史檔案》，1982 年，第一期，北京），由於中外學者的研究，對於白蓮教系統及無生老母信仰系統的民間宗教，已有較深入的認識，終於揭開白蓮教的神秘面紗（《歷史月刊》，第二期，臺北，民國七十七年三月）。

　　探討秘密社會，不能忽略青幫和紅幫的研究。常聖照編著《安親系統錄》（古亭書屋，臺北，民國六十四年八月）認為青幫是洪門的分支，因其代表東方，相當於青的方位分配，所以叫做青幫。平山周著《中國秘密社會史》（古亭書屋，民國六十四年八月）認為紅幫是哥老會的正統，當漕糧改為海運後，青幫投入潘氏門下，而成為哥老會的支派。許仁圖編著《清洪幫搜秘》（向量出版社，臺北，民國七十年九月）認為影響清朝最大的幫會，是洪門和清幫，世俗叫清洪幫，把清幫放在洪門之上，其實清幫是洪門的分支。章君穀撰〈幫會秘辛錄〉（《中外雜誌》，第一卷，第三期，臺北，民國五十六年五月）也認為清幫是洪門裏分出去的。蕭一山撰〈天地會起源考〉（《近代秘密社會史料》，文海出版社，民國六十四年九月）認為紅幫是哥老會的正統，由於洪家一名轉來的，清幫訛作青幫，是天地會的分派。戴玄之撰〈清幫的源流〉（《食貨月刊》，第三卷，第四期，民國六十二年七月）指出青幫與洪門天地會源流不同，青幫一作清幫，源出無為羅祖教，成立於康熙年間，其名稱是由慶幫演變而來，安慶幫簡稱慶幫，清為慶的音轉，訛為清幫。劉聯珂著《幫會三百年革命史》（古亭書屋，臺北，民國六十四年五月）、陳國屏著《清門考源》（古亭書屋，民國六十四年八月）、吳繼榮編《忠義千秋──近三百年來的清幫》（古亭書屋，民國七十五年六月）等書所述青幫的起源，純屬杜撰的故事。胡珠生撰〈青幫史初探〉（《歷史學》，1979年，第三期）指出關於青幫由潘德林等人竊洪門餘緒的傳統，因和原始資料不符，顯係後人附會。酒井忠夫撰「清末之青幫及其變貌」指出幫會是「幫」和「會」的合成語。莊吉發撰〈清代紅幫源流考〉（《漢學研究》，第一卷，第一期，民國七十二年六月）、〈清代漕運糧船

幫與青幫的起源〉（《史學集刊》，第十八期，民國七十五年七
月）等文指出幫與會性質不同，不可混爲一談，「會」是由異姓
結拜組織發展而來的秘密會黨，「幫」是地緣性結合的行業組
織，紅幫與青幫的「幫」，俱由漕運糧船幫而得名，紅幫、青幫
都是以信仰羅祖教的漕運糧船水手爲主體的秘密組織，各糧船老
幫水手多爲老安教的信徒，新幫水手多爲新安教的信徒，老幫水
手與新幫水手常因利害衝突，互相仇殺。各幫水手械鬥時，均有
其特殊標幟記認，其中嘉白幫老官以紅箸傳號，黨夥立聚，且以
紅布繫腰，以朱色塗面，作爲識別，因幫中以紅色爲最顯著的特
徵，故習稱紅幫。糧船水手良莠不齊，其中販賣私鹽，把溝放黑
刀的鹽梟，俗稱「青皮」，其本義爲皮膚刺青，引伸爲無賴、流
氓、地痞或游手好閒之徒的通稱。青皮爭奪碼頭，兇悍強悢，更
甚於紅幫，青幫就是因青皮而得名。青幫與紅幫的宗教色彩雖較
淡薄，其械鬥性質又跡近會黨，但都不是源出洪門天地會，也不
是哥老會的正統或旁支，而是由民間宗教發展而來的糧船水手之
秘密組織。

六、結　語

　　近數十年來，中外史家對傳統中國歷史的研究方向，已經逐
漸由上層社會的王公大臣或士紳知識分子轉移到下層社會的市井
小民，或販夫走卒，尤其是中國秘密社會的問題，早已引起中外
史家的廣泛興趣。由於研究方向的轉變，使傳統中國歷史的研究
領域，確實比以前更加擴大了。但是由於滿洲入關前明清長時間
的對立，種族意識日漸濃厚，滿洲入主中原後，滿漢畛域依然存
在，清朝末造，革命排滿形成趨勢，反滿情緒更加高昂，學者受
反滿興漢思想的影響，過分強調狹隘的種族意識，認爲所有下層

社會的地方案件都與滿漢衝突有關，以致對秘密社會的起源及性質的討論，都缺乏客觀性。

史料與史學，關係密切，沒有史料，便沒有史學。史學家探討歷史事件，所依據的就是史料。大致而言，史料可分為直接史料與間接史料，以檔案與官書為例，檔案是屬於直接史料，其可信度較高，官書則為間接史料，其可信度不及檔案。史學家必須儘量發掘可信度較高的直接史料，同時抱著「有幾分證據說幾分話，有七分證據不能說八分話」的態度，使記載的歷史儘可能接近客觀的事實，以便對歷史事件的速寫或素描，更能顯露出真正的輪廓。過去由於檔案尚未開放，文獻不足，僅據民間流傳的幫會叢書，演繹神話，敷陳故事，以致所述事蹟，純屬杜撰。

關於秘密社會的起源與發展，過去因研究方法有待商榷，遂使其研究結論，頗受批評。影射索隱的方法，是過去學者用來推論天地會起源的常見方法。但因所據材料不同，推論所得結果，並不一致。影射索隱的方法，過去曾被人用來從事《紅樓夢》研究，但因其方法不妥，曾受大多數學者的批評，使用影射索隱的方法研究秘密社會，牽引史事，穿鑿附會，憑主觀臆測，尤其不妥。影射索隱方法的最大弱點，就是忽略社會經濟背景的分析研究，以致對秘密社會的討論，始終圍於單純起源年代的考證，眾說紛紜，一直未能得到較有說服力的解釋。

有清一代，史料浩瀚，近數十年來，由於清代檔案的不斷發現與積極整理，使清代史的研究，逐漸走上新的途徑，對明清時期秘密社會的研究，也提供了珍貴的第一手原始資料。發掘檔案，掌握直接史料，結合區域史研究成果，分析社會經濟背景，就是重建秘密社會信史的主要途徑。近年以來，海峽兩岸學者投入大量的人力及時間，從事秘密社會的研究，成果豐碩，無論在

材料的利用，方法的運用，理論的建立，都有突破性的進步，已非過去所能同日而語。赫治清撰〈臺灣學者莊吉發「天地會」研究述評〉一文中謂「天地會是清代著名的秘密結社組織之一。三十多年來，它一直成為臺灣史學界所關注的重要研究課題之一。據不完全統計，1951 年至 1980 年，臺灣主要刊物上發表的有關天地會論文約五十篇左右，其中包括已故清史學家蕭一山，以及戴玄之（現任新加坡南洋大學教授）、翁同文教授等人撰寫的重要論文。但是，自七十年代以來，在臺灣研究天地會的同行中，莊吉發卻成了一位引人注目的人物。他公開發表的天地會論文，占了臺灣三十年發表的重要論文總數的七分之一。如果就 1970 年至 1980 年而言，他的著作占了三分之一以上。」又說「莊吉發對天地會起源、名稱演變及各個時期的活動的論述，仍為深入探討天地會的源流提供了很有參考價值的意見。同時，我們借助莊吉發有關三十年來關於天地會研究的概貌，而且還可以看到一些在大陸上難見的珍貴材料。」（《中國史研究雜誌》，1982年，第四期，頁 7 至 11 頁）。誠如文中所言，發掘檔案，投入大量時間，是近年來對秘密社會問題獲得豐碩研究成果的主要原因。

清代江西人口流動與
秘密會黨的發展

一、前　言

　　秘密會黨是由民間異姓結拜組織發展而來的秘密團體，其成員以兄弟相稱，藉盟誓維持橫的散漫關係，惟因清初以來已製訂刑律，查禁異姓結拜活動，所以各會黨的倡立，都與清廷律例相牴觸，各會黨的組織及活動，都是不合法的，而遭到政府的取締，所謂秘密會黨，就是不合法的民間異姓結拜團體。

　　秘密會黨的產生及傳佈，主要是在我國南方人口密集已開發區域聚族而居的核心地區及地廣人稀開發中區域地緣意識較濃厚的邊陲地區。在已開發區域的特性，是農業資源已大為開發，人口與土地的比例偏高，手工業較發達；開發中區域的特性，是人口與土地的比例較低，以及自然資源的不斷開發。江西是屬於已開發區域的一個省分，但由於江西的地理較特殊，全省毗連福建、廣東、湖南、湖北、安徽、浙江六省，贛南盆地三面環山，沿邊山區可以容納鄰省過剩的人口，客籍移民開山種地，逐漸形成移墾社會；江西北部鄱陽盆地，水路交通發達，人口流動頻繁，五方雜處，游離分子的比例偏高，社會流動性和不穩定性，十分明顯，社會問題相對增加。本文撰寫的旨趣主要是就現存清代檔案，排比江西秘密會黨案件，從人口流動現象，探討江西會黨成員的職業分佈，分析各會黨的性質，俾有助於了解江西秘密會黨的起源及其發展。

二、江西的地理背景與人口流動

清朝初年，因襲前明舊制，在江西省置江西巡撫，承宣布政使及南贛巡撫。康熙四年（1665）五月，裁南贛巡撫。乾隆八年（1743），吉安府析永新縣西北境、安福縣西境，增置蓮花廳。乾隆十九年（1754），升贛州寧都縣爲直隸州。乾隆三十八年（1773），升贛州定南縣爲定南廳。光緒二十九年（1903），改贛州觀音閣通判爲虔南廳。光緒三十三年（1907），改銅鼓營爲銅鼓廳，屬瑞州府。江西通省共十三府，一直隸州、四廳、七十四縣。乾隆年間以來，蓮花廳、寧都直隸州、定南廳、虔南廳的設置，主要是因邊境人口日增而重新調整行政區域。

江西省面積約一百六十餘萬方公里，三面環山，外江內湖，地勢南高北低，諸水自南、西、東三面向北流出。南有九連山、大庾嶺，西有幕阜、九嶺、雲霄、武功、井岡、萬洋、諸廣各山脈，東南有武夷山。南部地區是一個山間盆地，稱爲贛南盆地，盆地內呈現向心狀水系，東爲貢水，本流發源於瑞金境內，經會昌、雩都，會合北來梅水，向西流經茅店附近，有來自南嶺北麓龍南縣、虔南、定南二廳境內的桃江來會，水量大增；盆地之西爲章水，上游稱爲上猶水，源出諸廣山麓，向東流出，會合源出大庾嶺的池江，兩河會合後，稱爲章水，章、貢二水在贛縣相會後，始稱贛江，沿贛江斷層線北流，中挾吉、袁、瑞、臨諸流，水量益增，然後注入鄱陽湖，全長約七百公里，與東側的昌江、信水、撫水，西側的修水合爲江西五大江。江西北半部爲鄱陽盆地，是由九華、幕阜諸山所形成的大地塹，四周丘陵山地的河川，形成另一面向心狀水系，並且在各縱谷間發育流動，同時形成交通孔道。

　　江西省界連湖北、湖南、廣東、福建、浙江及安徽等六省，幅員遼闊。通省府州縣，可列表於下：

江西府廳一覽表

府	州	廳	縣
南昌	義寧		南昌、新建、豐城、進賢、奉新、靖安、武寧
饒州			鄱陽、餘干、樂平、浮梁、德新、安仁、萬年
廣信			上饒、玉山、弋陽、貴溪、鉛山、廣豐、興安
南康			星子、都昌、建昌、安義
九江			德化、德安、瑞昌、湖口、彭澤
建昌			南城、新城、南豐、廣昌、瀘溪
撫州			臨川、金谿、崇仁、宜黃、樂安、東鄉
臨江			清江、新淦、新喻、峽江
瑞州		銅鼓	高安、新昌、上高
袁州			宜春、分宜、萍鄉、萬載
吉安		蓮花	廬陵、泰和、吉水、永豐、安福、龍泉、萬安、永新、永寧
贛州		定南 虔南	贛、雩都、信豐、興國、會昌、安遠、長寧、龍南
南安			大庾、南康、上猶、崇義
	寧都直 隸　州		瑞金、石城

資料來源：《清史稿》，地理志。

　　前表中所列南昌府義寧州，是與湖北省連界；瑞州府銅鼓廳，新昌、上高等縣，袁州府萍鄉、萬載、宜春、分宜等縣，吉安府蓮花廳，安福、廬陵、永新、萬安、遂川等縣，界連湖南省；南安府崇義、上猶、南康、大庾等縣，與湖南、廣東連界，其中大庾縣是南安府附郭，也是廣東省邊界，亘有新舊二城，四面皆山，隘口林立；贛州定南、虔南兩廳、贛縣、信豐、龍南、

安遠、長寧、會昌、雩都等縣接壤廣東、福建兩省,其中信豐、龍南等縣,與廣東南雄等縣鄰近,也是邊防要隘;寧都直隸州、瑞金、石城二縣,建昌府廣昌、南豐、瀘溪、南城、新城等縣,廣信府鉛山、上饒、廣豐等縣,撫州府金溪等縣,接壤閩浙;饒州府樂平、浮梁、彭澤等縣,接壤安徽;九江府瑞昌、九江、湖口等縣,鄰近安徽及湖北。

江西盆地沿邊丘陵坡地茶園甚多,所產紅茶和綠茶,質量俱佳。此外,多栽甘藷,成為輔助性的糧食作物,坡地橘園亦多,經濟作物面積廣大。鎢是江西著名的礦產,其礦區主要分佈於贛南大庾、贛縣、上猶、龍南、遂川、興國等縣,袁州府宜春等縣各山場所出銅、鉛礦苗亦極豐富,閩粵等省民人因迫於生計,紛紛湧入江西邊境謀生。在江西沿邊山區裡散落著不少依山旁谷結屋而居的人戶,稱為棚民,《清朝文獻通考》謂:「搭棚居住,種麻、種菁、開爐、煽鐵、造紙、做茹為業,謂之棚民。」①江西通省除撫州、九江、南康、建昌四府外,其餘七府內四十四州縣,皆有棚民,多寡不等,主要為外地流入的異籍貧民,多來自福建、廣東及浙江等省,清代志書屢載贛州府定南縣有廣東無籍貧民來此墾種。吉安府廬陵縣閩、粵流民接踵而至,據山而耕。瑞金縣因與福建接壤,所以贛、泉貧民群至駢集。興國在萬山之中,流民亦浮於土著。貴溪縣客籍人口居什之三、四。由於大批異籍客民紛至沓來,對於改變江西山區的社會經濟面貌,發生了很大的作用。

江西棚民由來已久,雍正九年(1731)三月,江西按察使樓儼具摺指出江西棚民的由來,其原摺略謂:「悉係閩廣及外郡無業之人,始於明季兵燹之後,田地荒蕪,招徠墾種,以致引類呼朋,不一而足,竟有已成家業數代者,亦有甫經新到未久者。」

②黃巍撰〈棚民抗清述略〉一文指出「棚民移來時間，始於明嘉靖時，至崇禎時則愈來愈多，入清至於乾隆，尚有棚民領種之事。」③外省移入江西的棚民，當不至晚於明代嘉靖年間，乾隆年間，江西棚民的人口仍然與日俱增。

江西瑞州府新昌縣廣岡洞，界連南昌府，其路可通湖南岳州府境內，崇山密林，明代封禁以後，踰越墾種者，絡繹不絕。袁州府萬載縣，棚民亦眾，江西巡撫裴徸度指出萬載縣的棚民，「係閩廣等處，向來附居江西荒山，搭棚墾種靛煙，名為棚民。」④贛州、廣信、建昌三府及寧都州，均與福建接壤，福建無業貧民多來此搭篷賃山墾種。在江西廣信府、福建建寧府及浙江處州府交界地方有銅塘山，其西北面歸福建崇安、浦城二縣管轄，閩、粵無業貧民，依山作棚，零星散處，開山墾荒，樵採為生。因棚民雜處，四面皆山，密林深洞、明代以來，為防「奸宄」，而加以封禁，習稱封禁山。江西巡撫裴徸度對江西封禁山及棚民的由來，奏報頗詳，其原摺略謂：

> 黃信府有銅塘山，相傳產銅，故名銅塘，然有名無實，誘眾聚匪，擾累地方，故歷來封禁，又名封禁山，以其界連浙閩，明季浙賊葉宗留，閩賊鄧茂七等，俱因盜礦啟釁，出入此山，遂肆焚掠。迨討平之後，凡去銅塘數拾里，悉皆封禁，法令甚嚴，正以清盜源，而絕根株，非因有窩盜人不敢入也，既禁之後，奸徒屢次請開，俱不准行。順治拾年，又有獻議採木者，郡縣力陳不便，撫臣蔡士英會同督臣馬國柱等題明永行禁止，載在志乘，勒之碑石，此封禁山所由來也⑤。

棚民流入江西的時間，各有先後，有入籍年久，納糧當差者；有入籍未久去留蹤跡無定者；有近在市鎮與土著雜處者；有

遠在山箐星散各居者；有土民僱其傭工，地主招其墾佃者；更有山主利其工力曲爲隱庇者，棚民或種靛蔴，或種茶煙，或在廠做紙，包括了各種行業⑥。

　　清代的人口問題，雖從康熙、雍正年間已見端倪，但眞正因人口問題而造成社會壓力，實始自乾隆年間。據統計，乾隆六年（1741），全國在册人數共一億四千三百四十一萬一千五百五十九人，至乾隆五十九年（1794）已達三億一千三百二十八萬一千七百九十五人，五十三年之間，淨增人口一億六千九百八十七萬二百三十六人，平均每年增加三百二十萬五千零九十八人⑦。由於人口的迅速成長，而促成人口的流動。在清代南方人口的流動中，是以福建、廣東最爲突出。閩粵人口除了向臺灣等地移殖外，也向江西遷移，在山西沿邊山區，可以容納閩粵過剩的人口。雍正初年，山西道監察御史何世璂具摺指出閩粵流寓之民寄籍江西者，約計一府山谷中老幼男女不下數千人，十三府屬之中，約有數萬人⑧。根據宮中檔奏摺，可將乾隆年間江西通省民戶人數列表如左（頁 232）：

　　人口的迅速成長，土地面積並未比例增加，於是造成人口與土地的失調。據統計，乾隆三十一年（1766）分福建田土額計一四五、九一三頃，人口數計八、○九四、二九四人，每人平均田土數約一點八畝，是全國耕地最緊張的地區之一，廣東地方同樣感受到土地緊張的壓力⑨。乾隆三十二年（1767）分江西通省田土額計四六七、四四一頃，通省民戶人數計一一、五四○、三六九人，每人平均田土數約四畝。在南部各省中，江西雖非人口壓力最嚴重的省分，但由於鄰近人口壓力較嚴重的福建等省，使江西沿邊山區成爲容納閩粵過剩人口的地區。乾隆三十七年（1772）分，江西通省十四府州所屬各廳縣歲報民數通共二、

八○四、三二五戶，計男婦大小共一一、八○四、二○一人，追溯歷年冊報之數，不相上下，江西布政使李瀚察看各屬地方，民戶殷繁，其棚民一項，歷來未盡入冊，湖南、福建、廣東連界之人，至江西租地耕種，愈積愈多，這些異籍之人，從前只是隻身搭棚居住，來去不常，其後挈眷成家，娶妻生子，立有墳墓，置有產業，實與土著無異，因此，奏請將江西異籍棚民一體冊報。自乾隆三十八年（1773）起，江西棚民與土著一體入冊，各府報到民數，俱有加增，例如南昌府屬義寧州原報丁口七二、四九○人，續查出一三三、六七○人，共二○六、一六○人；贛州府屬贛縣原報丁口五八、三四○人，續查出二七四、二八○人，共三三二、六二○人。其餘如南昌、新建、臨川、金谿、崇仁、湖口、瑞金等縣，亦增至一一、四○○人及一四六、八○○人不等⑩。據江西巡撫海成奏報乾隆三十八年分江西府十四府州屬實在民數男婦大小共計一二、九五八、五八七人，比上屆增加一、一五四、三八六人。從江西人口的迅速成長，可以看出異籍流動人口的增加情況。江西沿邊山區，生齒日繁，開墾日廣，例如玉山縣生產的苧麻，多出自福建棚民墾種的田土。景德鎮是燒造磁器之地，各色人等率多客籍之人，但棚民被土著視為異己，常遭豪強土棍的欺凌，異籍棚民彼此之間，亦成釁隙。例如棚民張嘉隆籍隸廣東嘉應州。乾隆六年（1741），由湖南瀏陽遷至江西萍鄉縣湖塘地方建屋居住，恃居山峒，與湖南瀏陽縣人爭山賣樹⑪。

江西為魚米之鄉，物價素平，促成江西米價波動的主要原因，是由於當地水患及稻米接濟閩、粵等省本地缺米而價昂。江西素稱澤國、外江內湖，江與湖相為表裏，河道四達，港汊縱橫，雖得水之利，然而水患頻仍。雍正初年，江西各府米價，每石不逾一兩。雍正四年（1726）五月間，江西大雨連日，江水驟

漲，贛縣水患受害者，皆閩粵棚居之人。同年三、四月間，廣東
潮州府米價昂貴，每石銀三、四兩，廣東布政使檄行江西贛州府
接濟。福建汀州府饑民在永定縣搶奪穀船及行戶糧食。贛州接壤
閩粵兩省，運去米穀甚多，以致贛州本地米少價貴，每石需銀一
兩四、五錢不等，吉安等府又值青黃不接，米價亦昂，每石需銀
一兩三、四錢不等⑫。乾隆初年以來，江西米價日昂，其主要原
因，除了水患及米穀輸出外，主要是由於人口的增長。乾隆十三
年（1748）三月，江西巡撫開泰具摺時已指出江西米貴的原因，
「大抵由於生齒日繁」⑬。江西民間對糧價貴賤的標準，每石一
兩二錢以下者，皆稱賤價，一兩五錢以下者，均稱中價，一兩五
錢以上者，方稱貴價⑭。乾隆十六年（1751），據江西巡撫舒輅

乾隆年間江西省民戶人數一覽表

年代	西元	人口數	備註
16 年	1751	8,657,468	
17 年	1752	8,702,571	
18 年	1753	8,738,247	
19 年	1754	8,826,662	
20 年	1755	8,922,634	
21 年	1756	8,998,921	
28 年	1763	11,149,339	
29 年	1764	11,233,849	
30 年	1765	11,355,685	
32 年	1767	11,540,369	
33 年	1768	11,570,169	
37 年	1772	11,804,201	
38 年	1773	12,958,587	
43 年	1778	17,308,937	
46 年	1781	17,778,853	
47 年	1782	17,914,951	
48 年	1783	18,080,775	
51 年	1786	18,565,102	
52 年	1787	18,710,502	
53 年	1788	18,890,476	
54 年	1789	19,221,817	

資料來源：國立故宮博物院典藏《宮中檔》奏摺。

奏稱，江西各屬陸續得雨，早稻刈獲，米價遞減，每石一兩七、八錢不等，實屬昂貴。同年六月二十日，寄信上諭內指出「江西爲魚米之鄉，物價素平，向來民間食米，大約每石需價不過一兩上下，今稱減價，尙至一兩七、八錢，按之該省已屬貴價。」⑮同年七月二十五日，江西巡撫舒輅覆奏時指出「江西向來米價每石原止一兩上下，嗣以生齒日繁，需米較多，價漸昂貴，總不能如從前之賤，然山僻小邑，尙止每石賣銀一兩一、二錢不等，並非通省昂貴。今歲五月及閏五月中，省城與廣信府屬之弋陽、貴溪等縣，有賣至二兩以上者，實爲較常更昂，係因雨水未獲霑足，民間惟恐早禾有礙商販，又復罕至，遂各一時陡長。」⑯因糧價昂貴，民生艱難，峽江、臨川、廣豐等縣，乃有藉端搶奪米穀，聚衆喧嘩之事。

三、江西秘密會黨的分佈

　　清代秘密會黨盛行的地區，多見於中國南方地狹人稠耕地緊張商品經濟較發達的閩粵沿海地區，以及地曠人稀開發中的臺灣、廣西、雲南、貴州等邊遠地區。江西省界連閩粵楚等省，就中國秘密會黨的發展而言，江西省的地位，頗爲特殊。雍正、乾隆年間、閩粵地區，秘密會黨屢有破獲，名目繁多，江西秘密會黨案件則始見於嘉慶年間，實晚於閩粵地區，因此，江西秘密會黨可以說是閩粵秘密會黨的延長。同光年間，湖廣地區盛行的各種會黨亦流佈於江西，所以江西秘密會黨又可以說是湖廣秘密會黨的延伸，以致江西秘密會黨名目繁多，各會黨的成立，有其不同的性質，按各會黨出現先後，可列表於下：

清代江西秘密會黨分佈表

年　　　月	會名	姓　名	原　籍	結會地點
嘉慶 10 年（1805）8 月	天地會	楊金郎	廣東平遠縣	江西會昌縣
嘉慶 11 年（1806）3 月	天地會	吳復振	廣東龍川縣	江西會昌縣
嘉慶 11 年（1806）7 月	天地會	曾阿蘭	福建永定縣	江西會昌縣
嘉慶 11 年（1806）	天地會	周遠濱		江西贛州
嘉慶 12 年（1807）1 月	天地會			江西長寧縣
嘉慶 13 年（1808）2 月	洪蓮會	廖善慶	福建永定縣	江西安遠縣
嘉慶 13 年（1808）3 月	邊錢會	黃接麻子	江西崇仁縣	江西樂安縣
嘉慶 13 年（1808）4 月	三點會	關　祥	廣東平遠縣	江西會昌縣
嘉慶 13 年（1808）4 月	三點會	朱石崇	江西安遠縣	江西會昌縣
嘉慶 13 年（1808）11 月	三點會	何順隆	江西長寧縣	江西會昌縣
嘉慶 18 年（1813）12 月	忠義會	郭秀峰	江西長寧縣	江西長寧縣
嘉慶 19 年（1814）閏 2 月	三點會	僧宏達	廣東和平縣	江西定南廳
嘉慶 19 年（1814）3 月	五顯會	羅曰彪	江西長寧縣	江西長寧縣
嘉慶 19 年（1814）3 月	三點會	鍾錦龍	江西龍南縣	江西龍南縣
嘉慶 19 年（1814）3 月	三點會	邱利展	廣東連平州	江西龍南縣
嘉慶 19 年（1814）7 月	添弟會	謝羅俚	廣東	江西崇義縣
嘉慶 21 年（1816）8 月	邊錢會	黃接麻子	江西崇仁縣	江西豐城縣
嘉慶 19 年（1814）8 月	天地會			江西崇義縣
嘉慶 19 年（1814）9 月	天地會			江西崇義縣
嘉慶 19 年（1814）10 月	天地會			江西崇義縣
道光 1 年（1821）	洪蓮會			江西雩都縣
道光 2 年（1822）9 月	三點會	毛元奇	江西上猶縣	江西南康縣
道光 2 年（1822）9 月	三點會	張北斗	江西信豐縣	江西南康縣
道光 2 年（1822）9 月	三點會	黃百幅	江西信豐縣	江西南康縣
道光 4 年（1824）6 月	添刀會			江西南安府
道光 4 年（1824）6 月	添刀會			江西吉安府
道光 5 年（1825）	添弟會			江西泰和縣
道光 5 年（1825）	添弟會			江西萬安縣
道光 5 年（1825）	三點會			江西泰和縣
道光 6 年（1826）7 月	三點會	陳土養	江西信豐縣	江西定南縣
道光 7 年（1827）5 月	三點會			江西信豐縣
道光 7 年（1827）6 月	三點會	郭文瀾	江西安遠縣	江西信豐縣
道光 7 年（1827）	三點會	胡光孜	江西龍南縣	江西信豐縣
道光 10 年（1830）7 月	三點會			江西清江縣
道光 11 年（1831）5 月	鐵尺會			江西寧都州
道光 11 年（1831）11 月	三點會			江西臨川縣
道光 12 年（1832）4 月	三點會			江西信豐縣
道光 12 年（1832）5 月	三點會			江西信豐縣
道光 12 年（1832）12 月	天罡會			江西宜黃縣
道光 13 年（1833）6 月	三點會			江西信豐縣
道光 15 年（1835）6 月	長江會			江西雩都縣
道光 16 年（1836）5 月	巴錢會			江西廣信府
道光 16 年（1836）7 月	邊錢會			江西鄱陽縣
道光 27 年（1847）1 月	關爺會			江西長寧縣
道光 27 年（1847）5 月	關爺會			江西長寧縣

道光 27 年（1847）7 月	三點會			江西廬陵縣
咸豐 1 年（1851）6 月	邊錢會			江西崇仁縣
咸豐 1 年（1851）9 月	邊錢會			江西寧都州
咸豐 2 年（1852）12 月	邊錢會			江西崇仁縣
同治 13 年（1874）4 月	天順會	周玉獻	湖北廣濟縣	江西鄱陽縣
光緒 1 年（1875）	哥老會	樂與保	江西崇仁縣	江西崇仁縣
光緒 2 年（1876）6 月	哥老會			江西萬載縣
光緒 6 年（1880）9 月	哥老會	周成生	江西新建縣	江西新建縣
光緒 7 年（1881）5 月	哥老會	劉金龍	江西南昌縣	江西南昌府
光緒 8 年（1882）4 月	哥老會	魯章宏	湖北黃陂縣	江西
光緒 8 年（1882）4 月	哥老會	王有發	江西臨川縣	江西饒州
光緒 8 年（1882）4 月	哥老會	聶二鴿子	江西南昌縣	江西南昌府
光緒 8 年（1882）5 月	哥老會	李光發	江西金谿縣	江西饒州
光緒 8 年（1882）5 月	哥老會	唐厚桂	江西新建縣	江西饒州
光緒 8 年（1882）5 月	哥老會	唐厚松	江西新建縣	江西饒州
光緒 8 年（1882）7 月	哥老會	朱雲林	江西鄱陽縣	江西饒州
光緒 8 年（1882）7 月	哥老會	吳成	江西鄱陽縣	江西饒州
光緒 8 年（1882）7 月	哥老會	喻毛仔	江西臨川縣	江西新建縣
光緒 8 年（1882）	哥老會	陳常	江西崇仁縣	江西崇仁縣
光緒 12 年（1886）	哥老會	溫元和	湖南醴陵縣	江西湖口縣
光緒 12 年（1886）	哥老會	李卡頭	湖北黃梅縣	江西湖口縣
光緒 12 年（1886）	哥老會	王幅堂	湖南	江西湖口縣
光緒 12 年（1886）	哥老會	楊四海	安徽南陵縣	江西湖口縣
光緒 15 年（1889）	哥老會	周子意	江西鄱陽縣	江西湖口縣
光緒 17 年（1891）2 月	哥老會	吳有楚	湖北黃梅縣	江西德化縣
光緒 17 年（1891）	哥老會	朱潤生	湖南湘鄉縣	江西饒州
光緒 17 年（1891）	哥老會	弋祥發	湖南湘鄉縣	江西饒州
光緒 18 年（1892）	哥老會	戴世宗	江西萍鄉縣	江西萍鄉縣
光緒 19 年（1893）12 月	趙公會	賴四古	江西崇義縣	江西大庾縣
光緒 20 年（1894）1 月	天地會	鄧世恩	湖南鄱縣	江西龍泉縣
光緒 20 年（1894）2 月	哥老會	何甫喜	江西東鄉縣	江西東鄉縣
光緒 22 年（1896）7 月	沙巴會	凌家朝	江西長寧縣	江西長寧縣
光緒 23 年（1897）3 月	洪江會	佘繡雲	江西義寧州	江西義寧州
光緒 26 年（1900）	信義會	周和尚	江西玉山縣	江西玉山縣
光緒 27 年（1901）3 月	哥老會	易桂林	湖南長沙縣	江西湖口縣
光緒 27 年（1901）3 月	哥弟會	傅美球	湖南湘鄉縣	江西萍鄉縣
光緒 29 年（1903）5 月	哥弟會			江西萍鄉縣
光緒 30 年（1904）3 月	哥老會	周標	湖南湘鄉縣	江西南昌縣
光緒 30 年（1904）3 月	哥老會	黃祺	湖南長沙縣	江西南昌府
光緒 30 年（1904）7 月	洪江會	彭雲山	河南彰德府	江西新喻縣
光緒 30 年（1904）9 月	三點會			江西龍南縣
光緒 30 年（1904）	三點會			江西南安縣
光緒 31 年（1905）7 月	洪江會	萬鵬飛	湖南瀏陽縣	江西武寧縣
光緒 31 年（1905）10 月	哥老會	楊青山	湖南瀏陽縣	江西萬載縣
光緒 31 年（1905）12 月	三點會			江西虔南應
光緒 31 年（1905）	洪江會	劉志和	湖南湘鄉縣	江西萍鄉縣
光緒 31 年（1905）	三點會	鍾吉山	廣東嘉應州	江西南安縣
光緒 32 年（1906）1 月	三點會	陳北石	廣東南雄縣	江西大庾縣
光緒 32 年（1906）4 月	洪蓮會	黃標		江西饒州府

光緒 32 年（1906）4 月	三點會	葉定山	廣東連平縣	江西信豐縣
光緒 32 年（1906）10 月	洪江會			江西萬載縣
光緒 32 年（1906）10 月	鞭剛會			江西臨江縣
光緒 34 年（1908）7 月	洪江會	盧玉城	湖南湘潭縣	江西萍鄉縣
光緒 34 年（1908）8 月	洪江會			江西武寧縣
光緒 34 年（1908）9 月	洪江會	楊洪早	湖南	江西崇義縣
光緒 34 年（1908）12 月	三點會	許奎耀	廣東仁化縣	江西大庾縣
光緒 34 年（1908）	三點會			江西南安縣
光緒 34 年（1908）	洪江會	雷太和	湖南善化縣	江西萍鄉縣
光緒 34 年（1908）	洪江會	張少卿	湖南湘潭縣	江西萍鄉縣

資料來源：國立故宮博物院《宮中檔》、《軍機處檔‧月摺包》、《月摺檔》等。

　　如前列簡表，嘉慶十年（1805）以後，江西秘密會黨案件，層見疊出，名目繁多，光緒初年以後，哥老會尤其昌盛。就各會黨的分佈而言，天地會盛行於江西會昌、長寧、崇義、龍泉等縣，其中會昌縣、長寧縣在贛南，俱隸江西贛州府，鄰近廣東、福建，龍泉縣隸吉安府，鄰近贛州府，崇義縣隸吉安府，鄰近廣東。添弟會盛行於崇義、泰和、萬安等縣，其中泰和縣、萬安縣隸吉安府，鄰近贛州府。三點會盛行於會昌、龍南、南康、泰和、信豐、清江、臨州、盧陵、南安、大庾等縣及定南、虔南等廳，其中會昌、龍南、信豐等縣及定南、虔南等廳俱隸贛州府，鄰近廣東、福建，南康、南安、大庾等縣俱隸南安府，鄰近廣東，泰和、盧陵等縣隸吉安府，鄰近贛州府，清江縣隸臨江府，鄰近湖南，臨川縣隸撫州府，鄰近福建。添刀會盛行於南安、吉安等府，鄰近廣東。洪蓮會盛行於贛州府安遠縣，鄰近廣東。洪蓮會盛行於贛州府雩都縣，鄰近福建、廣東。鐵尺會盛行於寧都州，鄰近福建。邊錢會盛行於樂安、豐城、崇仁、鄱陽等縣及寧都州，其中樂安、崇仁等縣隸撫州府，鄰近福建，豐城隸南昌府，鄱陽縣隸饒州府，鄰近浙江。忠義會、五顯會盛行於贛州府長寧縣，鄰近廣東。關爺會盛行於贛州府長寧縣，鄰近廣東。哥老會盛行於崇仁、萬載、新建、南昌、饒州、湖口、德化、萍

鄉、東鄉、新喻等州縣，其中萬載、萍鄉等縣隸袁州府，鄰近湖
南，新建、南昌等縣隸南昌府，鄰近湖北、安徽、浙江，德化縣
隸九江府，鄰近安徽、湖北，東鄉隸撫州府，鄰近浙江，新喻縣
隸臨江府，鄰近湖南。洪江會盛行於義寧州、新喻、武寧、萍
鄉、萬載、崇義等縣，其中義寧州、武寧縣隸南昌府，鄰近浙
江、安徽、湖北，新喻縣隸臨江府，萍鄉、萬載等縣隸袁州府，
俱鄰近湖南，崇義縣隸南安府，鄰近湖南、廣東。趙公會盛行於
南安府大庾縣，鄰近廣東、湖南。沙包會盛行於贛州長寧縣，鄰
近廣東。信義會盛行於廣信府玉山縣，鄰近浙江。大致而言，江
西盛行的會黨，多與鄰省有地緣關係，例如天地會、添弟會、三
點會、添刀會等盛行的地區，多鄰近福建、廣東。邊錢會盛行的
地區，多鄰近浙江、福建。哥老會、洪江會盛行的地區，多鄰近
湖南、湖北、安徽、浙江，爲便於查對，特繪製江西各州縣略圖
於後。

四、嘉慶年開江西會黨的發展

　　江西秘密會黨的起源與發展，與鄰省人口流動有密切的關
係。閩粵地區的人口流動方向，除了移殖臺灣、廣西、雲南、貴
州、四川等省外，亦進入江西沿邊地帶謀生，江西歷次查禁的天
地會、添弟會等，大致分佈於鄰近閩粵兩省的州縣。乾隆年間，
閩粵地區已屢次破獲天地會、添弟會案件，江西於嘉慶初年，始
查出天地會的活動。從楊金郎等人結拜天地會的經過，可以看出
廣東、福建人口流動的現象。楊金郎又名楊老五，祖籍是在廣東
省東部北邊嘉應州瀕臨武平水支流北岸的平遠縣，溯流而上，越
過邊界，即進入江西省境內。楊金郎即寄居鄰近原籍的江西長寧
縣。吳復振籍隸廣東省惠州府龍川縣，龍川縣城瀕臨東江上游龍

川江西北岸，溯流而上，亦可進入江西長寧縣。嘉慶十年（1805）八月內，楊金郎聞知盧盛海是天地會首領，加入天地會後可免外人欺侮，領得紅布花帖時即可另自傳徒斂錢。楊金郎以加入天地會後有好處，即同劉亞秀等人至會昌縣拜盧盛海為師，送給洋錢一圓。嘉慶十一年（1806）三月，吳復振亦至會昌縣拜盧盛海為師，送給錢六百文。楊金郎、吳復振等拜師入會時，俱設立萬提喜即洪二和尚牌位，用布搭於兩旁椅背作為布橋，令楊金郎等鑽過，盧盛海口誦「有忠有義橋下過，無忠無義劍下亡」等語，並宰雞取血滴酒同飲，交給紅布花帖。又傳授「開口不離本，出手不離三」及「三八二十一」口訣，暗藏「洪」字筆畫，以便同會人關照。同年九月，楊金郎至廣東和平縣，收廖月似為徒。後聞三點會的會員周達濱被拏獲正法，楊金郎畏罪逃避。嘉慶十三年（1808）二月，楊金郎至安遠縣地方，與廖善慶等商改會名。楊金郎指出天地會就是三點會，楊金郎同廖善慶商議後，將天地會改為洪蓮會⑰。

福建汀州府與江西毗連，汀州府境內汀江與永定溪會合後流經廣東入海，永定縣城就在永定溪東岸。廖善慶又名廖玉章，其原籍即在永定縣，小本營生。嘉慶九年（1804）八月，廖善慶在廣東大埔縣聽從陳千等行劫事主饒歡揚等銀物。同年十一月，廖善慶又聽從邱元嵩等行劫事主蔣露蘭等船上銀物。嘉慶十一年（1806）九月，廖善慶潛回福建永定縣原籍，遇到王騰蛟，述及福建武平縣民鍾碧珍是天地會即三點會中人，交友眾多，若拜王騰蛟為師，可免外人欺侮，如領紅布花帖，又可傳徒斂財。廖善慶即同王騰蛟往拜鍾碧珍為師，各送洋錢一圓。鍾碧珍買備香紙，設立萬提喜即洪二和尚牌位，用布搭於兩旁椅背，作為布橋，令廖善慶等鑽過，鍾碧珍口誦「有忠有義橋下過，無忠無義

劍下亡」等語，並用刀劍宰雞取血滴酒同飲，付給紅布花帖，以作傳徒之據，又傳授「開口不離本，出手不離三」及「三八二十一」口訣。嘉慶十三年（1808）二月，廖善慶至安遠縣地方，會遇籍隸廣東平遠縣的廖月似等人，談及天地會奉官查禁，而商改爲洪蓮會，廖善慶編造禁約一紙，入會領取禁約之人，稱爲放洪⑱。廖月似又名廖月獅，曾收廣東平遠縣人闕祥、江西安遠縣人朱石崇等人爲徒。嘉慶十三年四月及十一月間，闕祥、朱石崇先後至江西會昌縣地方分投邀人入會，聲稱有事彼此幫扶，免人欺侮，若能多出錢文，即可領授紅布，另自傳徒斂錢，隨有江西會昌縣人韓五星十一人先後拜闕祥爲師，加入天地會，長寧縣人何順隆等十七人先後拜朱石崇爲師，加入天地會⑲。

　　江西贛州府與閩粵接壤，人口流動頻繁。曾阿蘭又名曾昌漢，籍隸福建永定縣，唱曲度日。嘉慶十一年（1806）五月，曾阿蘭同素識的邱宗源在永定縣原籍地方遇見天地會首領盧盛海，應允入會，曾阿蘭、邱宗源二人共出花邊錢三圓，拜盧盛海爲師。盧盛海設立萬提喜即洪二和尚牌位，並用木椅、藍白布疋搭成假橋，將紅布一塊用秤鉤掛於假橋上，令曾阿蘭等從橋下鑽過，盧盛海口誦誓言，宰雞取血滴酒同飲，交給紅布一塊，上書請神名號，及歷來傳會各人姓名，又另給紅紙花帖一張，帖尾寫有「順天」年月字樣，並傳授「開口不離本，出手不離三」，及「三八二十一」口訣。曾阿蘭見盧盛海傳徒獲利，亦於同年七月起意自行結會傳徒，於是前往江西會昌縣、糾邀福建武平縣人何承佑等人入會，每人各出錢一百六七十文，俱拜曾阿蘭爲師⑳。

　　廣東惠州府境內的和平縣，位於九連山之東，龍川縣西北，北隔定南水，即江西省定南廳境。僧宏達的原籍是在廣東和平縣，到江西定南廳塔下寺披剃爲僧，與原籍和平縣人吳亞妹熟

識，常相往來。嘉慶十九年（1814）閏二月二十一日，吳亞妹又至塔下寺，告知僧宏達，曾入三點會，如肯投拜吳亞妹爲師，即可免受欺侮，遇貧乏時，同會之人，彼此出錢照應，僧宏達應允入會。吳亞妹先後糾邀廖潘茂等十二人，僧宏達糾邀劉長生等十八人，於是月二十三日晚間齊赴定南廳銅鑼圫黃理魁空屋內聚集，吳亞妹將條桌兩張用凳墊高，上擺穀桶，內插白紙小旗兩面，秤、尺、剪刀各一把，紅布一幅，紙牌一個，上寫從前傳會的萬提喜即洪二和尚名號，又貼紙匾，上寫「忠義堂」三字，下寫「雲白連天」四字，桌下放磚三塊。吳亞妹點起香燭，手執茶刀，站在桌旁，令僧宏達等人從桌下鑽過，稱爲鑽橋。吳亞妹口誦「有忠有義橋下過，無忠無義刀下亡」等語，並傳授「開口不離本，出手不離三」口訣，宰雞取血，各刺指血滴入酒內同飲，俱拜吳亞妹爲師，每人各送錢二、三百文至四、五百文不等㉑。

明代隆慶年間（1567-1572），廣東山賊陳闊口、巢五虎等盤踞九連山，擾害地方，官軍征剿，累年始平，因此取九連平定之意，析河源縣，置連平州，屬惠州府，清代因襲末改。自連平州北越九連山，即入江西省境。江西龍南縣，屬贛州府，相距九連山不遠。邱利展的原籍是在廣東連平州，至江西龍南縣後，與龍南縣人鍾錦龍彼此熟識。嘉慶十九年（1814）三月初一日，鍾錦龍聽從邱利展糾邀，結拜三點會，聲言結會以後，遇事共相幫助，可以免人欺侮，鍾錦龍等各出錢五百文，俱拜邱利展爲師。邱利展排列案桌，上設香燭紙旗，及萬提喜即洪二和尚牌位，又用白布在椅上搭作橋式，令鍾錦龍等人從橋下鑽過，立誓宰雞滴血同飲，傳授「開口不離本，出手不離三」口訣。鍾錦龍另送邱利展錢一千文，邱利展私給鍾錦龍俚詞紅布一塊，內書「五祖分開一首詩，身上洪英無人知，自此傳得眾兄弟，後來相見團圓

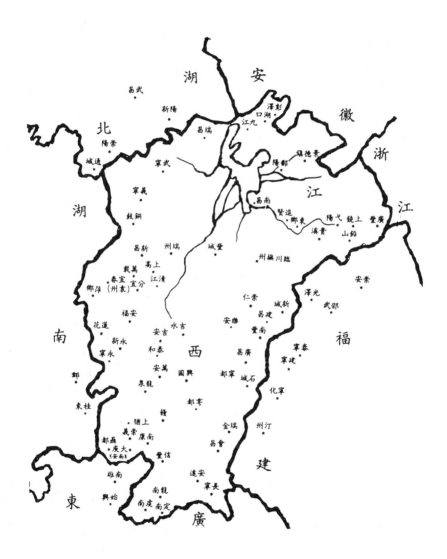

江西示意圖

時」等語。鍾錦龍入會後不久，於同年四月間，先後傳徒多人
㉒。

　　謝羅俚是廣東人，向在江西崇義縣開張雜貨店。鍾體剛是江
西崇義縣人，住在縣境內義安墟地方，南行越過大庾嶺，即入廣
東南雄縣境。謝羅俚與鍾體剛彼此交好。嘉慶十八年（1813）冬
間，謝羅俚在廣東過路荒貨擔上看見拳棒符書一本，內有「度出
新弟子，一十八般武藝」等語，意圖學習，於是用錢二十六文買
回，曾與鍾體剛同看㉓。嘉慶十九年（1814）七月二十八日，鍾
體剛等人至謝羅俚雜貨店內閒談。鍾體剛素知廣東添弟會遇事幫
助，又可欺壓鄉愚，於是起意結拜添弟會，並藉拳棒符書誘人入
會。因符書內載有乾隆十七年（1752）湖北羅田縣教犯馬朝柱姓
名，遂指馬朝柱為祖師，並用紙寫立馬朝柱牌位，於八月初一、
九月初一、十月十五等日，在義安墟背真君廟三次結拜添弟會即
天地會，先照符本用水碗畫符念咒，每人各出錢一百五十文，宰
雞滴血入酒分飲，公推鍾體剛為老大。江西巡撫阮元指出歷次查
辦會黨所設牌位均係萬提喜即洪二和尚之名，而鍾體剛所立牌位
係馬朝柱，且盟誓中有無論兵役，同心抵拒等語㉔。

　　江西贛州府所屬廳縣，由於結會風氣盛行，而彼此模仿，長
寧縣查禁的忠義會和五顯會就是以自力救濟為基礎的械鬥組織。
江西長寧縣生員郭秀峰和羅曰彪素不相能，嘉慶六年（1801），
郭秀峰因斥罵其妻彭氏，勸阻彭氏賭博，以致彭氏自縊。嘉慶十
五年（1810），羅曰彪因調戲劉宗德之妻，兩人均經照例褫革發
落。後來郭秀峰易名投充刑書，又經長寧縣查出斥革。嘉慶十八
年（1813），郭秀峰因莊屋在三標墟，恐鄉居被人欺侮，而起意
立會結盟，遇事相助，隨後共糾得四十一人，每人各出錢二、三
百文不等，買備香燭雞酒，於同年十二月十三日在郭秀峰莊屋內

齊集結拜，取名忠義會，不序年齒，共推郭秀峰爲老大，郭秀峰傳授同會人暗號，相見時以手揣摸左耳爲認識暗號，將雞頭斬下立誓，遇有事犯案及與外人爭鬥不相扶助者即如雞頭一樣，並取雞血滴酒分飲各散。斥革生員羅曰彪聞知忠義會人多勢大，恐郭秀峰恃衆欺侮，亦起意糾人結拜，以圖抵敵，陸續邀得黃鷹揚等四十人，各出錢一、二百文不等，買備香燭雞酒，於嘉慶十九年（1814）三月初四日在三標墟五顯廟內聚集結拜，取名五顯會，不序年齒，公推羅曰彪爲老大，亦將雞頭斬下立誓，取血滴酒分飲。因會中以羅、黃、胡三姓之人最多，羅曰彪即將三姓漢字內頭腳及偏旁各字作爲同會相認口號，亦即將「羅」姓的「四」、「黃」姓的「八」、「胡」姓的「月」頭腳偏旁三字作爲會員相認的口號㉕。郭秀峰和羅曰彪都是江西長寧縣人，同時又是被斥革的生員，彼此素不相睦，兩人在地方上都喜結交「不逞之徒」郭秀峰所倡立的忠義會和羅曰彪所倡立的五顯會都是地方性的械鬥組織，並非天地會的支派。

　　江西邊錢會盛行的地點，多鄰近福建、浙江。黃接麻子籍隸江西崇仁縣，乾隆五十一年（1786），因夥竊事主陳獻瑞衣物被獲，擬徒發配後逃回原籍。乾隆五十三年（1788），復竊事主楊際虞等家錢物被獲，擬軍發配雲南。嘉慶元年（1796），大赦釋回，到處求乞度日。嘉慶十三年（1808）三月間，在撫州府樂安縣三十都地方會遇求乞度日的「擔匪」頭目鄒麻子等四十三人，鄒麻子素知邊錢會可以聚衆圖利，起意立會結拜。因鄒麻子爲人公道，又係年長，公推爲老大，其餘依年齒爲序，並分爲一肩至七肩，用錢一文分爲兩半，暗做記認，一邊交老大收藏，一邊交三肩內能幹的詹弗子收執，作爲號召衆人聚散通信之據，擇七肩內善走的黃象八爲老滿頭，專司通信，取名邊錢會。會中議明凡

係乞丐，入會時出米一升，竊賊出雞一隻及錢一、二百文不等。是年三月十六日，眾人在三十都樂陂廟地方寫立關帝牌位，傳香跪拜，會中設立禁約，不許強劫放火，若有違犯，聽老大詢明責罰，其年力強壯者，平日肆竊勒贖，自定價值，不容事主較量，老弱殘廢者，在鄉村結伴強乞，若有彈錢賭博，包攬抽頭，供奉老大，若遇事主告官，必公同設計報復㉖，後來鄒麻子等被拏獲，黃接麻子逃避。嘉慶二十一年（1816）八月間，黃接麻子在豐城縣地方會遇清江縣人曾大漢，談及貧苦，起意結會斂錢，九月十六日，共五十六人，寫立神位，傳香跪拜，依年齒長幼，推黃接麻子為老大，廖呆保仔為老滿，分為一肩至五肩，一切禁約，均照鄒麻子舊規。道光年間，曾大漢等人，多次結拜，俱依黃接麻子拜會舊規議定禁約，會中除老滿頭外，其餘分為一肩至六肩或十肩㉗。江西巡撫陳鑾具摺指出「檢查案卷，江西歷辦擔匪、邊錢會等案，無一不係乞丐，有序齒推年長者為老大，亦有不依齒序，推起意結拜者為老大，自二肩至數肩，及十餘肩，人自十餘名，至數十名不等，令身輕善走者為老滿，或用錢一文，分為兩邊，或用木棍，或用鞭竿交給老滿，以為號召聚散通信之憑，設立禁約，如有違犯，聽老大傳喚責罰，強討訛索，夥竊擾害，無所不至。」㉘質言之，邊錢會就是以乞丐為主要成員的組織，後人習稱其組織為「丐幫」，其實是「丐會」，會中的木棍，或鞭子，並非責罰會員的「打狗棒」，而是召集會員通信用的憑據。邊錢會的結拜儀式，與天地會極相近。咸豐元年（1851）九月間，江西寧都州人李運紅在荒貨擔上買得舊書一本，內有邊錢會傳徒口訣，習念成熟後起意結會斂錢，並希冀有事彼此相幫，免得被人欺侮，九月二十日，邀得盧金標等八人，各出錢一千文，送給李運紅買備香燭雞酒，同赴山僻空廟內設立

洪和尚牌位，用布搭橋，令盧金標等從橋下鑽過，李運紅口念
「有忠有義橋下過，無忠無義劍下亡」，宰雞取血，滴酒同飲。
又傳授「開口不離本，出手不離三」，及「三八二十一」暗藏
「洪」字口訣。髮辮盤在頭上，從左至右，以便同會中人互相認
識，盧金標等人向李運紅領得傳會紅布花帖一張而散。此後，李
運紅多次邀人結拜邊錢會。咸豐二年（1852）十月間，李運紅以
太平軍進入湖南，江西撫州營兵俱調往防堵，遂假藉太平軍名
號，乘機起事㉙。

五、道光年間江西會黨的活動

　　道光年間以降，江西較盛行的會黨，主要爲三點會、哥老會
等，查獲的案件最多。三點會案件，多分佈於南康、泰和、信
豐、清江、臨川、盧陵、龍南、南安、大庾等縣及定南、虔南等
廳。信豐縣人黃百幅，因在安遠地方生育，所以小名叫做安遠，
測字度日。道光二年（1822）九月初，黃百幅與同縣張北斗等人
在南康縣地方會遇上猶縣人毛元奇，毛元奇告知衆人添弟會就是
三點會，加入三點會，可免外人欺侮。是月初九日，毛元奇買備
香燭，設立從前傳會的萬提喜即洪二和尚牌位，用布搭橋，令黃
百幅等鑽過。毛元奇口念「有忠有義橋下過，無忠無義劍下亡」
俚語，宰雞取血同飲，傳授開口不離本，出手不離三及三八二十
一暗藏「洪」字口訣，黃百幅等人各送錢八百文，並領取花帖。
道光七年（1827）五月十三日，黃百幅因貧苦難度，在信豐地方
糾邀十八人結拜三點會。同日，三點會的會員鍾心龍亦在信豐地
方糾邀七人結會㉚。同年六月內，黃百幅因會員無多，而與黃元
龍、鍾心龍商允三人合夥立會斂錢均分，黃百幅小名安遠仔，即
稱爲安遠公，黃元龍小名威勝，總理會中事務，稱爲威勝將軍，

鍾心龍副理會中事務，稱爲中營副總府。黃百幅仿照毛元奇交存
符書本內扎付式樣刊刻，塡給官名斂錢。張貴入會時，給錢三千
五百文，即塡給守備職銜扎付一張，首列「安遠公、前威勝將軍
黃、中營副總府鍾」職銜。扎尾有「周四年」字樣，註明順天、
天運年號，屢經查禁，改用「周」字，取「天運周流」之意。會
中有長方木戳一顆，刻「萬大哥行令」五字，三角木戳一顆，刻
「同心協力」四字。當黃百幅等三十六名被拏獲後，供稱俱係添
弟會的會員㉛。江西豐城縣人黃老萬，又名黃萬仔，傭工度日，
道光十一年（1831）十一月十五日，在臨川縣孤廟內設立神位，
結拜三點會，分一肩至六肩，會中禁約與邊錢會相同，因此，臨
川縣所查禁的三點會，其性質接近邊錢會。

　　三點會的要犯張北斗、黃百幅被拏後，擬發回城爲奴。道光
十一年（1831）六月，張北斗因在阿克蘇遣所隨同官兵防堵出
力，免罪釋回，發給印照回籍。道光十二年（1832）四月，張北
斗抵達原籍，因貧苦難度，起意結會斂錢使用。五月初四日，張
北斗會遇王老二，告知拜師入會後即可遇事幫助，免人欺侮，王
老二聽信入會，於同日至信豐縣崇仙墟廢篷內結拜三點會，王老
二拜張北斗爲師，並致送錢一千文。王老二入會後，照舊傭趁營
生，道光十三年（1833）六月初五日，王老二亦因乏工窮苦，糾
邀二十六人在信豐縣龍下堡地方結拜三點會，各會員所送錢自
二、三百文至五、六百文不等㉜。盧陵縣人胡世逢於道光二十四
年（1844）正月間在蕭騰芳飯店閒坐，與楊家樑等各道貧難，楊
家樑起意行竊，同夥十三人，各攜小刀，皆至東知縣事主黃利東
家，行竊銀錢首飾衣物，旋被緝獲，楊家樑等被正法，胡世逢等
擬發新疆給官兵爲奴。道光二十七年（1847）七月，胡世逢潛逃
回籍，與董光華會遇閒談，董光華告以曾入三點會，同會中人彼

此幫扶，可免外人欺侮，勸令胡世逢拜師入會，胡世逢允從，即在山僻空廟內舉行結拜儀式。道光二十八年（1848）六月及二十九年（1849）、三十年（1850），胡世逢因貧苦難度，先後多次邀人結拜三點會，斂錢使用③。

江西會黨盛行，裏脅日衆。道光中葉，江西道監察御史金應麟具摺奏稱「江西一省會匪衆多，從前遇案懲辦，尚知畏法，自近今數年以來，大吏意在更改舊章，掃除醜類，地方官懼其人多勢大，難于遍拿，遂至多方隱諱，沈擱不辦，其毗連鄰省之處，互相推諉，任其橫行，以至日積日多，肆無忌憚，即有良善，亦被脅從。」④爲了嚴屬取締會黨，政府大吏主張更改律例，但因會黨人數衆多，難於遍拏，在執行上十分困難，地方官只得多方隱諱，姑息不辦，會黨益熾。御史鮑文淳亦指出江西會黨甚多，各有頭目，多藏交界處所，添弟會、千刀會由南贛蔓延閩、粵，夥黨尤多，專以搶劫販私爲事。江西巡撫周之琦則指出南安、贛州二府毗連閩粵，亦有三點會及添弟拿等項名目，拜師傳徒，最爲地方風俗之害⑤。御史熊遇泰指出贛南一帶，會黨燒香結盟，每人帶刀一柄，名爲添刀會，又名千刀會，聚黨至數百人，出沒無常。御史王贈芳亦奏稱江西吉安府屬泰和、萬安等縣，會黨多與私梟合而爲一，或名添弟會，或名添刀會，又稱千刀會，均自南贛延入吉安。由此可知所謂添刀會是因所執器械而得名，每人帶刀一柄，兄弟日添，故名添刀會，希冀弟兄衆至千人，又名千刀會，其意義與小刀會、添刀會相同，俱屬於自力救濟的組織。

江西寧都州橫石村口有眞君廟一座，建自乾隆五十八年（1793），道光九年（1829）重修。橫石村人蕭愛子，素不安分，村人有事，均須具報作主，否則尋事欺侮，因此，有蕭都管綽號，平日挑賣零油營生，常往福建光澤縣中村地方售賣。道光

十一年（1831）五月，蕭都管因鄉村時有竊賊，起意邀同蕭祥占等二十九人，各出錢文，設立鐵尺會，如遇同會人被竊，彼此幫同捉賊搜贓，給還失主，毆打釋放，以免報官查辦。若會外人失竊，則瞞著事主，捉賊毆打，訛出贓錢分用。蕭都管陸續在荒貨擔上買得鐵尺八根，於同年八月十二日買備香燭酒肉，在橫石村眞君廟會齊拜神後，同至蕭都管族衆大廳飲酒結拜，蕭都管自留鐵尺一根，其餘七根分給出錢較多的蕭祥占等七人。會中置有田產，設立名册號簿，貯簿之所，稱爲金櫃，通信之人，稱爲走關。每年八月十二日，各出錢一千文，在眞君廟拜會，所以又稱爲眞君會。宜黃縣譚坊地方，有鄒良俚、鄒松俚兄弟二人，平日爲人強橫，賭博訛詐，鄉人畏懼，兄號梁王，弟號松王。家中供有天罡星神牌位，遇有村鄰患病請治時，即約會族人七、八人至十數人，臨時紙寫天罡神牌位，用架扛抬，各執鐵叉，問明病人常走道路，沿途吶喊收魂，不准行人擋道，外人稱之爲天罡會，或鐵叉會，俟病人痊癒，則請酒飯酬謝，並不收斂錢財㊱。江西道監察御史金應麟具摺指出鄒姓兄弟名下各有六、七百人，兄弟出入，必乘大轎。天罡會內編有仁義禮智信字號，刻有印信，遇有事件，先呈頭目，持其印票往召，各字號如約而至，若有緊急者，封上加插雞毛，急於風火，嚴如軍令。每月皆有會期，至期，頭目升堂，會中人各帶軍器防身，頭目先剖決是非曲直，或罰或責，無不聽命，然後設席共飲，叫跳喧呼，至夜方散。會中成員有文武生監、書吏、衙役等，地方官畏其人多，不敢案究㊲。

道光年間，贛州府雩都縣所取締的長江會，亦橫行鄉里，地方官不敢過問。雩都縣人曾輝要當裁縫爲生，道光十六年（1836），曾輝要赴京抱控時指出雩都縣所屬龍頸壩市有蕭輝章

等多人設立天地會，又改名長江會，在鎮把持市面，暴寡凌弱，地方官不肯究辦。道光十五年（1835）六月十四日，長江會的會首蕭輝章家遺失牛隻，偷賊袁泳榜誣賴素有嫌隙的堂姪曾興萱偷牛，蕭輝章率衆捆去曾興萱，拆毀房屋，搶走傢具。曾興萱之母曾劉氏赴蕭輝章家哀求，但不允釋放。六月十八日，蕭輝章將曾興萱及袁泳榜一併捆在河壩椿柱，用火燒斃，屍骨成灰。曾劉氏令曾衍造赴縣呈報，未予受理。閏六月初八日，曾輝要同堂弟曾衍迪赴贛州府江西巡撫前呈告，俱被批回雩都縣辦理，曾輝要請託訟棍劉鴻舉賄囑代書易應兆改換原稿，以致雩都縣久未拏人究辦㊳。長江會欺壓善良，百姓敢怒不敢言，地方官未加取締，遂肆無忌憚。

　　由於社會普遍的貧窮，乞丐在江西下層社會中佔著相當高的比率。浙江道監察御史易鏡清具摺指出江西廣信府屬上饒、廣豐等縣，福建建寧府屬崇安、浦城、松溪等縣，浙江處州府屬龍泉、慶元等縣三省毗連地區，犬牙相錯，數百里崇山邃谷。乾隆年間，因朱毛俚起事時倚此爲根據地，後經封禁，成爲流丐棲息之所。道光年間，有一種流丐盤踞其中，號稱花子會，都是各處無賴之徒，藉乞食爲名，成群結黨，擾害居民，百姓畏其兇惡，不得已聽其詐索，交付規錢，即可相安無事，否則尋釁栽害，勒詐不休，必倍出其費而後已。會中有大會首、副會首、散頭目等組織，以所糾人數多寡分別頭目大小，散頭目向居民斂取的銀錢，先交副會首，再由副會首轉交大會首。在縣治附郭城鎮居民入會者罕見，在四鄉村鄰的窮民，多受其誘脅入會，以致無處無丐，無丐非會。每年五月十三日，在各古廟僻野聚會一次，蒸搗糯米爲食，俗稱粢巴，所以花子會又名粢巴會。會中召集成員的方式是以竹筷纏紮雞毛，上繫銅錢一枚，分頭傳示，會員一見，

立即趕往指定地點。其銅錢分爲紅黑白三色，以紅色最爲緊急，百里之外聞信後一日必至。又有喫水、放水之稱，會員中有暗中爲官差作眼線被拏後立斃其命。此會轉入他會時，則有鑽圈跳圈之號。居民畏其人衆報復，不敢告發，地保鄉約得規包庇，地方官因流丐強索，事涉細微，並不置意，以致善良受其魚肉㊴。

　　關爺會恃衆搶劫，也是一個竊盜集團。道光二十七年（1847）正月間，凌成榮等人赴江西長寧縣人謝嗣封家探望，謝嗣封談及贛州一帶向有天地會，約會十人，彼此幫扶，可以免人欺侮，結夥訛詐，可以得贓分用，於是起意糾人拜會，並因天地會歷奉拏辦，恐致張揚敗露，所以改名關會爺，以圖掩飾，蔽人耳目。凌成榮等分投糾得二十四人，於正月二十六日赴謝嗣封家會齊。謝嗣封用紅紙寫立關爺牌位，又做成布旗五面，每面上寫「忠義堂」三字，插入米斗之中，買備香燭雞酒供奉，登記入會人姓名，然後向神牌跪拜，不序年齒，謝嗣封自居爲總老大，凌成榮、僧道禪、易永盛各爲散老大，其餘依齒序。謝嗣封站立上首，口念「有忠有義，無得欺兄騙弟，如有欺騙，立見消亡」等語。會中規定總散老大有事呼喚，會員不許不至。同會中人各以髮辮左盤爲記。因會員不多，於五月二十四日復糾集七十二人結拜關爺會。五月二十九日，謝嗣封以會員衆多，長寧縣城外貧戶居多，而傳集會員入城搶劫㊵。由此可知道光年間，江西各會黨對內互相幫助，對外恃衆搶劫，對社會進行嚴重的侵蝕作用，具有反面的社會功能。

六、同光年間江西會黨的盛行

　　同光兩朝，江西會黨中最猖熾者，主要爲哥老會、三點會、洪江會，此外尚有天順會、趙公會、天地會、沙包會、信義會、

洪蓮會、鞭剛會等，勢力較小。其中哥老會盛行的地點，主要分佈於鄰近湖南的萍鄉、萬載等縣，鄰近鄱陽湖的南昌、新建、湖口等縣及饒州府境內。哥老會的成員，主要爲江西遣撤的營勇，光緒初年，袁州府萬載縣舉人廖連城具呈指出「哥老會匪者，初由鄉勇應募，結盟殺賊，約以同生同死，及賊平散勇，而其黨不散，時思蠢動者也。此等久歷戎行，較教匪更爲兇悍，究之教匪與會匪，往往串合爲一，近日教匪生事，未有不先邀集會匪，夫教會二匪不同道，又散處東西南北，其得串合爲一者，實由煙館夥聚而然，即如同治六年湖南瀏陽會匪竄入萬載，經舉人團勇截勦，生擒逆首姜本致，供稱係與萬載教匪易某、楊某等在某處煙館商定起事，是煙館非群奸鉤結之所乎？」㊶哥老會與民間宗教團體，同遭地方官取締，利害相近，往往彼此掛鉤，形成聯合陣線。據舉人廖連城統計，煙館之設，日見其多，大縣約有一、二千間，小縣亦有數百間，徧列各村，而城內爲最，「故匪徒雖相隔數千里，而呼吸相通，直同一室。」因此，舉人廖連城認爲「道光以前，匪徒之結黨者，以保甲之疏也；咸豐以後，匪徒之竊發者，以煙館之多也。」煙館藏污納垢，會黨出入其間，信息靈通，更助長了哥老會勢力的蔓延。湖北黃陂縣人魯章宏向在江西做水煙袋營生，光緒八年（1882）四月間，加入哥老會㊷。湖南湘鄉人朱潤生，於光緒十五年（1889）到江西饒州開設煙館，光緒十七年（1891），哥老會頭目徐炳齋邀朱潤生加入哥老會，散賣票布。弋祥發也是湖南湘鄉人，亦在江西饒州開設煙館，光緒十七年（1891）加入哥老會後被提升爲聖賢老二。光緒十八年（1892）五月，朱潤生、弋祥發在饒州東門外煙館被兵役拏獲，搜出票布多張，其票布是以龍鳳刻邊，上刻「日」字，下刻「月」字，中刻「蓮華山忠義堂，內口號義勝同胞，外口號情似

桃園」等字樣⑬。

　哥老會的成員，多來自遣撤的營勇，百戰餘生，頗諳戰守之法。例如朱雲林、吳成都是江西鄱陽縣人，先充饒州營兵丁，因誤操革伍，小貿傭工度日，於光緒八年（1882）七月，加入哥老會。江西金谿縣人李光發，先經撥補饒州營千總，因緝捕不力參劾降爲把總，並未歸標，即在饒州行醫，教打拳棒度日。光緒八年（1882）五月，經樂正龍、梁勝邀入哥老會，被推爲元帥，送給「黑風帥印」四字木印一顆，黑旗一面，並傳授「詳清」二字口號。會中隱語稱入會爲「進香」，起事爲「開花」，見會中人，遞送茶煙時，以屈第二指爲暗號⑭。湖南醴陵縣人溫元和，先在江南饒州德字營當勇，後經遣散，光緒九年（1883），在福建投營食糧，經同營當勇的湖南人邱海漳邀入哥老會，給有布票，上寫「雙龍山湘中水堂」字樣。次年，溫元和銷差回到江西，先後在湖口、彭澤各縣開設煙館，與會黨交結往來，俱推溫元和爲正龍頭⑮。江西鄱陽縣人周子意先在軍營充當勇丁，後因事斥革回籍，游蕩度日。據安徽巡撫沈秉成具摺指出周子意膂力過人，頗善拳術，傳聞其口內能連發鋼鏢七隻，縱跳如飛，使人莫敢向前。光緒十五年（1889），江西湖口人錢萬有會遇周子意，告以哥老會內夥黨數百人，錢萬有爲會中大龍頭，會中旗號是「獂龍洞周」四字，口號是「獂龍洞流海周」六字，有人入會時，給與小旗一面，遇有同夥暗號，彼此知照。謝海山爲會中軍師，能知過去未來事，以周子意爲飛天白虎星下世，能成大事，勸令周子意入會，周子意聽從入會。次年四月間，錢萬有、周子意等商議起事，約期進攻建德縣城⑯。江西萍鄉縣與湖南醴陵縣交界處有武功山，地勢險峻，寰延百里，地名大安里，外險內平。江西人鄧海山先在各營當勇，辭退後在家行外科，教打拳棒

度日，後來會遇湖南人屈希元等人，結義入會，倡立武嶽山洪福堂，散賣票布，邀集會員八、九千人，據武功山為大營，挖溝設伏，僅存仄徑，有一夫當關，萬夫莫開之勢。光緒十八年（1892）七月二十八日，在大安里豎旗起事，公推鄧海山為正龍頭，建立楚氏一王尊號，會中由羅鳳岡總辦糧台，接濟糧餉，封為平南王，李保山升為五牌大頭目，可管五百人，封為保兵元帥。鎮南將軍鄧長仔，前曾在營當勇，教習拳棒，臂力過人，奉命到江西省城探聽軍情，連絡營兵，以圖內應⑰。封賀慧恩為二太子；李黑驢為先鋒⑱；歐陽雲華為老六，充當黑旗；黃歧山為八牌頭目；李正東由藍旗老五升做吉安龍頭；張上魁充當龍頭；鄒太宿派充當家⑲；安徽南陵縣人楊四海，又名春山，初學裁縫，後在水師營當勇，犯事被革後在武穴開茶煙館，入會後充當禮堂之職；江西萍鄉縣人戴世宗，造紙為業，入會後充當巡風及黑旗五牌頭目，鄧海山豎旗起事後，提升為武威將軍⑳。會中議定攻打萍鄉縣城，然後乘勝西取湖南醴陵，以為根本，不料祭旗時大風驟起，將旗吹倒，以致眾心解體散去，八月初三日，鄧海山率隊攻撲縣城時，被官軍擊敗㉑。除哥老會，又有哥弟會，名異實同。江西萍鄉縣與湖南醴陵縣毗連，為兩省通衢，人煙稠密，開礦造路，商販雲集，在路礦工人中頗多加入會黨者。湖南湘鄉縣人傅美球，與哥弟會首領陽面和等素識，光緒二十七年（1901）三月間，在湖南聽從陽面和糾邀入會，得受禮堂總理營務處之職。傅美球入會後，即至萍鄉縣安源一帶勸誘路礦工人分領飄布，加入哥弟會㉒。

三點會似取「洪」字偏旁而得名，兩廣總督袁樹勛已指出「粵東會匪，向止三點會，係於洪逆亂平之後，其遺黨暗用洪字偏旁，互相勾結，蹤跡甚為詭秘。近年此風日熾，膽敢設立堂

名，分派頭目，到處糾邀，不從者肆行逼脅，開台拜會，夜聚曉散，習以爲常，爲首坐台者曰東主，曰老母；轉糾夥黨者曰保母，曰保舅；贊助謀畫者曰白扇；供奔走者曰鐵棍，曰草鞋；其資格較深者曰金花。」53乾隆年間，嚴煙赴臺傳佈天地會時，已傳有「洪」字暗號，三點會所取「洪」字偏旁，是否指洪秀全的「洪」，仍待商榷。江西贛州府鄰近廣東，三點會勢力甚大。廣東曲江縣人劉叫妹是三點會總頭目，徒黨衆多，聲勢浩大。廣東南雄州人陳勝全，與劉叫妹結拜弟兄，加入三點會後爲第六名頭目，屢次搶劫過客及婦女。廣東境內固然屢遭蹂躪，而江西邊境受三點會擾累，亦不止一次。光緒十九年（1893）十二月間，江西大庾縣所屬內良地方，遭三點會焚掠。光緒二十年（1894），河洞地方受其劫掠，並欲進攻南安府城54。三點會的內部組織，名目繁多。廣東嘉應人鍾吉山於光緒三十一年（1905）在江西南安地方加入三點會，受封爲雙金花55。廣東南雄縣人陳北石拜李紫雲爲師，入三點會，封爲鐵板，屢次率衆在江西大庾縣境向民戶搶劫擄贖，甚至攔搶營勇號衣56。吳盛發、袁連珍、黃月譜等人，分隸江西龍南、廣東河源等縣，先後加入三點會，吳盛發封爲紅棍，袁連珍封爲白扇，黃月譜封爲四糾，劉德華封爲鐵板57。廣東連平縣人葉定山是三點會首領，封有山名。鍾金勝、鍾增輝、李茂古等人，分隸廣東翁源、江西虔南等廳縣，俱拜葉定山爲師，均入三點會，鍾金勝、鍾增輝皆封爲白扇，李茂古封爲四糾58。贛南各屬，巡防各營，零星分佈，兵力單薄，治安欠佳，會黨與拳民掛鉤，搶擄勒贖案件，層出不窮。江西巡撫馮汝騤具摺時指出光緒三十四年（1908）十二月初間，廣東境內三點會首領許奎燿、江西大庾境內三點會首領張財貴等人率衆勾結拳民首領陳萬琚等起事，十二月初六日，在廣東仁化縣冷飯坑買糧

殺牛，聚集數百人，進佔江西大庾縣屬五洞，江西沿邊會黨聞風
響應，據險架砲，聲勢浩大。初十日，三點會進攻崇義縣屬聶
都，聚眾千餘人，拳民在前，三點會持快鎗在後，兩路夾進，一
路北上南康，一路直撲南安府城，眾至一萬餘名⑲。

　　哥老會、三點會以外，洪江會的案件，也是屢見不鮮。河南
彰德府人彭雲山，曾當營兵被革，投入哥老會，據彭雲山供稱，
洪江會就是由哥老會改名而來。彭雲山在洪江會中封都天大元
帥，往來各處，散賣票布，內有「臨潼山忠義堂，天下黃河水，
西嶽華山香」字樣。光緒三十年（1904）七月初八日，彭雲山以
新昌縣棠浦地方出有教案，借鬧教為名，乘間起事，於是四更率
眾至新喻縣城八十餘里外的獅子寺搶得洋鎗七桿及刀矛等器械
⑳。洪江會的內部組織，也是名目繁多，光緒二十三年（1897）
三月間，義寧州人余繡雲加入洪江會後充當總管，余光彬等人充
當十總，僧戒靈充當散班㉑。湖南湘鄉縣人劉志和於光緒二十九
年（1903）在湖南醴陵縣屬清江埠開設飯店，會遇洪江會首領馬
福益，邀令入會，令劉志和充當迴龍山老滿。光緒三十一年
（1905），劉志和因清江埠飯店生意清薄，而前往萍鄉縣開設麵
館。馬福益被拏後，由洪江會頭目蕭克昌接手，另開嶽麓、臥龍
兩山，並升劉志和為臥龍山老六，又與王春和、李柏云、劉正鰲
四人同升為正龍頭，幫辦會內事務。湖南湘潭縣人盧玉成，向在
江西萍鄉縣屬安源煤礦充當工頭，加入洪江會後，先在袁九勝名
下充當巡風，其後在馬福益處升為老三，當馬福益被捕後，又在
蕭克昌名下稱為大爺㉒。楊洪早、蘇幅臣、梁玉椿、華登和尚等
人，分隸湖南、四川等省，楊洪早等均曾充營勇，因事斥革，華
登和尚曾習外科，先後加入洪江會，楊洪早封為新輔，蘇幅臣為
當家，梁玉椿為禮堂，華登和尚為刑堂㉓。姚山、雷太和、張少

卿、江汪庭，分隸江西南昌、湖南善化、湘潭等縣，姚仁山先充
城守營兵，因酗酒被革，聽從會首魯藉香入洪江會，初當巡風老
六，遞升心腹老大，開山放票，又與江汪庭等開山，充當新輔老
大，另與程金彪開青原山，爲副山主。宣統元年（1909）正月間
投入警察局，充當暗探。雷太和加入洪江會後，充當巡風老六，
後來在萍鄉煤礦當車水工頭，被派充洪江會紅旗老五，招集礦丁
入會，散放票布八十餘張。光緒三十二年（1906），龔春臺在瀏
陽起事，蕭克昌派雷太和充當心腹老大，糾邀礦丁幫打接應。張
少卿曾充營勇，被革退後加入洪江會，充當江口老九，又入金華
山會充當管事老五，繼入西梁山會充當家老三，又入江南武備學
堂爲學生，被退學後，入臥龍山會，充當心腹老大，又在蕭克昌
名下充堂管堂，到處散賣票布，糾邀入會者達二、三百人。江汪
庭曾充營勇，被革後加入洪江會，又入江爐山、西眞山等會，由
刑堂提升爲副山主。由以上各案件可知洪江會的內部組織，從山
主、副山主以下，名目繁多，常見的職稱如刑堂、禮堂、正龍
頭、管堂、總管、十總、大爺、心腹老大、巡風、新輔、散班、
老三、老五、老六、老九、老滿等等。

　　同光年間，江西會黨除了較常見的哥老會、三點會、洪江會
以外，尚有天順會、趙公會、天地會、沙包會、洪蓮會等等。同
治十三年（1874）四月間，湖北廣濟縣人周玉獻至江西鄱陽縣王
勝揚家借住，教打拳棒，聽從王勝揚糾邀入會，取名爲太平天順
會，簡稱天順會，會中一千多人，以「天順」二字爲暗號，約期
舉事⑭。太平天國覆亡後，會黨仍有假藉其名號活動者，太平天
順會似即襲其名號而創立會名。湖南酃縣人鄧世恩供出是太平天
國洪秀全餘黨，創立天地會，會員眾多，潛匿於江西龍泉縣邊界
大小井地方⑮。天地會首領趙飛龍亦供出幼習洪秀全拜上帝會，

自行開立山堂，邀人入會⑯。因鄧世恩之子鄧桂蘭在湖南酃縣被捕，所以糾邀會員劫獄，趙飛龍率眾響應，同攻永寧縣城。江西巡撫德馨具摺指出龍泉縣距永寧縣僅五、六十里，光緒二十年（1894）正月初九日，鄧世恩、趙飛龍在龍泉小井地方豎旗起事，聲勢浩大，正月十二日夜間，天地會黨圍攻永寧縣城，次日，兵散，鄧世恩等六十餘人被擒，各犯供出入會經過，以及會中職銜。其中李遠明受司馬之職，李寶珍充當軍師，黃咸禮為左營旅帥，鄭蘭英為左營先鋒，葉留生受司馬之職⑰。邱懷得是福建人，遷居江西龍泉縣，開設飯鋪營生，聽從鄧世恩糾邀入會，受二十長之職。鄧世恩豎旗起事以後的設官分職，有近似太平軍的軍事組織，是屬於會黨的外部組織。

　　江西長寧縣與廣東平遠縣毗連，人口流動頻繁。長寧縣人凌長朝，是三點會首領，別立沙包會。江西巡撫德壽指出沙包會即三點會，凌家朝充當柳枝大伯，是長寧縣屬城岡墟地方首領，屢次擺檯，糾人入會，周清道充當金花，凌文仲等充當三七鐵板⑱。從沙包會的內部組織而言，其名稱多與三點會相同，凌家朝雖然另立會名，其實仍屬三點會的系統，名異實同。劉叫妹是廣東三點會大首領，趙公會亦受其節制。光緒十九年（1893）十二月二十三日，趙公會二、三百名，頭裹紅布，手執鎗砲至南安府大庾縣強搶店鋪居民，次年正月初一日，進攻南安府城。會中頭目賴四古被捕後供認加入趙公會，領有金錢為記，張苟苟也是聽從劉叫妹糾邀入會⑲。趙公會的頭目拜劉叫妹為師，接受三點會的指揮，因此，趙公會可以列入三點會的系統。光緒三十二年（1906）四月二十七日，江西饒州拏獲黃標等人，供認加入崑崙山洪蓮會，充當江西饒州總頭目，刊有「洪福齊天」印信，以仇教為名，欲圖豎旗起事⑳。

七、結　論

　　江西省的主要地理特徵，是外江內湖，三面環山，贛南盆地沿邊山區，可以容納鄰省過剩的人口，雍正年間以來，閩粵楚等省流入江西的人口，與日俱增。江西北部鄱陽盆地，水路交通發達，湖北、湖南等省進入江西的人口，爲數尤夥。排比我國南方各省會黨案件後發現雍正、乾隆年間閩粵等省，秘密會黨已極盛行，名目繁多，而江西秘密會黨的盛行則始於嘉慶年間，由此可知江西會黨是閩粵等省會黨的蔓延，也是閩粵等省人口流動的產物。大致而言，江西會黨的分佈，多與鄰省的地緣有密切的關係，例如天地會、添弟會、三點會、添刀會盛行的地區，多鄰近福建、廣東，邊錢會盛行的地區，多鄰近福建、浙江，哥老會、洪江會盛行的地區，多鄰近湖北、湖南。從本文所列江西秘密會黨分佈表中可以發現各會黨首領的原籍，除了江西省外，天地會的首領，其原籍分隸福建、廣東、湖南等省，添弟會的首領，其原籍分隸福建，廣東，三點會的首領，籍隸廣東，哥老會的首領，其原籍以湖南居多數，其次爲湖北，此外隸安徽者一人，洪江會的首領，以籍隸湖南者爲最多，隸河南者一人，由於外省客籍人口的流入而傳佈各種會黨。

　　就江西各會黨成員的職業分佈而言，亦可以看出當時人口流動的現象，例如邊錢會、篦巴會的基本成員爲乞丐，其中鄒麻子是求乞的「擔匪」，屬於一種流丐。三點會的首領黃百幅測字度日，天順會的頭目周玉獻是長年在外教拳行醫的人，往來於湖北、江西各地。洪江會的要犯陳鴻賓開設煙館，劉志和開設麵館，盧玉成是煤礦工頭，華登和尚曾習外科，地方官具摺時稱這些人均「在外游蕩」，其實就是爲生計所迫的「出外人」，爲免

被人欺侮，遇事相助，於是結盟拜會。哥老會的成員，除了遣撤的營勇外，也有被革的兵丁、武弁、文生、捕快頭役等，就其職業而言，包括各種行業，例如魯章做水煙袋，溫元和開設煙館，周成生是醫生，聶二鴿子傭工度日，王有發裁縫營生，劉金龍是拳棒教師，李光發一方面行醫，一方面教打拳棒度日，唐厚桂、唐厚松駕船營生，喻毛子、毛雲林等小貿傭工度日，一般而言，其經濟地位較低下，當他們閒談貧苦，或爲了患難相助時，往往起意結會斂錢，多未含有濃厚的政治意識。各會黨成立後，往往恃衆搶劫勒贖，甚至攻城掠地，由竊盜集團擴大成爲豎旗起事的叛亂組織，對社會產生了嚴重的侵蝕作用。各會黨對內以忠義相尙，同心協力，患難相助，對外卻暴寡凌弱，肆竊勒贖，由於地方上的治安欠佳，社會上的普遍貧窮，自力救濟的民間團體，往往僅具有負面的社會功能。

　　清代會黨是由異姓結拜組織發展而來的秘密組織，清初以來，下層社會的異姓結拜風氣更加盛行，清廷已制定禁止異姓結拜的律例，地方官亦遵照新頒律例，對結盟拜會的首從要犯盡法懲治。雍正六年（1728），臺灣諸羅縣的縣民陳斌起意結拜父母會。福建總督高其倬取締父母會時所引用的律例條文爲：「查定例異姓歃血訂盟，不分人之多寡，照謀叛未行律，爲首者擬絞監候，秋後處決，爲從者杖一百，流三千里，僉妻發遣，至配所折責四十板。」[71]嘉慶年間，福建、廣東、廣西等省地方大吏辦理會黨案件所引用的條文爲：「查例載匪徒潛謀糾結復興天地會名目，首犯與曾經糾人及情願入夥希圖搶劫之犯均擬斬立決，其並未轉糾黨羽素非良善者擬絞立決。」[72]金光悌在江西巡撫任內曾親提天地會要犯曾阿蘭研鞫，金光悌所引用的律例條文爲：「查律載左道異端煽惑人民，爲首者絞監候」等語[73]。曾阿蘭即照左

道異端白蓮教煽惑人民爲首者絞律擬絞監候，請旨正法。金光悌
陞任刑部尙書後，由吉綸接任江西巡撫，吉綸遷調後，由先福接
任江西巡撫，先福審理王新濤投入天地會一案時，也是按照左道
異端煽惑人民爲首者絞監候律擬絞監候⑭。秘密會黨不同於秘密
宗教，取締天地會，竟引用禁止左道異端的律例，是江西省特殊
的判例。清代以嚴刑峻法查禁教會活動，但各教派及會黨的勢力
卻方興未艾，清代律例的公信力遂受到嚴重的挑戰。

【註　釋】

①　《清朝文獻通考》（臺北，新興書局，民國五十二年十月），卷一
　　九，戶口一，頁考 5027。

②　《宮中檔雍正朝奏摺》，第十七輯（臺北，國立故宮博物院，民國
　　六十八年三月），頁 780，雍正九年三月十二日，江西按察使樓儼
　　奏摺。

③　黃鼐撰〈棚民抗清述略〉，《清史論叢》，第六輯（北京，中華書
　　局，一九八五年），頁 149。

④　《宮中檔雍正朝奏摺》，第一輯（民國六十六年十一月），頁
　　199，雍正元年四月二十一日，江西巡撫裴𫍰度奏摺。

⑤　《宮中檔雍正朝奏摺》，第三輯（民國六十七年一月），頁 897，
　　雍正三年二月二十六日，江西巡撫裴𫍰度奏摺。

⑥　《宮中檔雍正朝奏摺》，第二輯（民國六十六年十二月），頁
　　439，雍正二年三月二十八日，江西巡撫裴𫍰度奏摺。

⑦　《東華續錄》（臺北，文海出版社，民國五十二年九月），卷四
　　七，頁 36。

⑧　《宮中檔雍正朝奏摺》（民國六十六年十一月），頁 495，雍正元
　　年七月十八日，山西道監察御史何世璂奏摺。

⑨　郭松義撰〈清代的人口增長和人口流遷〉，《清史論叢》，第五輯
　　（北京，中華書局，一九八四年），頁 105。

⑩　《宮中檔乾隆朝奏摺》，第三十三輯（民國七十四年一月），頁
　　649，乾隆三十八年十二月初七日，江西布政使李瀚奏摺。

⑪　《宮中檔乾隆朝奏摺》，第二十三輯（民國七十三年三月）頁 6，
　　乾隆二十九年十月十八日，江西巡撫輔德奏摺。

⑫　《宮中檔雍正朝奏摺》，第六輯（民國六十七年四月），頁 14，
　　雍正四年六月初四日，江西巡撫裴徫度奏摺。

⑬　《清高宗純皇帝實錄》，卷三一一，頁28。乾隆十三年三月癸丑，
　　上諭。

⑭　《宮中檔乾隆朝奏摺》，第十輯（民國七十二年二月），頁 822，
　　乾隆二十二年二月二十九日，江西巡撫范時授奏摺。

⑮　《宮中檔乾隆朝奏摺》，第一輯（民國七十一年五月），頁 250，
　　乾隆十六年七月二十五日，江西巡撫舒輅奏摺。

⑯　同前註。

⑰　《宮中檔》（臺北，國立故宮博物院），第二七二四箱，八四包，
　　一五二〇一號，嘉慶十四年八月二十五日，護理江西巡撫布政使袁
　　秉直奏摺。

⑱　《宮中檔》，第二七二四箱，八四包，一五〇五一號，嘉慶十四年
　　八月初七日，江西巡撫先福奏摺。

⑲　《宮中檔》，第二七二四箱，八一包，一四一一五號，嘉慶十四年
　　五月初四日，江西巡撫先福奏摺。

⑳　《宮中檔》，第二七二四箱，七八包，一三三五七號，嘉慶十四年
　　二月十七日，江西巡撫金光悌奏摺。

㉑　《宮中檔》，第二七二三箱，八六包，一五六四四號，嘉慶十九年
　　六月初八日，江西巡撫先福奏摺。

㉒　《宮中檔》，第二七二三箱，九一包，一六九二五號，嘉慶十九年
十一月十七日，江西巡撫阮元奏摺。

㉓　《宮中檔》，第二七二三箱，九五包，一八七二〇號，嘉慶二十年
五月二十三日，江西巡撫阮元奏摺。

㉔　《宮中檔》，第二七二三箱，九一包，一七〇六九號，嘉慶十九年
十一月二十九日，江西巡撫阮元奏摺。

㉕　《宮中檔》，第二七二三箱，九九包，一九四一一號，嘉慶二十年
七月二十五日，江西巡撫阮元奏摺。

㉖　《宮中檔》，第二七二四箱，七一包，一一五三七號，嘉慶十三年
七月十八日，江西巡撫金光悌奏摺；《軍機處檔‧月摺包》，第二
七五一箱，三三包，五三〇七五號，嘉慶二十二年八月十八日，江
西巡撫錢臻奏摺錄副。

㉗　《軍機處檔‧月摺包》，第二七六〇箱，四八包，六二〇四號，道
光十二年十二月十六日，江西巡撫周之琦奏摺錄副。

㉘　《軍機處檔‧月摺包》，第二七六八箱，一〇五包，七二〇八一
號，道光十六年七月初九日，江西巡撫陳鑾奏摺錄副。

㉙　《宮中檔》，第二七〇九箱，二六包，三八八四號，咸豐三年四月
十九日，江西巡撫張芾奏摺；《軍機處檔‧月摺包》，第二七八〇
箱，二四包，八七九九一號，咸豐二年十二月初九日，江西巡撫張
芾奏摺錄副。

㉚　《軍機處檔‧月摺包》，第二七四七箱，三四包，五九四四三號，
道光八年二月二十九日，江西巡撫韓文綺奏摺錄副。

㉛　《軍機處檔‧月摺包》，第二七四七箱，二七包，五八一五九號，
道光七年十二月初三日，江西巡撫韓文綺奏摺錄副。

㉜　《軍機處檔‧月摺包》，第二七四三箱，八八包，六八九九五號，
道光十四年八月初六日，江西巡撫周之琦奏摺錄副。

㉝　《軍機處檔・月摺包》，第二七八〇箱，二一包，八七二七九號，咸豐元年十月二十六日，署理江西巡撫王植奏摺錄副。

㉞　《軍機處檔・月摺包》，第二七六〇箱，五八包，六三九七〇號，道光十三年六月十二日，江西道監察御史金應麟奏摺。

㉟　《軍機處檔・月摺包》，第二七六〇箱，四八包，六二〇四四號，道光十三年十二月十六日，江西巡撫周之琦奏摺錄副。

㊱　《軍機處檔・月摺包》，第二七六〇箱，六五包，六五一一三號，道光十三年九月十八日，江西巡撫周之琦奏片錄副；同檔，第二七四三箱，七八包，六七四二〇號，道光十四年三月二十一日，護理江西巡撫桂良奏摺錄副。

㊲　《軍機處檔・月摺包》，第二七六〇箱，五八包，六三九七〇號，道光十三年六月十二日，江西道監察御史金應麟奏摺。

㊳　《軍機處檔・月摺包》，第二七六八箱，九五包，七〇一三七號，道光十六年二月二十九日，耆英奏摺。

㊴　《軍機處檔・月摺包》，第二七六八箱，九四包，六九九三一號，道光十六年二月初六日，浙江道監察御史易鏡清奏摺。

㊵　《軍機處檔・月摺包》，第二七四九箱，一四八包，七九八二五號，道光二十七年十一月十八日，江西巡撫吳文鎔奏摺錄副。

㊶　《月摺檔》，光緒二年，舉人廖連城呈文。

㊷　《月摺檔》，光緒八年十月二十七日，江西巡撫李文敏奏。

㊸　《月摺檔》，光緒十八年九月初十日，江西巡撫德馨奏片。

㊹　《月摺檔》，光緒八年十月三十七日，江西巡撫李文敏奏。

㊺　《月摺檔》，光緒十八年五月十一日，江西巡撫德馨奏。

㊻　《月摺檔》，光緒十六年九月二十四日，安徽巡撫沈秉成奏。

㊼　《月摺檔》，光緒十八年九月初十日，德馨奏片。

㊽　《月摺檔》，光緒十九年正月十八日，江西巡撫德馨奏。

49　《月摺檔》，光緒二十年二月十九日，江西巡撫德馨奏片。

50　《月摺檔》，光緒二十年八月二十六日，江西巡撫德馨奏。

(51)　《月摺檔》，光緒十八年九月二十四日，江西巡撫德馨奏。

(52)　《辛亥革命前十年間民變檔案史料》（北京，中華書局，一九八五年），上册，頁291。

(53)　《軍機處檔・月摺包》，第二七七七箱，三八包，一八三九八號，宣統二年五月。

(54)　《軍機處檔・月摺包》，第二七二九箱，五五包，一三五四二九號，光緒二十年八月二十七日，江西巡撫德馨奏摺錄副。

(55)　《軍機處檔・月摺包》，第二七三〇箱，一三六包，一六五八〇二號，光緒三十四年八月十五日，沈瑜慶奏片錄副。

(56)　《辛亥革命前十年間民變檔案史料》，上册，頁297。

(57)　同前書，上册，頁325。

(58)　同前書，上册，頁319。

(59)　《軍機處檔・月摺包》，第二七四六箱，七包，一七七〇二〇號，宣統元年閏二月二十六日，江西巡撫馮汝騤奏摺錄副；《辛亥革命前十年間民變檔案史料》，上册，頁348。

(60)　《辛亥革命前十年間民變檔案史料》，上册，頁294，光緒三十年十一月十五日，署江西巡撫夏旹奏摺錄副。

(61)　《軍機處檔・月摺包》，第二七七七箱，三八包，一八八三四六號，宣統二年五月初八日，江西巡撫馮汝騤奏摺錄副。

(62)　《軍機處檔・月摺包》，第二七三〇箱，一四三包，一六八〇七九號，光緒三十四年十一月二十五日，江西巡撫馮汝騤奏摺錄副。

(63)　《軍機處檔・月摺包》，第二七四六箱，一六包，一八〇一七二號，宣統元年七月初十日，江西巡撫馮汝騤奏摺錄副。

(64)　《軍機處檔・月摺包》，第二七四五箱，一〇九包，一一七六〇五

號，同治十三年十一月初一日，劉坤一奏摺錄副。

㉕　《軍機處檔・月摺包》，第二七二九箱，四五包，一三一七六五號，光緒二十年三月十六日，江西巡撫德馨奏摺錄副。

㉖　《軍機處檔・月摺包》，第二七二九箱，四六包，一三一九四〇號，光緒二十年四月十七日，江西巡撫德馨奏片錄副。

㉗　《月摺檔》，光緒二十年六月二十日，江西巡撫德馨奏。

㉘　《軍機處檔・月摺包》，第二七三九箱，七四包，一四一三七九號，光緒二十三年八月初一日，江西巡撫德壽奏摺錄副。

㉙　《月摺檔》，光緒二十年三月十三日，江西巡撫德馨奏片；《軍機處檔・月摺包》，第二七二九箱，五〇包，一三三三四七號，光緒二十年六月二十日，德馨奏片錄副。

㉚　《辛亥革命前十年間民變檔案史料》，上冊，頁 309，光緒三十二年九月十六日，江西巡撫吳重熹奏摺。

㉛　《宮中檔雍正朝奏摺》，第十一輯（臺北，國立故宮博物院，民國六十七年九月），頁 68。

㉜　《宮中檔》，第二七二四箱，七九包，一三五八四號，嘉慶十四年三月十五日，廣西巡撫恩長奏摺。

㉝　《宮中檔》，第二七二四箱，七八包，一三三五七號，嘉慶十四年二月十七日，江西巡撫金光悌奏摺。

㉞　《宮中檔》，第二七二四箱，八一包，一四一一五號，嘉慶十四年五月初四日，江西巡撫先福奏摺。

鞫緣曾阿蘭即曾昌漢籍隸福建永定縣唱曲

度日嘉慶十一年五月內曾阿蘭同素識之邱

宗源在原籍地方遇見未獲天地會匪盧盛海

誘令入會曾阿蘭與邱宗源共出花邊錢三圓

拜盧盛海為師盧盛海設立從前傳曾之萬提

喜即洪二和尚牌位并用木椅藍白布疋搭成

假橋將紅布一塊用秤鉤掛於橋上令曾阿蘭

等從橋下鑽過盧盛海口誦俚詞以伸信誓并

宰鷄取血滴酒同飲付給紅布一塊上書請神

金光悌奏摺（局部）

從現藏故宮檔案看臺灣民間
金蘭結義的活動

　　臺灣民間金蘭結義的活動，在性質上是屬於一種異姓人結拜弟兄的傳統。異姓兄弟舉行結拜儀式時，在神前歃血瀝酒、跪拜天地盟誓的習慣，由來很早，其起源可以追溯到戰國時代。《左傳》、《史記》等書記載戰國時代，諸侯大夫會盟，殺牲歃血，參加盟誓者，口含牛馬雞犬的鮮血，或用獸血寫立盟書誓詞，以取信於人。西漢初年，劉邦在位期間，曾與心腹大臣秘密舉行過「白馬之誓」。異姓兄弟義結金蘭之所以深入民間，蔚爲風氣，實受《三國志通俗演義》及《水滸傳》故事的影響。桃園三結義、梁山泊英雄大聚義，都是異姓兄弟的金蘭結義。劉備、關羽、張飛三人在桃園以烏牛白馬祭告天地，焚香再拜，結爲兄弟，宣讀誓詞，協力同心，救困扶危，不求同年同月同日生，但願同年同月同日死，背義忘恩，天人共戮，這種強調義氣千秋的故事，早已家喻戶曉，耳熟能詳。《太平御覽》引《吳錄》說：「張溫英才瓌瑋，拜中郎將，聘蜀與諸葛亮結金蘭之好焉。」梁山泊英雄一百零八人在忠義堂拈香歃血盟誓，由宋江爲首宣讀的誓詞中，「昔分異地，今聚一堂，準星辰爲弟兄，指天地作父母」，就是後世金蘭結義拜天爲父拜地爲母儀式的依據。

　　明清時期，民間金蘭結義的風氣，更加盛行，雖是乞丐，也不例外。他們折草爲誓，宰雞取血，用針刺指，滴血入酒內同飲。隨著社會經濟結構的整體性變動，泛家族主義的價值系統廣泛的滲入基層社會，許多本來沒有血緣聯繫的群體也利用血緣紐

帶的外觀作爲整合手段。金蘭結義一方面模擬宗族血緣制的兄弟
平行關係，形同手足，彼此以兄弟相稱；一方面吸收佛家破除俗
姓，以「釋」爲僧侶共同姓氏的傳統，藉以發揚四海皆兄弟的精
神，金蘭結義逐漸出現異姓結拜集團，各以象徵特殊意義的吉祥
字樣爲義姓，以打破各家族的本位主義，例如以「萬」爲義姓的
集團，稱爲「萬姓集團」，「萬」字象徵萬衆一心；以「海」爲
義姓的集團，稱爲「海姓集團」，「海」字象徵四海一家；以
「同」爲義姓的集團，稱爲「同姓集團」，「同」字象徵共結同
心。此外，還有「齊姓集團」，象徵齊心協力；「包姓集團」，
象徵包羅萬民。各異姓集團，都是泛家族主義普及化的一種虛擬
宗族，也是引人囑目的地方社會共同體。

　　清代雍正、乾隆年間以來的地方社會共同體，由於人口流動
的頻繁，移墾社會的開發，其地方社會共同體多已從血緣紐帶演
化成以地緣爲紐帶，形成依附式的地方社會共同體，繼續向前發
展，演化成爲經濟利益爲紐帶，形成合同式的地方社會共同體，
逐漸發展成爲形形色色的會黨組織。離鄉背井的出外人，基於互
助的需要，多模擬宗族的兄弟關係，義結金蘭，倡立會黨。清廷
鑒於結盟拜會的盛行，曾經制定條例，加以取締，結盟拜會案
件，遂層出不窮。

　　早期移殖到臺灣的內地漢人，不僅同鄉觀念很濃厚，其模擬
宗族關係的金蘭結義活動，亦極頻繁。《諸羅縣志》有一段記載
說：

　　　凡流寓，客庄最多，漳、泉次之，興化、福州又次之。初
　　　闢時，風最近古，先至者爲主，其本郡後至之人不必齎糧
　　　也。厥後乃有緣事波累，或久而反噬，以德爲怨。於是有
　　　閉門相拒者，然推解之誼，至今尚存里閈也。土著既鮮，

流寓者無葬功強近之親，同鄉并如骨肉矣。疾病相扶，死
喪相助，棺斂埋葬，鄰里皆躬親之。貧無歸，則集眾捐囊
襄事，雖慳者亦畏譏議。詩云：「凡民有喪，匍匐救
之。」此風較內地猶厚①。

　　諸羅縣境內的流寓人口，缺乏血緣紐帶的近親，所以視同鄉
如骨肉，金蘭結義的風氣，相當盛行，村鄰中的婚喪喜慶，彼此
熱心相助，疾疾相扶，情同手足。臺北國立故宮博物院典藏《宮
中檔》硃批奏摺，含有諸羅縣查禁父母會活動的檔案資料。被查
獲的地點，是分佈於諸羅縣境內的蓮池潭和茭仔林兩處。雍正四
年（1726）五月初五日，在蓮池潭地方，有蔡蔭、陳卯、林寶、
楊派、田妹、廖誠、周變、周添、曾文道、吳結、林元、黃富、
董法等十三人，舉行金蘭結義的儀式，拜把結盟，公推蔡蔭為大
哥，會中成員彼此以兄弟相稱。諸羅縣知縣劉良璧訪聞諸羅縣民
陳斌在距離縣城八十里的茭仔林地方拜把結盟。《宮中檔》福建
總督高其倬奏摺報查辦經過甚詳，節錄一段內容如下：

　　雍正六年正月十二日，陳斌在湯完家起意招人結父母會，
　　每人出銀一兩拜盟，如有父母老了，彼此幫助，共約賴
　　妹、阿義、王馬四、陳岳、魏迎、魏祖生、方結、吳灶、
　　張壽、吳科、黃富、許亮、黃贊、蔡祖、朱寶、林生、林
　　二、阿抱、林茂、鬼里長、蘇老興二十三人，拜把結盟，
　　以湯完為大哥，朱寶為尾弟，蔡祖為尾二，與朱寶、蔡祖
　　各緞袍一件，帽一頂，鞋襪一雙，銀班指一個，餘人沒有
　　給甚麼物件。正月十三日結拜。三月十九日是湯完生日，
　　又要再拜，各人以針刺血，滴酒設誓②。

　　陳斌起意拜把結盟，公推湯完為大哥，朱寶、蔡祖年幼，分
別為尾弟、尾二，彼此以兄弟相稱。各人以針刺指，滴血入酒設

誓，就是歃血瀝酒的傳統，這個金蘭結義團體，就是一種虛擬宗族。蔡蔭與陳卯等十三人義結金蘭後，又陸續招得洪林生、施俊、郭緞、曾厄、陳郡、黃戊、蕭養、石意等八人加入，於雍正六年（1728）三月十八日註生娘娘生日當天在蕭養家舉行金蘭結義的儀式。其中除周變未到外，新舊弟兄共二十人，拜把結盟，歃血瀝酒，以針刺血，滴酒同飲，彼此之間，不論新舊，都以兄弟相稱，如同一家人，仍推蔡蔭爲大哥，以石意爲尾弟。蔡蔭給與石意布袍一件，涼帽一頂，鞋襪一雙，以象徵內部互助的意義，以蔡蔭爲首的金蘭結義集團，也是一種虛擬宗族。

陳斌、蔡蔭等人義結金蘭的宗旨，主要是爲父母年老疾病身故籌措喪葬費用，這是父母會得名的由來，是屬於互助性的自力救濟活動，並無政治意識。父母會成員因生活貧苦，無力辦理喪事，所以招人結拜弟兄，成立互助會，每人出銀一兩，用其利息作爲祭祀神佛及喪葬等費用，類似後世的人壽保險。《臺灣私法》一書對臺灣父母會的性質，敘述較詳，節錄一段內容如下：

> 臺灣有稱父母會或孝子會的互助團體，其目的在補助會員的父母、祖父母、伯叔等喪葬及祭祀費。是一種保險團體，因而此等尊屬全部亡故時，該團體原則上要解散。南部地區的父母會，皆不置財產，中部地區的父母會，大多擁有財產。亦有保險對象的尊屬全部亡故後仍不解散而繼續充爲祭祀費者。然而僅依會員協定存續而已。無論何時皆得以解散處分財產，所以亦有在杜賣所屬財產的契字註明：「今因孝子會完滿」，表示父母會的目的已達成，將所屬財產處分者。父母會亦有置總理或爐主等管理財產，主持祭祀者。會員對此財產的持分，通常以股份表示，是一種合股組織，其財產爲會員共有③。

　　由引文內容可知臺灣父母會資助或保險的對象，除了會員父母外，也包括祖父母和伯叔等親屬。諸羅縣境內的父母會，是臺灣移墾社會裡常見的一種地方社會共同體，模擬宗族制度的兄弟關係，會員之間，彼此以兄弟相稱，大哥湯完等人與尾弟朱寶是兄弟平行關係，情同手足，合異姓為一家，通過金蘭結義的儀式，使其組織宗族化，雍正年間福建總督高其倬所取締的臺灣父母會，就是一種金蘭結義的虛擬宗族，既是地緣關係的依附式宗族，也是以經濟利益為紐帶的合同式虛擬宗族。會員入會時，各出銀一兩，都是財產的持有人。會中成員對會中財產的持分，通常是以股份表示，屬於一種合股組織。但因其組織形式是屬於異姓人結拜弟兄的金蘭結義組織，與清朝律例相牴觸，而遭到官府的取締。

　　添弟會的名目，頗能突顯異姓弟兄義結金蘭的特點。乾隆末年，諸羅縣民楊光勳因結拜添弟會，福建按察使李永祺查明後具摺覆奏，臺北國立故宮博物館典藏《宮中檔》中，含有李永祺等人的奏摺。據李永祺奏稱：

> 楊光勳因被伊義父楊文麟析居，心懷不忿。楊文麟田園較廣，冀圖糾眾搶割，兼備鬥毆，遂起意立會。每人先給番銀二圓，藉其幫助，並許搶割之後，再為分潤米穀。惟恐會內之人不肯出力，是以立簿登名，倘有臨時退諉者，仍向討還番銀，伊等貪圖微利，聽從入會④。

　　閩粵內地漢人移殖臺灣後，收養異姓為嗣的習俗。陳盛韶著《問俗錄》記載說：「臺民無子者，買異姓為子，雖富家大族亦繼異姓為嗣，謂螟蛉兒。」⑤螟蛉子就是異姓子嗣，習稱義子。捐職州同楊文麟寄居諸羅縣九芎林地方，先收楊光勳為螟蛉子，楊媽世是楊文麟後來的親生兒子。楊光勳和楊媽世兄弟二人，情

感不睦。楊文麟家道殷實，他因溺愛親生兒子楊媽世，而將楊光勳分居相離九芎林數里外的石溜班地方，每年給與定數銀穀，楊光勳不敷花用，時因爭產而與楊媽世吵鬧。乾隆五十一年（1786）六月二十九日，楊光勳糾約素好的何慶等人潛入楊文麟臥室搬取財物，被楊媽世發覺，率衆逐散。楊光勳更加懷恨，起意糾衆報復，欲乘秋收搶割稻穀，於是糾約素好的何慶爲主謀，訂期舉行金蘭結義的儀式。自同年七月初一日起至同年閏七月初二日止，陸續糾得七十五人，加上楊光勳本人，共計七十六人，拜把結盟，設立會簿，逐日登記加入者的姓名及其地址。因取「弟兄日添，則爭鬥必勝」之義，故稱添弟會。會中成員主要分佈於石溜班、九芎林、打貓庄、他里務、保長廊、石仔坑、馬稠庄、牛稠溪等地，都在諸羅縣境內，有地緣關係。楊媽世聞知楊光勳結拜添弟會後，爲抵禦楊光勳搶鬥，卻商同素好的潘吉爲主謀，陸續糾邀何稽等二十五人，每人各給錢五百文，訂期舉行金蘭結義的儀式，正式拜把盟誓。楊媽世譴責楊光勳兇惡不肖，必被雷擊斃，所以取名雷公會。添弟會、雷公會的內部組織形式，都是通過金蘭結義的儀式而形成的異姓弟兄結拜組織，彼此以兄弟相稱，但其成立的宗旨都是爲了搶鬥，是屬於同籍而鬥的械鬥組織，添弟會和雷公會就是爲爭奪財產而互相鬥爭的對立團體。

　　天地會也是一種異姓結拜組織，它也承襲了中國歷代民間金蘭結義的各種要素，異姓弟兄，歃血瀝酒，也是出外人的虛擬宗族。天地會創造了許多隱語暗號，受到下層社會的重視，彼此模仿，傳播迅速。取煙吃茶，俱用三指；遇搶奪之人，則用三指按住胸膛爲號；問從那裡來？只說「水裡來」三字；以五點二十一暗寓洪門；又有開口不離本，出手不離三；以大指爲天，小指爲地及左手伸三指等暗號，曉得暗號，就是同會，即素不認識之

人，有事都來幫助。所謂五點二十一取「洪」字的隱語，是指以
「洪」為姓集團創立天地會的意思。「開口不離本」是指「本姓
某，改姓洪」的意思。「出手不離三」及三指訣的「三」，即指
桃園劉關張三姓義結金蘭的故事。以「洪」為姓的集團，就是一
種虛擬宗族。天地會的起源，最早只能追溯到乾隆二十六年
（1761）的洪二和尚萬提喜。臺灣天地會是閩粵內地天地會的派
生現象，就乾隆年間而言，天地會與添弟會，彼此並不相統屬，
亦非一脈相承，兩者不可混為一談。福建漳州府平和縣人嚴煙，
又名嚴若海，以賣布為生。乾隆四十七年（1782），洪二和尚的
嫡傳弟子陳彪，在漳州平和縣行醫，嚴煙聽從陳彪的糾邀，加入
天地會。次年，嚴煙渡海到臺灣，在彰化開設布鋪，並傳天地
會。嚴煙被捕後供出加入天地會的好處說：

> 天地會名目，因人生以天地為本，不過是敬天地的意思。
> 要入這會的緣故，原為有婚姻喪葬事情，可以資助錢財；
> 與人打架，可以相幫出力；若遇搶劫，一聞同教〔會〕暗
> 號，便不相犯；將來傳教與人，又可得人酬謝，所以願入
> 這會者甚多⑥。

以天地為本，敬重天地，異姓弟兄義結金蘭時，對天跪地立
誓，天地共鑒，這是天地會得名的由來。臺灣天地會成員楊振國
等人在供詞中也指出：「凡入會者，令其對天跪地立誓，因取名
天地會。」⑦天地會的宗旨，主要是在於內部成員的互助問題，
天地會的倡立及其發展，也反映了許多社會問題，臺灣早期移墾
社會的普遍貧窮，婚姻喪葬，養生送死，亟需資助；民風好鬥，
族群矛盾，雀角微嫌，動輒聚眾鬥毆，拜把結盟，人多勢眾，與
人打架，可以相幫出力等等，都是自力救濟的表現。其中婚姻喪
葬的資助，與諸羅縣父母會的互助作用相近。由於彰化地區漳、

泉分類械鬥蔓延甚廣，爲了患難相救，住居大里杙的林爽文便於
乾隆四十九年（1784）加入天地會。據嚴煙供稱：

> 四十九年上，我在溪底阿密里庄遇見林爽文，與他往來熟
> 識，他向我說也要入會。我就將從前陳彪傳我入會的話告
> 訴他，說凡要入這會，須設立香案，在刀劍下鳴誓。又恐
> 人數太眾，不能認識，相約見人伸三指，並有「洪」字暗
> 號，口稱「五點二十一」，便是同教〔會〕之人⑧。

　　拜把盟誓後，就成爲天地會的正式會員。乾隆五十一年
（1786）八月十五日，林爽文又與平日意氣相投的林泮、林領、
林水返、何有志、王芬等人在大里杙山內車輪埔歃血瀝酒，結拜
天地會，互相約誓，有事相助，有難相救。彰化天地會也是通過
金蘭結義的儀式拜把盟誓而產生的地方社會共同體，就是一種虛
擬宗族。

　　謝志是廣東客家人，自幼隨同父母到臺灣，寄居南投，平素
肩挑負販。乾隆五十三年（1788），天地會起事失敗後，逸犯陳
信逃匿南投謝志家中。謝志看見他的衣包內藏有天地會誓章一
紙，內載「有福同享，有禍同當，一人有難，大家幫助。若是不
救，及走漏消息，全家滅亡，刀下亡身」等字樣。謝志問陳信如
何拜把結盟。陳信即傳授天地會的盟誓儀式及隱語暗號，教他排
設香案，在神前宰雞歃血鑽刀，對天立誓，誓畢，將誓章在神前
焚化，喝了血酒，以後弟兄相見，即用左手伸三指朝天做暗號。
後來，謝志與家住南投的漳州福老客張標起意結盟拜會，先後糾
邀四十九人在謝志家中義結金蘭，分飲血酒，以復興天地會。由
謝志、張標的拜把結盟活動，可以知道臺灣民間舉行金蘭結義的
儀式，已有許多創新。

　　就會黨名稱而言，兄弟會或同年會的取名，頗能突顯民間金

蘭結義或異姓人結拜弟兄的含義及其精神。道光六年（1826）四月間，彰化縣及淡水廳境內廣東客家庄，被漳、泉籍移民焚搶，客家庄居民憤圖報復，遂與閩籍移民引發分類械鬥。道光六年（1826）八月二十二日，《寄信上諭》中有一段內容云：

> 孫爾準奏，彰化匪徒，現已辦有頭緒，即日前赴大甲查辦一摺。覽奏頗慰朕懷，此次臺灣匪徒滋事，始因盜匪李通挾粵民黃文潤家格殺盜夥之嫌，欲圖報復，並非分類械鬥。迨至匪徒乘機造謠煽惑搶掠。粵民逃至淡水，再圖勾結報復，而閩人亦集眾互鬥，始成分類之勢⑨。

閩粵分類械鬥的起因，主要是由於盜匪李通與客家庄居民黃文潤挾嫌糾鬥起釁。在閩粵分類械鬥期間，由於兄弟會或同年會的倡立，更助長了分類械鬥的聲勢，對社會造成了更大的破壞。臺北國立故宮博物院現藏《軍機處檔·月摺包》內含有閩浙總督孫爾準奏摺錄副，節錄一段內容如下：

> 巫巧三、嚴阿奉二犯供認平日賭博游蕩，不安本分，因屢受閩人欺侮，各自糾邀羅弗生等結拜兄弟會，又名同年會。議明日後與人鬥爭，同心協力，互相幫助。羅弗生等允從，推舉該二犯為首，並非依齒序列，堅供委無歃血焚表，謀為不軌情勢。提訊現獲之羅弗生等四十六犯，僉供聽從結拜屬實。委員密赴各犯家中，查無違悖字跡。此次械鬥，該犯巫巧三為首糾眾，疊次攻打蘆竹澫、南港、中港、後壠等處大小各莊⑩。

巫巧三糾邀羅弗生等人義結金蘭，結盟拜會，雖無歃血焚表的儀式，亦未依齒序列，但確有結拜弟兄的活動，這個異姓結拜組織，取名兄弟會，是因會中成員都以兄弟相稱而得名，公推巫巧三為大哥。會中盟誓時，議定日後與人爭鬥，同心協力，互相

幫助，講求忠心義氣，弟兄們雖然不能同年同月同日生，但願同年同月死，因此，兄弟會又名同年會，充分反映了傳統金蘭結義的患難精神。

戴潮春，字萬生，原籍福建漳州府龍溪縣，來臺後寄居彰化縣四張犁庄，家境富裕。其兄戴萬桂與阿罩霧人爭田，因寡不敵眾，於是邀集殷戶義結金蘭，相約有事相援。戴萬桂身故後，戴潮春又邀集舊黨，再行結盟拜會。《臺灣通史・宗教志》有一段記載，節錄如下：

> 林爽文、戴潮春之後，亦以天地會、八卦會爲號召。天地會者相傳延平郡王所設，以光復爲旨，閩粵之人多從之，故爽文以起事。而八卦會者，環竹爲城，分四門，中設香案三層，謂之花亭，上供五祖，中置潮春祿位，冠以奉天承運大元帥之號。旁設一几，以一貴、爽文爲先賢而配之。入會者爲舊香，跣足散髮，首纏紅布，分執其事。凡入會者納銀四錢，以夜過香，十數人爲一行，叩門入。問從何來？曰從東方來。問將何爲？曰欲尋兄弟。執事者導跪案前，宰雞。誓曰：會中一點訣，毋對妻子說；若對妻子說，七孔便流血。宣示戒約，然後出城，張白布爲長橋，眾由橋下過。問何以不過橋？曰有兵守之。問何以能出？曰五祖導出。又授以八卦隱語。會中相逢，皆呼兄弟，自是轉相招納，多至數萬人，而潮春遂藉以起事矣⑪。

引文中已指出林爽文起事是以天地會爲號召，戴潮春則以八卦會爲號召。《重修臺灣省通志》亦記載戴潮春召集黨眾立八卦會，一稱天地會⑫。天地會與八卦會都是義結金蘭的異姓結拜組織，亦即屬於虛擬宗族的地方社會共同體，其結盟拜會的儀式，

也很相近，會中成員相逢時，都以兄弟相稱，兩者性質相近。但
就會黨名目而言，天地會與八卦會卻不可混爲一談。而且就現存
檔案而言，並未見「八卦會」名目。北京中國第一歷史檔案館典
藏《軍機處檔・月摺包》同治元年（1862）四月初五日閩浙總督
慶瑞奏摺錄副、臺北國立故宮博物院典藏《月摺檔》同治元年
（1862）四月二十四日閩浙總督慶端等奏摺抄件，俱稱戴潮春以
「添弟會」起事。天地會或添弟會的會員證，俗稱腰憑，其本底
樣式，大都內畫八角形的八卦數層，每層各刻隱語詩句，以爲暗
號，腰憑因形似八卦，故又習稱八卦，戴潮春會中成員或因持有
八卦形的會員證，外人遂稱之爲八卦會。民間金蘭結義的活動，
與民間通俗文化的關係，極爲密切，各異姓結拜組織吸收了民間
通俗文化的許多內容及形式後，又有不少的創新。老一輩的人常
說：「少不看水滸，老不看三國。」可是在民間或下層社會裡，
《水滸傳》及《三國志通俗演義》卻是老少咸宜的兩種通俗小
說，盛行於臺灣地區的金蘭結義活動，就是模仿其儀式，吸收其
要素，而有了很大的創新。《水滸傳》敘述宋江一打東平，兩打
東昌後，回到梁山泊，看過天書後，對大小頭領說道：「衆多弟
兄也原來都是一會之人，上天顯應，合黨聚義。」⑬經過金蘭結
義的弟兄，志同道合，忠義千秋，情同手足，患難相救，很容易
發展成爲多元性的會黨組織，在臺灣早期移墾形的社會裡，金蘭
結義風氣的盛行，頗有利於各種會黨的發展。民間金蘭結義及結
盟拜會是臺灣早期移墾社會裡常見的社會現象，可以反映閩粵移
民在臺灣的社會調適的模式。臺北國立故宮博物院現藏清宮檔
案，對臺灣民間金蘭結義及結盟拜會活動的研究，提供了很豐富
的直接史料。

【註　釋】

① 《諸羅縣志》（南投，臺灣省文獻委員會，民國八十二年六月），
頁 145。

② 《宮中檔雍正朝奏摺》，第十一輯（臺北，國立故宮博物院，民國
六十七年九月），頁 67。

③ 陳金田譯《臺灣私法》（南投，臺灣省文獻委員會，民國七十九年
六月），第一卷，頁 560。

④ 《宮中檔乾隆朝奏摺》，第六十一輯（臺北，國立故宮博物院，民
國七十六年四月），頁 551。乾隆五十一年九月十八日，福建按察
使李永祺奏摺。

⑤ 陳盛韶著《問俗錄》（北京，書目文獻出版社，一九八三年十二
月），頁 127。

⑥ 《天地會》（北京，中國人民大學出版社，一九八〇年十一月），
（一），頁 111。

⑦ 《宮中檔乾隆朝奏摺》，第六十二輯（臺北，國立故宮博物院，民
國七十六年六月），頁 821。乾隆五十三年正月初六日，閩浙總督
常青奏摺。

⑧ 《天地會》，（一），頁 116。

⑨ 《清宮諭旨檔臺灣史料》，（四）（臺北，國立故宮博物院，民國
八十六年十月），頁 3420。道光六年八月二十二日，字寄。

⑩ 《軍機處檔‧月摺包》（臺北，國立故宮博物院），第二七四七
箱，二五包，五七五一六號，道光六年十一月二十五日，孫爾準奏
摺錄副。

⑪ 連橫著《臺灣通史》（南投，臺灣省文獻委員會，民國八十一年三
月），卷二二，頁 655。

⑫ 《重修臺灣省通志》（南投，臺灣省文獻委員會，民國八十三年六

月），卷一，大事志，頁 190。

⑬　施耐庵著《水滸傳》（臺北，桂冠圖書公司，民國七十四年十一

　　月），七十回本，頁 942。

清代會黨腰憑式樣之一

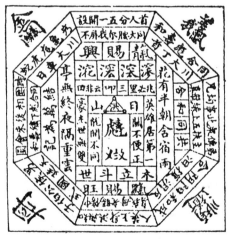

清代會黨腰憑式樣之二

革職暫留本任閩浙總督奴才慶端跪

奏再臺灣彰化轄會匪滋事前於

奏報摺內聲明飭查詳細情形另行馳報在案茲據臺內文武

先後報稱彰化匪首戴萬生倡立添弟會名目造謠襄陽協

先經臺灣鎮道府等訪聞當即委員查辦清莊聯甲出示曉

諭解散脅從斗六地方拏獲匪犯數名懲治本年三月初五

日臺灣道孔昭慈調募兵勇六百名循例春巡順道赴彰勦

辦兼飭令署淡水同知秋曰覲率勇協勦十七日北路協副

將林得成署臺灣協中營游擊游紹芳署彰化縣知縣雷以

鏐秋曰覲等督軍分路進攻行至大墩地方遇賊數千我軍

《月摺檔》慶端奏摺抄件首頁

福建總督・臣高其倬謹

奏

奏為

開事雍正六年四月十八日臣訪聞臺灣北路
地方有奸徒結盟拜把藏有大旗二而長
槍四十桿以雙龍嗜珠銀班猗為號又有
僧人梁懷以假辮冒為俗人形迹可疑臣
隨飛檄客行臺灣總兵王郡臺灣道吳昌
祚臺灣知府俞存仁諸羅縣知縣劉良璧
等查臺灣孤懸重洋之外南北二路相離
遙遠人眾厖雜風習不純奸宄往往託為
游閒之人煽惑引誘結盟拜把其意叵測

惟在地方官時時留心嚴查確訪除絕根
窩重懲黨首消萌於未熾之先治奸於初
兆之際始能使匪惡警飲地方寧謐近訪
閩得北路鹽水港拏獲梁懷一名係僧人
以假辮裝做俗人串誘又北路茄荎仔地
方拏獲照黨一起共有百餘人藏大旗二
桿長槍四十桿以雙龍嗜珠銀班指為號
似此維難即信為萬確但地方中皆有匪
類於此可見最關緊要合嚴飭查拏該鎮
道府縣立即嚴密訪拏踪緝不得絲毫踈
忽怠玩無分疆境協力查辦凡緝到奸匪
即刻會訊確供如有偶首謀匪的據實情

《宮中檔》高其倬奏摺

有父母老了彼此幫助共約賴妹阿又王
馬四陳岳魏迎魏祖生方結吳灶張壽吳
科黃富許亮黃贄蔡祖朱寶林生林二阿
抱林戊兜里長禰老興二十三人拜把結
盟以湯完為大哥朱寶為尾弟蔡祖為尾
二與朱寶蔡祖各緞袍一件帽一頂鞋襪
一雙銀指一個餘人没有給甚麼物件
正月十三日結拜三月十九日是湯完生
日又要再拜各人以針刺血滴酒設誓是
寶是結父母會並無大旗長槍軍器再四
嚴審同供不移除阿又林生林戊兜里長
禰老興現在嚴拏務獲完擬禰亮審無八

彩外查定例異姓歃血訂盟不分人之多
寡照誅叛未行律為首者擬絞監候秋後
處決為從者杖一百流三千里會妻發遣
至配所折責四十板此案雖湯完為大哥
實係陳斌起意招人應以陳斌為首擬絞
監候其湯完王馬四陳岳林二賴妹魏迎
魏祖生方結吳灶張壽蔡祖朱寶許亮黃
贄均照為從擬流黃贄蔡祖朱寶均年未
及歲應照律收贖其票前來又迻呈御史
赫碩色夏之芳亦寄書與臣言研訊實情
止是歃血拜把無誅匪藏械情節又臣於
八月初一日據諸羅縣票報於六月內設

《月摺檔》慶端奏摺抄件首頁

王命將為首及情重者立刻押出曉示正法餘

即會同赴臺御史請總兵

者解審完結仍不許兵役借端訛詐如無

謀匪實情即照常審究詳報等因飛飭去

後於四月二十一日據臺灣鎮總兵王郡

稟稱據諸羅縣知縣劉良璧訪聞縣屬相

離八十里之茇仔林地方有無知棍徒招

類結盟拜把隨查拏獲湯完陳岳二名又

續獲穩亮賴妹朱寶陳斌覲迎覲祖生共

八名嚴訊眾供相同除穩亮相約未到外

餘係每人出銀一兩陳斌招人於雍正六

年正月十三日在湯完家結父母會在湯

完家揷血拜把共二十三人湯完為大哥

朱寶為尾第三月十九日係湯完生日又

要招人再拜把十八日即被拏獲等情又

據臺灣道府及諸羅縣供各報前來臣又

批令務盡嚴拏黨繁確訊照前檄辦理去

後於七月初十日據總兵王郡護理臺灣

道臺灣知府俞存仁諸羅縣知縣劉良璧

臺灣縣知縣張廷琰等各稟稱陸續又拏

到蔡祖黃富方結吳灶張壽吳科王馬四

黃贊許亮林二等反覆嚴訊各供相符系

雍正六年正月十二日陳斌在湯完家起

意招人結父母會每人出銀一兩拜把如

縣同守隔楊與訪得縣屬蓮池潭亦有棍

徒拜把掌獲陳卯一名供係蔡蔭為大哥

共二十一人隨又陸續掌獲蔡蔭林寶楊

派田妹廖誠林元洪林生周燮黃戊董法

石意黃富曾庭蕭養等嚴訊係蔡蔭為大

哥雍正四年五月初五與陳卯林寶楊派

田妹廖誠周燮周添曾文道吳結林元黃

富董法十三人結盟有盟之時未軟血又

於雍正六年三月十八注生娘娘生日又

在蕭養家飲酉攜盟十三人又添新來洪

林生施俊郭緞曾庭陳郡黃戊蕭養石意

八八共二十一人再行結父母會拜把內

周燮不到共二十人仍以蔡蔭為大哥以

石意為尾弟與石意布把一件涼帽一頂

鞋襪一雙並無器械擬將蔡蔭照未結軟

血焚表結拜兄弟為首例杖一百折責四

十板陳卯林寶楊派田妹廖誠林元洪林

生周燮郭緞黃戊董法石意黃富曾庭蕭

養合依為殺例杖八十折責四十板但董

法石意僅十五歲尚不及年歲應照例量子

賣懲曾文道周添吳結施俊陳郡五犯嚴

緝務獲究擬又攄總兵王郡護臺灣道臺

灣府知府俞存仁等亦各稟報前來臣查

臺灣地方遠隔重洋向囝奸匪曾經為燮

風習不純人情易動此等之事懲治當嚴況福建風氣向日有鐵鞭等會拜把結盟奸棍相黨生事害人後因在在嚴禁且鐵鞭等名駭人耳目遂改而為父母會乃其奸巧之處臣查結盟以連心拜把以合黨黨衆漸多即謀匪之根湯完一案雖據審無謀匪藏械蔡蔭一案雖據審無歃血等情似應照例擬究完結但臺灣既不比內地而湯完等拜把竟有銀班指非尋常拜把之物且陳斌固係招人起意之人而湯完現做大哥豈可輕縱又蔡蔭一案雖無歃血而兩次拜把既屬再犯且其夥漸增尤為不法臣擬將湯完陳斌俱行令曉示立斃杖下以示懲警餘人照例解審問流蔡蔭二次拜把為首亦應行令曉示杖斃餘二次拜把者加重枷責押過海交原籍禁管安插隨將此意商同撫臣朱綱撫臣意亦相同正在擬會同檄行臣又訪聞此二案內頗有案盜在內若曾經為盜雖為從者亦難輕縱臣現再飛飭行令確查俟分別明白再行詳飭發落所有情節臣謹詳行繕摺先行

奏

聞其梁懷一名細令研審實係貪戀幼童故扮

俗人無為匪情由除臣行令查明係何項

之僧照例加處謹一併附

奏

雍正陸年捌月初拾日

知道了科抄的是

從故宮檔案論劉銘傳在臺灣的建樹

　　劉銘傳與近代臺灣的開發，有著密切的關係。從中法戰爭期間受命來臺督辦軍務以抵禦外侮擊潰法軍，至建省後正式擔任巡撫，更是不餘遺力推動各項建設，包括清丈田賦、開山撫社、興建鐵路、開科取士等等。一時之間，百事俱興，為臺灣近代化的歷程奠下堅實的基礎。

　　劉銘傳，字省三，安徽合肥人，少有大志，才氣無雙，不居人下，守臺治臺，皆有建樹。國立故宮博物院典藏軍機處《月摺包》含有劉銘傳奏摺及錄副，計三十七件；清代國史館《月摺檔》含有劉銘傳奏摺、夾片及清單抄件，計二五八件；清代國史館暨民初清史館所修《劉銘傳列傳》稿本，計四冊，事跡履歷冊，計二冊，事實冊，計一冊；軍機處交付國史館片文、禮部咨送國史館片文各一件，都是可信度很高的直接史料，為研究劉銘傳抵抗外侮、治理臺灣的建樹，提供了相當珍貴的資料。

　　光緒年間，因越南交涉久無結果，法國海軍提督孤拔為了占地為質，索賠兵費，企圖以其優勢海軍進犯中國東南沿海，臺灣孤懸外海，遂首當其衝。清廷下詔起用淮軍名將直隸提督劉銘傳督辦臺灣軍務。

　　當時中法的臺灣攻防戰，法國以優勢海軍，恃其船堅炮利，封鎖臺灣。劉銘傳外無軍艦，內乏槍炮，將士苦守惡戰，力保全島，共支危局，勞苦足錄，功不可沒。

　　法兵犯臺期間，被臺灣守軍俘擄及戰敗投降的外國人，包括：越南人二十八名；法兵十二名，法國軍官三名，德國人九

名；荷蘭人二名；法人四名。除法人不能回國外，越南人於中法
之役結束後全行資送回國，其餘經劉銘傳派歸各營充當教練。

練兵設防以鞏固臺澎

　　光緒十一年（1885）四月初九日，法國艦隊撤退，開往澎
湖。四月二十日，退回越南，基隆、滬尾防務，一律解嚴。法兵
既退，劉銘傳即次第辦理設防、練兵、清賦、招撫原住民等項善
後事宜。劉銘傳察看形勢後指出澎湖不但爲全臺門戶，而且也是
南北洋關鍵，守臺灣，必須守澎湖；保南北洋，亦必須以澎湖、
廈門爲門戶，因此，必須多購大炮，堅築炮臺，製造水雷，屯聚
糧薪。

　　練兵雖然是各省急務，但臺灣是煙瘴之地，勇丁多半染病，
將貪兵猾，積弊難除，必須徹底
整頓。劉銘傳即會同藩司沈應奎
等悉心商酌裁留營數，除鎮標練
兵不計外，共留三十五營。臺南
及澎湖共十五營，臺北及宜蘭共
十五營，中路嘉義、彰化、新竹
一帶分派五營。

　　其中鎮海中軍正營駐紮臺南
府城一帶，副營駐紮臺南府城西
門外一帶。武毅右軍右營駐紮嘉
義、雲林一帶，安平砲勇三哨駐
紮三鯤身。鎮海後軍中營駐紮臺
東埤南、馬蘭坳一帶，後山海防
屯兵營調紮臺東州拔子庄一帶。

《點石齋書報》所刊載中法戰
爭期「法艦兵叛」圖畫

鎮海後軍左營駐紮後山花蓮港、吳全城一帶，鎮海後軍前營駐紮臺東新開園、璞石閣等處。棟字正營調紮東大墩省城一帶，棟字副營駐紮臺中橋仔頭、南北投、葫蘆墩一帶，棟字前營駐紮彰化平和厝一帶，棟字隘勇副營駐紮彰化一帶，棟字衛隊營駐紮臺中東大墩一帶，棟字隘勇營駐紮中路大湖一帶。定海後營駐紮彰化一帶，屯軍正營駐紮埔裏社、水長流一帶。定海中營駐紮臺北、淡水、崑崙嶺一帶，定海前營調紮滬尾等處，定海左營調紮宜蘭、蘇澳等處，定海右營調紮彰化一帶，撫標定海正營調紮臺北府東門外一帶，撫標定海副營駐紮臺北、滬尾一帶。

銘字中軍副營駐紮臺北、基隆一帶，銘字中軍左營駐紮臺北獅球嶺，調紮基隆社寮一帶，銘字中軍右營駐紮臺北、基隆一帶。臺灣巡撫行營親兵兩哨駐紮臺北府城，淮軍隘勇中營駐紮臺北內山新孩兒一帶，淮軍隘勇前營駐紮臺北內山外加輝一帶，淮軍隘勇左營駐紮臺北五指山一帶，淮軍隘勇右營駐紮臺北內山合脗坪一帶，淮軍鎮海礮隊營駐紮滬尾一帶，淮軍臺南防軍營調紮鳳山隘寮等處，淮軍鎮海前軍右營駐紮南路東港一帶，淮軍鎮海中軍前營原駐臺北三角湧，調紮宜蘭，淮軍南字營及臺勇，駐紮宜蘭一帶。

留守各營置正副哨各八員，勇丁各四百九十六名，長夫各一百名。此外，還有義撫軍、土勇、練兵各哨，置正副哨弁各八員，兵丁各四百五十四名，伙夫各四十二名。全臺留防各軍，截至光緒十六年十二月底止，除裁減外，實存淮軍弁勇共三十一營、十七哨、二棚，屯軍五哨，礮勇五哨，練軍二營五哨，在各地操練巡防候遣，淮軍留防臺灣，對保衛臺灣，扮演了重要的角色。

清理田賦以充裕財政

康熙年間，清廷領有臺灣後，所有糧課，是按照鄭氏時代的舊制，每丁歲徵銀四錢八分六厘。乾隆元年（1736 年），奉旨臺灣糧課照內地例中減則，每丁徵銀二錢，以紓民力，統計全臺歲徵銀三千七百六十餘兩。道光年間，通計全臺墾熟田園三萬八千一百餘甲，又三千六百二十一頃。

全臺舊額人丁餉稅銀八千九百零三兩，供粟一十九萬七千一百三十四石，耗穀九百二十三石，照臺章折價銀一十一萬八千八百三十四兩，餘租折價銀一萬三千四百四十一兩，官租銀二萬八千五百二十七兩，耗羨銀一萬三千六百六十一兩，統計年徵銀一十八萬三千三百六十六兩。其後墾不報升，坍不請豁，年徵銀數逐漸短絀。

劉銘傳認為臺灣土沃產饒，宜使臺地之財，足供臺地之用，不需取給於內地，而後處常處變，均可自全，清理田賦，就成為重要的善後措施。劉銘傳查訪民間賦稅，較內地毫不輕減，主要

劉銘傳臺灣建省圖

原因是由於紳民包攬。譬如某處有田若干可墾，先由墾首遞稟承攬包墾，然後分給墾戶，墾首不費一錢，只遞一稟。墾熟之後，墾首每年抽租一成，叫做大租，又有屯租、隘租等名目，而糧課正供毫無續報升科。

因此，劉銘傳奏准由內地選調廳縣佐三十餘人，分派臺灣南北各縣會同公正紳士數人先行編查保甲，就戶開糧。然後逐戶清丈，委派臺灣府知府程起鶚、臺北府知府雷其達，各設清賦總局督率辦理。並由內閣侍讀學士林維源幫同辦理臺北撫墾事務，刊刻木質關防一顆，其文字是「幫辦臺北撫番開墾事務關防」。

光緒十二年四月十八日，劉銘傳奏明清丈全臺田畝後，即於同年七、八月間先後開辦。翌年九月，酌議上中下田園賦則，按戶填給丈單。光緒十六年，基隆、宜蘭、淡水、新竹、彰化、嘉義、安平、鳳山一廳七縣，除官莊田園租額由布政使司另行詳請奏咨外，合計民業田園四十二萬五千二百四十一甲，年徵銀五十萬九千四百九十兩，以光緒十四年啓徵。

埔裏社廳田園二千四百九十八甲，因屬後山新闢之地，奉准減等升科，年徵銀一千三百五十一兩。恆春縣田園四千二百六十九甲，也是後山新闢之地，減等升科，年徵銀二千一百二十七兩，以光緒十五年啓徵。

臺北民業，按向例編爲

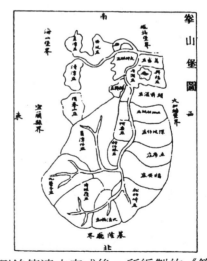

劉銘傳清丈完成後，所編製的《簡明總括圖册》之〈拳山堡圖〉

一、二、三等，一等沙田每甲徵銀一兩六分五厘，二等徵銀七錢四分六厘，三等徵銀五錢三分三厘。一、二等沙園比照二等沙田徵銀，三等沙園，每甲徵銀三錢二分。彰化以南沙田分爲平、次、下三等，每甲徵銀自七錢七分至五錢五分不等。沙園亦分三等，自四錢四分至二錢二分不等。

臺灣田賦經劉銘傳辦理清丈後，其糧額年徵銀五十一萬二千九百六十九兩，隨徵補水平餘銀一十二萬八千二百四十二兩，加以官莊租額銀三萬三千六百五十七兩，共銀六十七萬四千四百六十八兩。比較舊額，共溢出銀四十九萬一千五百零二兩。劉銘傳自稱，經此清理後，歲增鉅款，可以「裕國家經久之用，定海疆長治之規。」

開山撫社促進山區發展

劉銘傳積極辦理善後事宜，可謂不遺餘力。但他認爲設防、練兵、清賦三條，都可以及時舉辦，然而原住民招撫不易，必須等待前三條辦成後，方能議辦。劉銘傳指出：欲使漢人和原住民相安無事，必須及早設法招撫各社，使全臺歸化。則將來只防外患，不憂內侮，攘外必先安內，旣可減防節餉，又可開山伐木，以興自然之利。然後修路造橋，以通南北之氣，可謂一舉數得。

臺灣生界原住民，南路後山各社較溫和，中路埔裡社廳所轄北港、萬霧等社較強悍，北路新竹、宜蘭內山各社則叛服無常。劉銘傳認爲生界原住民，從前多在外山，「因閩廣客民愈來愈衆，日侵月削，全行擠歸內山，種類繁多，近亦耕種爲生，各有統屬，平時亦不滋事。山外土匪、游勇，每有百十成群，聚集於番民交界之處，除搶劫居民外，或侵生番田廬，或誆騙其貨物，一有爭端，即行械鬥。奸民被殺，則訴冤於官，即行勦辦，生番

之被殺者，則有冤無處可訴，惟有集眾復仇，每到外山殺人，其平時殺掠生番者，轉得置身事外。」劉銘傳對原住民的評論，是客觀的。

劉銘傳渡臺半年之間，不增一兵一餉，先後招撫內山原住民四百餘社，歸化者七萬餘人。由於內山生活貧苦，由道員林朝棟將舊存旗幟號衣改做衣褲，並勸官紳捐助，計七萬餘套，分別發給各社丁男女。光緒十一年，北路馬來等社就撫後，劉銘傳即飭劉朝祜開通道路，直達馬來各社，並在石碇開路百餘里，通至宜蘭。翌年夏間，陸續就撫七十餘社，南路恆春、埤南及花蓮一帶，先後就撫一百七十二社。

光緒十四年十一月，中路北港、萬霧等四大社男女三百餘人到埔裏廳就撫後，即送社丁充勇，並送子入學。北路彰化所轄罩蘭一帶，經道員林朝棟招撫者三十餘社。新竹所轄大壩、樹木繞、大也甘、也為細妹等二十餘社，宜蘭內外溪頭等八社，後山拾高搖等十四社，都先後就撫。由宜蘭大山南趨西面叫做加九岸，東面叫做南澳。光緒十五年二月，南澳老狗內

原住民所居住的原始部落。

四社，外五社，小先後就撫。開山撫社，打通道路，不僅增進族群的融和，而且也加速內山社會涇濟的發展。

興建鐵路以繁興商務

十九世紀中葉以來，列強在華爭奪利權，外患日亟。清廷爲救亡圖存，曾先後舉辦多項新政建設，其中火車鐵路，可速徵調，並通利源，實爲裕國便民的一種交通運輸事業，也是求富圖強的當前急務。

由於清季的外交形勢，與臺灣防務的迫切需要，臺灣鐵路的修築，倡議頗早。同治十三年（1874），日軍侵臺後，丁日昌在條陳中已指出鐵路爲將來之所不能不設。光緒二年（1876）十一月，丁日昌渡臺巡視時，又奏陳修築鐵路的重要性。他指出火車日行二千餘里，文報迅速可通，遇有緊急，大軍可以朝發而夕至。光緒六年，劉銘傳亦曾條陳興建鐵路之利，因風氣未開，頗有異議。

光緒十一年九月初五日，奉懿旨改福建巡撫爲臺灣巡撫，常川駐紮，劉銘傳爲首任臺灣巡撫。臺灣建省伊始，亟須講求生聚，以廣招徠。但因臺灣一島，孤懸海外，港口運輸不便，安平、旗後兩口，限於海湧，自春至秋，不便泊船；滬尾一口，日漸淤淺；基隆一口，雖可泊船，但陸路運輸不便，內山貨物，尤難運出。爲繁興商務，非造鐵路不可。劉銘傳認爲若能就基隆開修車路，以達臺南，不獨全臺商務繁興，且與驛務、墾務、海防、建省、橋工，頗有裨益。劉銘傳原奏稱：

> 臺灣四面皆海，除後山無須辦防外，其餘防不勝防，基、滬、安、旗四口，現已購礮築臺，可資守禦，其餘新竹、彰化一帶，海口紛歧，萬無此兵力處處設守。臣已於奏辦臺灣善後摺內陳明在案，如遇海疆有事，敵船以旱隊猝然登岸，隔絕南北聲氣，內外夾攻，立見危迫。若修鐵路，

調兵靈便，何處有警，瞬息即至，無虞敵兵由中路登岸，此有裨於海防者一也；臺灣既分省，須由中路建設省城，以便控制南北。查彰化橋孜圖地方，曾經前任撫臣岑毓英察看地形，可以建省，臣於上年九月復親往察看，該處地勢平衍，氣局開展，襟山帶海，控制全臺，實堪建立省城，惟地近內山，不通水道，不獨建造衙署廟宇，運料艱難，且恐建省之後，商賈寥寥，雖有城垣，空無人居。若修車路，商務立見繁盛，於建造各項工程轉運之費，節省尤多，此有裨於建立省城者二也；臺北至臺南六百餘里，中隔大溪三道，春夏之交，山水漲漫，行人隔絕，大甲、房裏兩溪，每年必淹斃數十人，急需造橋，以便行旅。查大甲、房裏、曾文三溪，或寬十里、八里。其次小溪二十餘道，或寬百丈、數十丈不等。大甲溪經前任撫臣岑毓英督修石壩，以阻漫流，並未修橋，已費洋三十餘萬元，數月之後為水沖刷淨盡。臣現由上游窄處議修，統計大小溪橋工必須銀三十餘萬兩。今該商等承辦車路，此項橋工二十餘處，一律興修，暫勿〔論〕輪車之利，公家先省橋工銀數十萬兩，此有裨於臺灣工程者三也。

因公款支絀，臺灣商務委員張鴻祿、候補知府李彤恩等議集南洋等商股承修鐵路，約需工本銀一百萬兩，將來即取償於鐵路，以七年歸還本利，不需動用公款。劉銘傳相信鐵路完成後，商務繁盛，數十年後，全臺均成沃壤。

據商務委員張鴻祿等稟稱，已由英、德兩廠先行訂購鐵路鋼條三百三十里，大小鐵橋十一道，火車客車七十具。先由基隆造至彰化，再行接續前進。因招商集股，恐被欺騙，為除疑慮，劉銘傳奏請由內閣侍讀學士林維源督辦鐵路商務。林維源因辦理臺

北撫墾事務，不能兼辦鐵路，稟請奏銷鐵路商務差使。

　　光緒十三年閏四月，劉銘傳奏請改派道員楊宗瀚總辦鐵路商務。鐵路倡議之初，衆商皆以鐵路利厚，兩月之間，即招商股七十萬兩，實收現銀三十萬兩。但因鐵路工程浩大，穿山渡水，挖高填低。候補知府李彤恩勇於任事，商民信服，不料於九月間病故。道員楊宗瀚因病請假回籍，以致各商觀望不前。

　　劉銘傳臺灣鐵路工程不能聽其終止，於是飭工程師詳細勘估所需經費。據工程人員通盤核算，基隆至彰化，每里合銀三千兩，彰化至臺南每里合銀二千五百兩，合計地價、土工、車房、碼頭四項，共需銀六十餘萬兩。劉銘傳奏請將鐵路改歸官辦，福建每年協濟銀四十四萬兩，暫先挪抵車路應用，俟竣工後，所收腳價，即行陸續歸還成本。光緒十七年十月，基隆至臺北的鐵路，正式通車，劉銘傳興建鐵路的計畫，初步實現，對臺灣的建設，貢獻至鉅。

　　橋孜圖位於彰化縣藍興堡橋仔頭，臺灣建省之初，就是以中路橋孜圖爲省會所在地。劉銘傳奏請在橋孜圖地方建立省城，添設首府，稱爲臺灣府，首縣爲臺灣縣，將原有臺灣府改爲臺南府，臺灣縣改爲安平縣。又割嘉義、彰化轄地，就林圮埔添設雲林縣，分新竹轄地，就苗栗街添設苗栗縣，改埔裏社爲撫民通判，均隸臺灣府，分徵錢糧。新設府縣，開始籌撥款項，陸續

劉銘傳所建的臺北火車站內景

興建城垣及衙署工程。劉銘傳認爲橋孜圖地方適當全臺適中之區，足以控制南北，而且距離海口較遠，可杜窺伺。就臺灣形勢及南北平衡發展而言，劉銘傳的規畫，確實頗有遠見。

開科取士以興文風

鄭氏以來，臺灣土地，逐漸開闢，人文日盛，各屬應試文童，各至千餘人，少亦數百人，不亞於內地。臺灣建省以後，因新設府縣，其文武學額，亦須重新調整。光緒十六年，劉銘傳具摺擬定臺灣省各府縣學添設增改文武生童及廩增名額和出貢年限，並繕寫清單，進呈御覽。其中臺灣府學擬定文童進額二十名，又由臺南府學撥歸加廣四名，粵籍文童進額九名。閩籍廩生三十名，增生三十名，一年一貢。粵籍廩生四名，增生四名，四年一貢。閩籍武童進額十二名，又由臺南府學撥歸加廣三名，粵籍四名；臺灣縣學文童進額十五名，又由彰化縣學撥歸加廣二名，廩生十五名，增生十五名，二年一貢，武童進額十名。

彰化縣學文童進額十五名，加廣一名，廩生十五名，增生十五名，二年一貢，武學進額九名；雲林縣文童進額十二名，廩生十名，增生十名，三年一貢，武學進額四名；苗栗縣文童進額四名，廩生五名，增生五名，四年一貢，武學進額由彰化撥歸二名。

臺南府學閩籍文童進額十五名，加廣四名，澎湖四名，恆春一名，粵籍六名。閩籍廩生三十名，增生三十名，一年一貢。粵籍廩生四名，增生四名，四年一貢。武學進額十六名，加廣六名。粵籍進額二名，加廣一名。

安平縣學文童進額十七名，廩生十五名，增生十五名，二年一貢，武童進額十四名；鳳山縣文童進額十七名，廩生十五名，

增生十五名，二年一貢，武童進額十四名；嘉義縣文童進額十七名，廩生十五名，二年一貢，武童進額十四名。

　　臺北府學閩籍文童進額十三名，加增三名，粵籍六名。閩籍廩生二十名，增生二十名，三年二貢。粵籍廩生四名，增生四名，四年一貢。武學進額，閩籍七名，粵籍三名；淡水縣文童進額六名，加增九名，廩生十五名，增生十五名，二年一貢，武童進額四名；新竹縣文童進額六名，加增六名，廩生十名，增生十名，三年一貢，武童進額四名；宜蘭縣文童進額六名，加增六名，廩生十名，增生十名，三年一貢，武童進額四名。

　　考試制度有它合理的一面，科舉制度是基於尚賢思想所產生的一種傳統考試制度。其中童試是最基本的考試，應試的考生，不論年紀大小，都叫做童生。童試分為三級：縣官考的叫做縣試；知府考的叫做府試，將縣府考過的童生造冊送由學政考試，叫做院試，院試取中後入府縣學肄業，叫做進學。童生分為文童和武童，錄取名額各有限制。進了學的童生，成為生員，由官方供給廩食的生員，叫做廩生；由增廣廩生名額而來的生員，叫做增廣生，簡稱增生，廩生、增生，統稱諸生，就是秀才，社會習稱相公。

劉銘傳開科取士以興文風，對臺灣
教育的發展有不可磨滅的貢獻。

　　清初以來，臺灣人文日盛，清廷開科取士，臺

灣社會的精英，多為科舉出身的人才。臺灣建省後，童生、廩生、增生的名額，頗有加增，據劉銘傳於光緒十六年進呈清單所開名額，統計臺灣各府縣學文童進額共二二四名，武童一三三名，文武童合計三五七名；廩生二〇二名，增生二一七名，童生、廩生、增生共七七六名。

各府閩籍和粵籍進額的分配，則頗懸殊。例如臺灣府文武童進額共五十二名，閩籍共三十九名，占百分之七十五，粵籍共十三名，只占百分之二十五；臺南府文武童進額五十五名，閩籍四十一名，占百分之七十五，粵籍九名，占百分之十六。臺北府文武進額共三十二名，閩籍二十三名，占百分之七十二，粵籍九名，占百分之二十八，反映粵籍移民人數，所占比例遠不及閩籍人數。

建設臺灣值得肯定

臺灣與閩粵內地，一衣帶水，閩粵先民絡繹渡臺，篳路藍縷，墾殖荒陬。歷任文武，正經界，籌軍防，興文教，不遺餘力，社會漸趨整合，地域觀念亦日益淡化。且因臺灣自然環境特殊，宛如海上孤舟，較易產生同舟共濟的共識。

劉銘傳渡臺督辦軍務，安內攘外，抵抗法軍侵略，保衛臺灣。建省以後，設防練兵，清理田賦，開山撫社，析疆增吏，興建鐵路，開科取士，綱舉目張，百事俱興，臺灣氣象於是一新。

劉銘傳患有目疾、頭痛、咳嗽等症，畏見風日，公務繁劇，病情惡化。光緒十七年三月，劉銘傳開缺回籍就醫，光緒二十一年冬（1896）卒，享年六十歲。緬懷先民慘澹經營的遺跡，劉銘傳保全臺灣、建設臺灣的貢獻，尤其值得肯定。

《點石齋畫報》所載劉銘傳
招撫原住民圖

文獻足徵：
陳捷先教授與故宮檔案的整理出版

　　史學研究並非單純史料的堆砌，也不僅是史事的排比。史學研究者和檔案工作者，都應當儘可能重視理論研究，但不能以論代史，無視原始檔案資料的存在，不尊重客觀的歷史事實。治古史之難，難於在會通，主要原因在於文獻不足；治清史之難，難於在審辨，主要原因在於史料氾濫。有清一代，史料浩瀚，私家收藏，固不待論，即官府歷史檔案，亦可謂汗牛充棟，民國十四年（1925），北平故宮博物院成立之初，即以典藏文物爲職志，其後時局動盪，遷徙靡常，惟其移運來臺者，爲數仍極可觀。民國三十八年（1949），遷臺文物，存放於臺中北溝後，雖曾獲中國東亞學術研究計劃委員會補助，著手整理宮中檔硃批奏摺，可供中外人士參考，但因地處鄉間，經費有限，人手不足，無法進一步從事出版的工作。

　　檔案資料的整理與出版，可以帶動歷史學的研究。民國五十四年（1965），國立故宮博物院在臺北市郊士林外雙溪的新廈落成後，文物北遷，院長蔣復璁先生爲宣揚我國文化特質，流傳珍貴史料，開始積極整理院藏清宮檔案，敦聘國立臺灣大學歷史學系講授清史文獻資料等課程的陳捷先教授，爲國立故宮博物院顧問，規劃院藏文獻檔案的整理和出版。

　　國立故宮博物院典藏清代檔案、從文字上來看，絕大部分是漢文檔案，其次是滿文檔案，此外還有藏文、蒙文、回文等檔案；從時間上看，則包括滿洲入關前明神宗萬曆三十五年

（1607）至清末宣統三年（1911）的各種檔案，品類繁多，其中
清太祖、太宗時期記注滿洲政事的檔冊，即始自萬曆三十五年，
是以無圈點老滿文及加圈點新滿文記載的滿文原檔，共計四十大
本。院長蔣復璁先生、顧問陳捷先教授本著資料共享的精神，決
定將院藏珍貴的滿文原檔全部影印出版，公諸世界。這是出版界
的大事，也是研究清史和滿洲語文學者的大喜信息。民國五十八
年（1969），《舊滿洲檔》十巨冊，正式問世，由陳捷先教授撰
寫〈《舊滿洲檔》述略〉專文，文中將陳捷先教授在國立故宮博
物院工作經年的心得，《舊滿洲檔》的命名由來，滿文原檔的史
料價值，作了詳盡的介紹和分析。陳捷先教授在專文中指出，
「公開史料，不僅代表我們觀念的進步，更足以促進我們學術界
水準的提高，而這些都還是今天國內最需要的。」在當時風氣保
守的環境裡，陳捷先教授大公無私的精神，可以說是國際清史學
術界的一大福音。

　　國立故宮博物院典藏宮中檔的內容，主要是清代各朝皇帝親
手御批的滿漢文奏摺，都是史料價值極高的第一手原始資料，但
因數量龐大，出版經費有限，一時無法全部刊行。民國五十八年
（1969）冬天，在廣文書局的支持下，國立故宮博物院創辦了
《故宮文獻》季刊，聘請陳捷先教授擔任主編，有計畫的選印漢
文奏摺原件，滿文奏摺譯漢，並以季刊部份篇幅發表有關清代專
題論文，作為學術研究的提倡，同年十二月，正式出版第一卷第
一期。由於《故宮文獻》季刊的問世，對院藏清宮檔案的典藏及
整理概況，產生了宣揚的作用，嗣後，美國、日本等國學者相繼
來院從事研究。

　　國立故宮博物院典藏歷代經、史、子、集善本古籍，頗為豐
富，為宣揚文化及選印善本，民國五十九年（1970）七月，國立

故宮博物院繼續與廣文書局合作，創辦《圖書季刊》，陳捷先教授受聘為編輯委員。第一卷第一期選印《清太祖武皇帝實錄》初纂本，共四卷。為保存史料原來真貌，俱按原書影印出版。這一年，《故宮文獻》季刊發行經年，國內外學術界對這份刊物相當重視，在各方鼓勵之下，院長蔣復璁先生決定在季刊創刊週年之際，編印袁世凱的全部奏摺，列為增刊專號的第一集，由陳捷先教授策劃出版事宜。為了保存史料真貌，專輯不用排字印刷，而以袁世凱奏摺的原件影印出版，硃批部分，則套印紅色。民國五十九年（1970）十月，《袁世凱奏摺》專輯，正式問世，共計八冊，以答謝各界對《故宮文獻》季刊的支持和愛護。

　　為了提倡學術研究，院長蔣復璁先生極力鼓勵院內同仁從事學術研究工作，並積極培養修史人材，於是有纂修清代通鑑長編的計畫。所謂長編，是屬於一種編年史體裁，司馬溫公纂修《資治通鑑》之前，先將各種記載按其年月排比，先作叢目，叢目既成，始修長編，復據長編，予以刪節，方成通鑑，所以纂修長編，寧失之於繁，不可失之於略。民國十六年（1927）秋天，《清史稿》刊行後，因紀、志、表、傳前後歧誤，為史學界所詬病。院長蔣復璁先生為整修清史先做準備，決定纂修清代通鑑長編，於是敦聘史學大師錢穆先生主持其事，並聘陳捷先教授協助編纂審閱工作，自民國五十九年（1970）夏初著手搜集國內外滿漢文相關史料，先抄卡片，翻譯滿文原檔，年經月諱，按日排比，列舉綱目，附錄史料原文，並注明出處。數年之間，清太祖、太宗兩朝通鑑長編初稿告成。在纂修長編期間，陳捷先教授提供相關資料，審閱滿文原檔譯漢初稿，孜孜不倦。

　　在雍正年間，川陝總督年羹堯是一位爭議性很高的人物，他與雍正皇帝之間戲劇性的變化，亦非年羹堯本人始料所及。但年

羹堯與清朝邊疆的開拓，種族的融和，都有直接的貢獻，向爲治
史者所重視。民國六十年（1971），《故宮文獻》季刊發行進入
第二週年，且欣逢建國周甲之慶，在陳捷先教授的策劃下特將院
藏年羹堯滿漢文奏摺彙集成編，硃批部分套印紅色，繼《袁世凱
奏摺》專輯之後，續印《年羹堯奏摺》專輯，於民國六十年
（1971）十二月正式出版，共計上中下三冊，作爲《故宮文獻》
特刊的第二集，使治清史者有資考定。

　　國立故宮博物院在士林外雙溪恢復建置後，爲了服務學界，
提供中外學人利用檔案資料，一方面積極整理檔案，一方面有計
畫地出版檔案，在幾年之間，已經出版了數千件的宮中檔硃批奏
摺，但那只是浩瀚中的幾點水滴，實在微乎其微。因此，設法大
量出版檔案，一直是學術界的期待。陳捷先教授每次出席國際學
術會議的時候，總利用機會向世界學術界呼籲出版故宮檔案的重
要性。民國六十一年（1972）冬天，美國學術團體聯合會
（ACLS）的代表劉廣京教授來臺期間，和陳捷先教授爲出版宮
中檔事宜，曾數度當面討論出版內容和出版方式，並參觀國立故
宮博物院檔案庫房，實地了解，有了初步的結果，國立故宮博物
院隨即正式向美國學術團體聯合會申請出版補助。民國六十二年
（1973）春天，美國學術團體聯合會無條件的慨贈一筆可觀的基
本基金，宮中檔的大量公開，至此成了定案。陳捷先教授促成出
版補助計畫的實現，貢獻良多。國立故宮博物院利用這筆贈款作
爲出版基金，迴環運用，進行有計畫的長期出版，民國六十二年
（1973）四月，此項計畫商妥後，由陳捷先教授著手籌劃光緒朝
宮中檔滿漢文奏摺的編印事宜，文獻處同仁從事編目影印工作，
每月出書一冊，每冊約千頁，作爲《故宮文獻》季刊的特刊。同
年六月，《宮中檔光緒朝奏摺》第一輯正式出版，先後出版二十

六輯。其後繼續出版《宮中檔康熙朝奏摺》，共九輯，《宮中檔雍正朝奏摺》，共三十二輯，《宮中檔乾隆朝奏摺》，共七十五輯。

　　起居注冊是屬於日記體的一種史料，也是後世史官纂修正史的主要依據。由於起居注冊編寫於每一位帝王生前，是第一手的原始記錄。清代歷朝起居注冊，向來深藏禁宮，非一般人所能翻閱。民國七十四年（1985），在陳捷先教授的奔走下，促成國立故宮博物院與聯合報文化基金會合作影印出版清代起居注冊，包括：道光朝 100 冊、咸豐朝 57 冊、同治朝 43 冊、光緒朝 80 冊、合計 280 冊，可以說是一部大型史料叢刊，由陳捷先教授撰寫〈影印清代起居注冊前言〉專文，說明起居注冊的源流及其史料價值。

　　近年以來，臺灣歷史的研究，頗受世界學術界的重視，目前已成為海峽兩岸顯學之一。民國八十年（1991），為便利學術界研究臺灣歷史，在陳捷先教授策劃下，約請專家學者彙集國立故宮博物院典藏宮中檔奏摺原件，軍機處檔奏摺錄副及中央研究院內閣大庫明清檔案中涉及臺灣史研究的各類文書，自順治初年至乾隆三十年（1765），計約兩千餘件，費時數載，於民國八十二年（1993）十二月出版《臺灣研究資料彙編》，分裝四十冊，作為第一輯，由聯合報文化基金會國學文獻館影印出版。

　　國立故宮博物院典藏清代檔案資料，無論巨篇零簡，或片紙隻字，往往不失為重要史料，皆未敢輕忽，俱作最妥善的保管，進行全面的整理。國立故宮博物院一向本著學術公開，資料共享的原則，以服務學術界。清史專家陳捷先教授策劃檔案的整理和出版，備嘗艱苦，厥功至偉。多年來，國立故宮博物院對院藏清宮檔案的典藏保管、整理出版及服務精神，都深受國際學術界的肯定，這些貢獻，實在應該歸功於陳捷先教授的積極推動和策劃，才有今天的規模，我們謹向陳捷先教授致以最高的敬意。

西寧縣土指揮僉事汪于昆所
轄土民
西寧土指揮僉事汪于昆所管
土民亦西番的奇嗎洪武初番
目南木牙率衆歸附授以土職
世管其寨
本朝因之土民所居距城五十里
男婦帽布衣婦盤髮戴紅布振
垂纓蒙古中肯銅箸簪以珊瑚
水珠衣裙間亦多以玉石碑碟
紐之裹足者種與東溝等族番
婦相似風俗皆慎勤於耕稼

西寧縣土族圖像

評介楊建新著
《中國西北少數民族史》

　　我國是一個多民族的國家，西北少數民族的歷史，是整個中國歷史不可分割的一個部分。加強對西北少數民族史的研究，可以使中國通史的內容日益充實，並加強中國通史的完整性。近年以來，研究西北民族史的論著相繼問世，對研究西北民族史，提供了良好的學術條件。《中國西北少數民族史》就是作者在吸收前人研究成果的基礎上寫成的一本著作。全書共約三十四萬餘字，分爲二十一章，涵蓋西北古代至當代各少數民族。

　　作者在第一章討論歷史記載中的戎、戎族的遷徙及其在我國歷史上的作用和地位。作者指出戎是活躍於我國西周、春秋時期的一個單獨的民族共同體，「我們不能因爲後來的古籍中把戎當成西北少數民族的泛稱，而否定西周、春秋時期戎作爲一個單獨的民族確實存在過的事實」。在文獻中已記載武丁以來，商王朝與鬼戎、犬戎、玁狁的戰爭，就相當突出了。由此可以相信西周以來，戎確實是一個單獨的民族共同體。作者也指出戎族的發祥地是在隴山東西和涇、渭、洛水流域，自西周起至春秋，通過三次大遷徙後，就大批遷向東部，形成了四個大的分佈區：在太原地區，即陝西東北、晉西北形成了第一個戎族活動中心；在涇、渭之間和整個涇水流域，形成了第二個戎族活動中心；在伊洛之間形成了第三個戎族活動中心；隴西老根據地是戎族第四個活動中心。周族興起於甘陝之間，其興起及滅亡，都與戎族有直接的

關係。戎族勢力強大，對東遷後的周室形成重大威脅。戎族在春秋爭霸中發揮過舉足輕重的作用，同時對開發西北做出了積極的貢獻，他們在西北地區，或農耕，或畜牧，開墾荊棘，建築城鎮。戎族對促進華夏族的發展，促進漢族的形成，也起過重大的作用，西北一帶漢族的形成，正是戎族部落大量與當地華夏族融合而形成的。因此，戎族不僅是華夏族的一個重要組成部分，而且是西北地區漢族形成過程中的一種積極推動力量，也是形成漢族的一個重要因素。先秦古籍對戎族的記載相當混亂，作者在有限的文獻資料中能將戎族與玁狁、羌、狄作了區別，作者的態度是十分審慎的。

關於匈奴族的族源和族屬，長久以來，多認為鬼方、昆夷、玁狁、戎、狄、胡乃一語之變，都是匈奴的異名。作者在第二章討論匈奴族的名稱時不同意將鬼方、玁狁等族與匈奴等同起來，也不同意將匈奴與林胡、樓煩、義渠相混起來。作者認為匈奴族是以早已存在於北方的某一強大部落為主，吸收融合了從夏、商以來活動於北方的鬼方、獯鬻、玁狁、狄、戎等各部落，甚至還包括由中原北上的一部分華夏族，經過長期的融合過程，在戰國後期形成的一個新的民族。原書指出西元前三世紀以前，匈奴的社會經濟形態是以血緣為基礎的氏族，部落為社會的主要組織形式。從西元前三世紀起，匈奴社會發生了巨大的變化，在社會經濟方面，鐵器的使用更加普及，提高了社會生產力；在社會政治方面，完成了由部落聯盟向國家機構的過渡。作者對匈奴族的族源、族屬及社會經濟、政治方面的分析，是值得重視的。

作者在第三章討論月氏族時指出小月氏與大月氏均為月氏，在月氏大部西遷時，小月氏留於祁連山，與羌族同居一地，所以月氏與羌族更為相近，月氏就是河西地區的最早開發者和建設

者。大月氏因受匈奴襲擊，於西元前二〇一年離開河西，沿天山以北西行進入塞地，雖然趕走了塞王，但大部分塞種仍留在當地為大月氏人所統治。西漢後期，大月氏被烏孫趕走後越過阿姆河以北佔領整個大夏地區，為了統治當時已有高度文明的大夏，大月氏於接受大夏高度文化的同時，又採取了以宗法為基礎的分封制度，把所佔領的大夏分為若干封國，由大月氏統治者的子弟分別統治，稱為翎侯。大約到西元一世紀左右，五翎侯互相兼併，最後由貴霜翎侯統一了大月氏，建立了貴霜國家，創造了高度文明。作者根據蘇俄及阿富汗的考古發掘報告指出貴霜國家有發達的農業，巨大的水利灌溉工程，繁榮的城市，佛教得到很大的發展，大月氏的錢幣在許多地區都有發現。作者對大月氏的遷徙及其發展，描述清晰，但對大月氏究屬何種民族？作者並未作進一步分析。張西曼撰〈大月氏人種及西竄年代考〉一文認為大月氏之「大」，完全與同時的大宛及大夏之「大」，同為音譯，絕非大小之大。文中根據大月氏三字的純正字形與發音，斷定古代大月氏為伊蘭族塔吉克（Tajiks）的對音。原文刊載《西北問題》一九三五年一卷四期，作者對這種推斷，並未進一步討論。

作者在第四章討論烏孫族時指出烏孫族與月氏族相似，原來也是共同游牧於張掖到敦煌之間的廣大地區。西漢初年，烏孫被大月氏擊破後歸附於匈奴，大月氏被匈奴擊破後被迫西走塞地。匈奴將烏孫部落安置在額濟納河流域游牧。西元前一七四至一六一年間，烏孫在匈奴支持下舉族西遷，襲擊月氏氏，佔據了巴爾喀什湖以東以南廣大地區。但烏孫不同於西域諸地，它早在西域都護設立以前就與漢朝建立了隸屬關係，並非完全受都護節制，而是在漢朝政府直接管轄下，而由都護督察。作者對烏孫與漢朝關係的分析，確實有獨到之處。

　　原書第五章〈兩漢時期的西域各族〉，作者根據大量新石器時期的文化遺址遺物的大量發現及文獻記載推斷西元前二、三世紀西域地區的居民，是以當地土著居民和民族爲主，以西部和東部遷徙來的民族爲輔而組成的。因此，從人種和文化上來說，這裏既有西方的影響，也有東方的影響。就民族分佈而言，主要分爲四個區域：(一)天山以北，伊犁河流域廣大地區的居民，最初是塞種，以後相繼有大月氏、烏孫遷入；(二)塔克拉瑪干沙漠以南，崑崙山以北直到蔥嶺，包括婼羌、鄯善、且末、于闐、西夜、蒲犁等這一線，其居民主要是屬於羌族一類的民族；(三)以疏勒爲中心，包括溫宿、姑墨、莎車以及休循、捐毒等地，主要是塞種人的活動地區；(四)龜茲以東至焉耆、吐魯番一帶，即天山南麓和塔克拉瑪干沙漠北緣地區，這一帶的主要居民，可能是古代姑師人，此外也有塞種、匈奴等其他民族遷入。東漢在西域建都護、立屯田、設郵驛，使中原人民與西域各族在政治、經濟、文化的交流，得到了進一步的發展。原書第五章所敘述的內容，似可併入第四章，兩章合併後，可對兩漢時期的西北民族作較有系統的討論，並使讀者得到更整體的認識。

　　作者在第六章討論氐族時指出甲骨文中的氐，並不是指一個人群的共同體，古籍記載中的氐字，很明顯是指一種人群共同體，氐就是春秋戰國時期才出現的一個古代民族。古籍記載，雖然把氐、羌並列，但氐和羌自古以來便是兩個不同的人群共同體，不能混爲一談。氐族在戰國以來，主要分佈於甘肅的東南部。秦漢之際，氐族在今天水以南至四川茂汶的涪江、白龍江、西漢水流域廣大地區。從漢武帝在位期間以來，中經三次大遷徙，到了西晉、氐族除了武都、陰平二郡原有的一個分佈中心外，在關中和隴右又形成兩個分佈中心。關中的氐族分佈在京

兆、扶風、始平三郡，隴右的氐族，主要分佈在天水、南安、廣魏三郡。因為氐族是一個以農業為主的民族，其習俗與漢族更為接近，因此在長期歷史發展中，漢化程度很高，最後大部分同化於漢族。氐族既以農業為主，其文化性質與漢族相近，漢化的抗阻力較小，最後多同化於漢族，作者的分析，是可以採信的。

作者在第七章討論羌族時指出古代羌族是青海東南部一帶土著與遷來的苗民，經過長期的共同生活最後形成的。在商代，羌是商王朝眾多的方國之一，稱為羌方。周與羌有軍事同盟的關係，周滅商，在很大程度上依靠羌族，進入中原的羌，成為華夏族的重要成分。戰國時期，由於秦的興起，中原羌族部落大規模向外遷徙，其中向西南遷徙的羌族後來成為藏族先民的一部分。到漢代，羌族經過先秦一段長期的遷徙分化，有的與其他居民相融合，已不屬於羌族。其仍保留自己的特點，還被稱為羌族的，主要集中在河湟地區，塔里木盆地以南至蔥嶺的西域諸國及隴南一帶。西漢初年，青海羌族和西域羌族，都成為匈奴人力、物力的重要來源，漢朝把隔絕匈奴與羌族的聯繫，當作重要的一項防禦措施。作者指出最初在湟中實行兵屯的是趙充國，由於西羌的反對，不到半年即作罷。其實，趙充國在湟中屯田是一種戰略。漢宣帝時，羌族受匈奴的引誘，遷回湟水北，目的是與匈奴連兵攻打河西地區，以絕漢道。漢朝使者在羌中殺先零羌千餘人，因而激怒諸羌，紛起叛變。神爵元年（西元前 61 年），漢朝政府派遣趙充國領兵討伐。趙充國採屯田進逼的戰略，不求速戰，以使匈奴窮困自降，這個戰略非常有效，總計投降的羌人達三萬數千人。作者對趙充國屯田進逼的戰略所產生的作用，未作進一步分析，就無法說明羌族與漢朝的關係。

西元前三世紀末葉，東胡族為匈奴所破後，分為烏桓和鮮卑

兩部。作者在第八章討論鮮卑族和吐谷渾族時指出吐谷渾族與鮮卑族有淵源關係，也各有其特徵，是兩個民族共同體，不當以吐谷渾爲鮮卑族。秦漢時期，鮮卑族居於今天內蒙東北額爾古納河以南至西喇木倫河以北的廣大地區，以游牧爲主，臣服於匈奴，東漢時，歸附於東漢，魏晉時期分裂爲東西兩部：東部主要爲宇文部和慕容部；西部主要爲拓跋部、禿髮部及乞伏部。吐谷渾族的起源與慕容鮮卑有極密切的關係，西晉初年，慕容涉歸率領慕容鮮卑從遼東遷至徒河青山一帶。慕容涉歸死後，其庶長子吐谷渾率部西遷，經陰山、隴山進入河湟一帶，其主要疆域在今青海，北部達祁連山南麓，南部與吐蕃接壤，在這一帶生息繁衍，逐漸與當地羌族和其他土著融合，形成了一個新的民族共同體，在經濟、文化等方面，開始與鮮卑族有了區別。西元三一七年，吐谷渾死，其長子吐延即位，西元三二九年，吐延被刺殺，其子葉延繼位，始以吐谷渾爲氏，吐谷渾遂由人名而爲部族名。作者討論吐谷渾與鮮卑的族源時，注意到同中取異，不同意徑以吐谷渾爲鮮卑族，態度認眞，十分可取。

　　作者在第九章討論柔然、高車和嚈噠在西域的活動，柔然雖爲匈奴別種，但它與鮮卑的關係更爲密切。西元四世紀初年，柔然分爲東西兩部，與拓跋鮮卑所建代國及北魏之間時戰時和。四世紀末葉，西部柔然首領緼紇提之子社侖率五原以西柔然諸部北渡大漠，自立爲部，南與後秦建立和親關係，又乘勢北侵高車諸部，其勢力由蒙古高原擴張到阿爾泰山及其以南，與河西相近，首先與烏孫發生衝突，佔有烏孫故地，伊吾、高昌、焉耆等地，均爲柔然所統治。高車一名雖然出現於魏晉南北朝時期，但高車族的歷史卻與先秦時期的狄或赤狄，有密切的關係。十六國時，整個高車向南遷徙，四世紀末葉，拓跋鮮卑征服了漠南、陰山一

帶的高車，並劫掠漠北高車部落。當柔然在漠北興起後，高車也
成爲柔然征服掠奪的對象。柔然不僅從高車征掠大量牲畜，而且
征調士卒爲其衝鋒陷陣，給高車部落帶來很大破壞。高車各部對
柔然統治者仇恨很深，遂乘北魏征伐柔然時機率部投降北魏，北
魏即將由漠北歸降的高車各部遷至漠南六鎮爲其守邊。嚈噠起自
漠北，可能與乙弗鮮卑同源，西元五世紀，嚈噠受到柔然的攻
擊，越過阿爾泰山南遷，進入索格底亞那等地，以原貴霜王朝的
首都巴爾赫爲政治中心，然後繼續向西南擴張，到五世紀末葉，
佔據了印度西部地區。作者根據正史的記載，推斷五、六世紀之
際，嚈噠的勢力已達到南疆，控制了高昌、伊吾一帶的高車。嚈
噠強盛時期曾控制著從塔里木盆地南北一直通向裏海南岸的國際
通道，操縱著古代印度、中亞諸國與中國的貿易。

作者在第十章討論突厥族，我國古籍中對突厥族的來源，有
許多不同的說法，作者認爲突厥族出自鐵勒，是鐵勒部落聯盟中
的一個集團。突厥文創作於西元五世紀，是我國北方各族中第一
個創造了自己文字的民族，留下來的突厥文，主要是碑文，目前
已發現有文字的突厥碑文已有二十多塊，其中〈闕特勤碑〉立於
七三二年，〈苾伽可汗碑〉立於七三五年，〈暾欲谷碑〉立於七
二〇年。三碑俱在今鄂爾渾河右岸，這些碑文的出現，爲深入研
究突厥史提供了極爲有價值的參考資料。關於突厥汗國的強盛和
內部鬥爭、東突厥與隋唐的關係、西突厥與西域諸國的關係，作
者都作了扼要的敘述。突厥族就是繼匈奴之後，在我國西北出現
的一個影響最大的民族集團，對隋唐的盛衰興亡，具有重大的意
義，對中亞、西亞歷史的發展，有極大的影響。

作者在第十一章討論吐蕃在西北和西北的藏族。吐蕃是成長
於康藏高原的一個古代民族，並不屬於西北少數民族，但自唐代

以來，吐蕃部落逐漸向外擴張，其活動地區，遍及西北及西南地區。作者僅就吐蕃在西北青海、甘肅和新疆境內的活動，依次討論吐蕃勢力在河湟地區的發展，吐蕃與唐朝在隴山東西新疆等地的爭奪和會盟，吐蕃統治河西隴右的結束，五代、宋代時期西北的吐蕃，及近代西北藏族等問題，對吐蕃的族源及族屬，並未進行深入的探討。隨著吐番在青海地區的擴張，吐蕃勢力早已達到河西及洮水一帶。作者指出唐朝與吐蕃的會盟，對唐朝來說，雖然無異於城中之盟，但就當時唐朝與吐蕃關係的發展而言，仍然起了一定的積極作用，對穩定唐朝的政治局勢，以及對發展唐朝與吐蕃之間的關係，是有好處的。且末、若羌等地在歷史上是聯結我國西北地區的一個重要通道，對中原王朝與西方的貿易及政治交往，也有很大的影響。龍朔三年（663），吐蕃擊破吐谷渾，青海、且末、若羌等地被吐蕃佔據，對唐朝來說，不啻是失掉了控制西北地區的戰略要地。而對吐蕃來說，佔領了這些地區，不僅使它得到了大量人力、物力，且取得了繼續東侵西進的立足點和主動權，尤其打通了進入南疆地區的通道，對唐朝在南疆的統治造成嚴重威脅。作者討論我國西北的藏族時指出青海和甘肅藏族的來源，主要來自三部分：第一部分為西元七世紀六十年代吐蕃佔領吐谷渾以來進入青海的吐蕃部落及八世紀六十年代吐蕃佔據隴石、河西以後進入甘肅的吐蕃部落；第二部分是在吐蕃政治統治和藏傳佛教影響下逐步改變自己的習俗語言而成為藏族的土著；第三部分是吐蕃人與當地土著經過姻親關係等逐漸形成的藏族人。由於西北藏族來源及成分比較複雜，所以各地藏族從語言到習俗都有較大差異。

維吾爾族與歷史上的回紇族在族源上有直接的關係。作者在第十二章討論維吾爾族時認為維吾爾族是以回紇族為中心，融合

了天山南北突厥語族和其他部落而形成的一個民族，其先民早就活動於天山南北，因回紇西遷，使大量回紇進入新疆，爲維吾爾民族的最後形成，起了決定性的作用。所以回紇的歷史，可以算作是維吾爾族古代歷史的一部分，甚至可以說維吾爾族是回紇族發展的一個新階段。作者從這個觀點出發，而把回紇的歷史完全納入維吾爾族歷史的範圍之內。蒙古勢力統治天山南北後，維吾爾族人民被征召入伍，參加蒙古的西征以及統一全國的戰爭。元朝爲了便於屯駐大軍，曾在新疆維吾爾地區進行過大規模的屯田活動，並專設元帥府，以管轄此事。其屯田活動對促進維吾爾族農業經濟的發展，解決當時維吾爾人民的食用，也起了一定的作用。察哈台汗國滅亡後，維吾爾地區形成了許多各自爲政，不相統屬的地方政權，其中影響較大的有哈密、柳城、火州、吐魯番、別失八里、于闐、喀什噶爾等，這些政權的一個明顯特點是其統治者爲多逐漸維吾爾族化了的蒙古貴族，而各地居民卻多爲維吾爾族。作者討論回紇族的社會和文化時指出回鶻可汗碑稱摩尼教爲明教，摩尼教始終在回紇文化中佔重要地位，在元末農民起事中起過很大作用。明代以「明」爲國號，與此亦有關係。但作者並未進一步論證明朝國號的由來，朱元璋以「明」爲國號，與明教有關的說法，缺乏說服力。

作者在第十三章討論蒙古族時指出歷史上蒙古族有東西兩支，西支指漠西蒙古及以後分佈於甘肅、新疆、青海、內蒙西部等地區的衛拉特各部的蒙古族。衛拉特，明代稱瓦剌，清代稱厄魯特，其先民原來住在色楞格河彼岸的巴兒忽眞脫哥木地區，以後西遷到錫什錫德河一帶。在十五世紀中葉後期，代表蒙古族西支的衛拉特在起源時期的四姓衛拉特基礎上經過興衰起落，分裂組合，最後形成了準噶爾、杜爾伯特、和碩特、土爾扈特四部。

十七世紀二、三十年代以後，準噶爾的勢力不斷增長，到巴圖爾琿臺吉時期，準噶爾已控制了當時游牧於天山以北的厄魯特各部，成了厄魯特各部的實際盟主，其政權強盛時，曾控制西起巴爾喀什湖，西北達額爾齊斯河流域、托木河、鄂畢河，北越阿爾泰山，東到吐魯番，南到帕米爾等地。土爾扈特與和碩特向新游牧區遷移的原因，一般認爲是巴圖爾琿臺吉「恃其強，侮諸衛拉特」的結果，作者根據俄國檔案資料等記載分析後指出土爾扈特早在一六二七或一六二八年即開始遷離，其遷離與一六二五年席捲厄魯特各部的大內訌有關，這次事件後，杜爾伯特視土爾扈特爲「永世的敵人」，與土爾扈特斷交，並與準噶爾接近。土爾扈特遂開始遷離，數年之後進入伏爾加河新牧區。至於和碩特的遷移，其直接的原因是由於西藏黃教的邀請而促使和碩特進據青藏地區。作者的分析，是可以採信的。

作者在第十四章討論柯爾克孜族時認爲文獻中的鬲昆、隔昆、堅昆、契骨、黠戛斯等等，都是柯爾克孜的譯音。其最初活動地區是在南西伯利亞葉尼塞河流域。隋唐以前，柯爾克孜族主要從事游牧和漁獵，唐代以來，農業生產及手工業已有一定程度的發展。作者指出他們使用鐵製造兵器，特別是已經知道使用十二生肖紀年，反映古代柯爾克孜社會經濟文化在當時各少數民族中是比較先進的。到了十九世紀。柯爾克孜臣服於回紇，被稱爲黠戛斯。到了十世紀，柯爾克孜成爲契丹政權的屬國，稱爲轄戛斯。元代稱它爲乞兒吉思，先後又成爲蒙古、準噶爾的屬部。作者根據零星的史料指出至遲在西元六、七世紀時已有葉尼塞吉爾吉斯人向西遷徙，留居天山一帶，對後來中亞吉爾吉斯民族的形成，有著不容忽視的作用。十世紀以後，葉尼塞吉爾吉斯人繼續向天山遷徙，到十八世紀，中亞天山的吉爾吉斯民族最終形成

了。清代稱柯爾克孜族爲布魯特人，屢次受到浩罕、蘇俄的侵略。

作者在第十五章討論塔吉克族時指出，這個族是我國唯一屬於印歐語系伊朗語族的少數民族，自古以來就生活於蔥嶺帕米爾廣大地區，包括今塔什庫爾干等地。作者認爲古代塔吉克族地區曾是東西許多民族活動過的地區，塔吉克族實際上是在留居於此地的許多民族經過長期共同生活相互融合而形成的一個民族，十七世紀後期以來，帕米爾西部和南部什克南、瓦罕等地的許多塔吉克人因不堪當地統治者的壓迫而至色勒庫爾，他們與當地的土著居民融合同化，成爲我國塔吉克族。十八世紀後期，由於浩罕對色勒庫爾不斷的侵擾，許多塔吉克族人民被迫離開色勒庫爾，遷往莎車等地。

作者在第十六章討論哈薩克族時指出，其形成與白帳汗國的建立有密切關係。十五世紀二十年代，鹹海東北的白帳汗國發生分裂，西部稱爲諾蓋汗國，東部稱爲烏茲別克汗國。由於烏茲別克汗國統治者的窮兵黷武，其中一部分部落脫離烏茲別克汗國遷徙至楚河流域，建立起自己的獨立政治實體，這部分人自稱哈薩克。作者認爲哈薩克族的形成，與自古以來哈薩克地區活動的一系列古代民族以及十三世紀以來活動於這裏的蒙古族都有密切的關係，哈薩克族就是融合了活動於哈薩克斯坦大量游牧民族的成分而形成的一個具有豐富文化內涵的古老而年輕的少數民族，主要分佈於新疆北部，少數分佈在甘肅、青海。

作者在第十七章討論裕固族時指出裕固族在歷史上的不同時期，有不同的稱謂，元代稱撒里畏兀，明代稱撒里畏兀兒，清代稱錫喇偉古爾或西喇古兒黃番，他們自稱爲堯乎爾。二十世紀五十年代曾被定名爲撒里維吾爾，後經協商，同意以堯乎爾音相近

的裕固，定爲民族名稱。裕固族就是甘肅境內的少數民族之一，主要聚居在肅南裕固族自治縣境內的康樂、大河、明花、馬蹄及酒泉臨水鄉黃泥堡等地區。裕固族的先民中有一部分是古代的西州回鶻，作者認爲十一世紀的黃頭回鶻就是撒里維吾爾的漢譯。元代，撒里畏兀擺脫了隔絕狀態，與整個甘肅以及蒙古族的交往日多，爲裕固族的產生創造了條件。明代中期，由於青海亦卜喇蒙古部落的侵擾，撒里畏兀兒各部與赤金蒙古等衛蒙古部落逐漸東遷，移居肅州、甘州以南祁連山麓。由於長期的共同生活、共同的政治環境，促使裕固族在明代後期逐漸形成。

作者在第十八章討論西北地區的回族時指出我國回族的先民，主要是十三世紀時進入我國的西亞和中亞的伊斯蘭教徒，他們的活動直接促成了回族的形成。十三世紀，西亞、中亞伊斯蘭教徒大量東來，與成吉思汗及其子孫的西征和蒙元所執行的政策有關。回族的來源是十分複雜的，就其成分來說，唐宋以來，主要是波斯、大食人，元代主要是波斯和中亞人，明代主要是中亞人、吐魯番和哈密一帶的人，他們在明代才逐漸形成一個比較穩定的民族共同體。關於回民的起事、回族中伊斯蘭教的發展、回族集中於甘寧青新等問題，作者也作了簡要的說明。作者進一步指出回族在明代正式形成，主要是當時中國的社會政治條件決定的。清代就是我國回族進一步鞏固、發展，並向西北集中的時期。

作者在第十九章討論東鄉族和保安族時指出這兩個少數民族都是來自於居住的地名，主要生活於甘肅省臨夏回族自治州境內，東鄉族的自治區域稱東鄉自治縣，保安族的自治區域稱積石山保安族東鄉族撒拉族自治縣，有一部分住在新疆維吾爾自治區境內，其族源和形成，極爲複雜。作者推斷東鄉族是十四世紀後

半葉，即元末到明初居住於東鄉地區的回回人、蒙古人、漢人以及藏族人共同融合而成的。在他們形成的過程中，使用蒙古語的回回人和信仰伊斯蘭教的蒙古人起著主導的作用。保安族與東鄉族在民族形成過程中的社會條件相差不多，但因各地的具體條件不同，而造成了兩個民族的差異，東鄉地區更接近於回族，而青海保安地區更接近於土族、撒拉族。保安族自其形成直至十九世紀初葉，一直生活在青海保安地區，大約在清代咸豐年間（1851-1861），因灌地用水、宗教習俗等問題，與藏族發生民族糾紛，保安族開始遷至甘肅臨夏大河家地區定居。由於在宗教習俗與附近的回族、東鄉族更爲協調，所以保安族整個社會進入了一個比較平穩發展的時期。

關於土族的族源，一直是學術界爭論不休的一個問題，主要的有吐谷渾說、蒙古人爲主融合霍爾人等族說、陰山白韃靼說、沙陀後裔說等，異說紛紜。作者在第二十章討論土族時指出土族族源問題，還是一個正在討論的問題，目前來看，土族是以歷史上吐谷渾人爲主，融合了以後的蒙古等族而形成的一說，稍佔優勢。但以蒙古人爲主，融合其他族的成分，包括吐谷渾族的成分，而形成爲一個民族之說，也有很大的影響。土族就是青海地區的一個主要少數民族，他們的歷史與整個青海地區的歷史有密切關係，青海地區歷史上，尤其是明清以來的重大事件，都有土族參加。明清兩代在鞏固西北邊疆、安定社會秩序的許多活動，都曾抽調土族兵馬和人員參加。目前土族主要聚居在青海互助土族自治縣等地，有一部分住在甘肅天祝藏族自治縣等地。

撒拉族自稱撒拉爾，主要聚居區在青海循化撒拉族自治縣及甘肅積石山保安族東鄉族撒拉族自治縣。作者在第二十一章討論撒拉族時指出撒拉即撒魯爾，其最初活動的地區在錫爾河至伊犁

河之間，後來南遷至阿姆河兩岸，一部分繼續西遷，定居於阿納托利亞，在塞爾柱帝國的迫害下，他們又東遷，一部分經撒馬爾罕東遷至青海。清代乾隆二十七年（1762），將河州同知移駐循化，設立循化廳，這是清廷在撒拉族地區直屬的統治機構。

原書將古代以來活躍於我國西北的各民族分章討論，對各族的族源、族屬、遷徙及其與歷代中原政權的關係，都進行了頗爲詳盡的說明和敘述，是一本學術性很高的著作。我國西北確實是許多民族活動的舞台，例如乾隆年間平定準噶爾後，清廷爲了加強新疆防務，將大批錫伯族人從東北遷移到伊犁地區駐防，這些屯墾軍人的後裔現今仍居住在伊犁河南岸、惠遠城以南等地，分爲八個牛彔。根據一九八二年全國第三次人口普查統計，新疆的錫伯族人口爲二七・三六四人，伊犁錫伯族已超過二六・○○○人，塔城地區爲九三二人，此外還有一些索倫族等。新疆錫伯族的活動，具有重要的歷史意義，察布查爾、塔城錫伯族的社會文化，早已引起學術界的矚目，並進行過社會文化調查，作者未闢專章討論，頗有遺珠之憾。

作者討論西北少數民族的興衰過程時也注意到他們的社會性質。作者在第一章討論戎族時指出，西周轉變到春秋時期，戎族起了一定的作用，這時期的中國社會經濟的發展是由奴隸制度向封建制過渡時期，爲奴隸階級與奴隸主階級長期鬥爭的結果。作者的推斷，並不符合歷史事實。作者在第二章討論匈奴族時認爲，西元前三世紀建立的匈奴國家是以奴隸主佔有主要生產資料和生產者爲基礎的奴隸國家。其實，在游牧社會裏，剝削並不起決定性作用，西元前三世以游牧經濟爲基礎的匈奴國家是否經歷過奴隸社會的階段，仍待商榷。作者在第四章討論烏孫族的社會性質，根據文獻記載和考古資料指出烏孫社會是階級社會，西

元前二世紀到一世紀之間，烏孫的社會性質是由奴隸制向封建制的過渡。作者以馬克思、恩格斯論述歐洲封建制問題拿來作爲考察烏孫社會性質的指導原則，是缺乏文獻和考古資料依據的，不足採信。

　　作者在第七章討論羌族時認爲東漢時期的羌人「起義」，不僅是階級鬥爭，它更是被壓迫民族反抗統治階級的民族鬥爭，其起因主要是東漢統治階級的壓迫、剝削。作者將民族衝突事件，俱稱爲「起義」，涉及價值判斷，並不客觀。其實，無論是羌族或其他民族，其起事原因，十分複雜，作者認爲「只要有民族存在，就有民族問題和民族鬥爭存在」，過分強調民族鬥爭及階級鬥爭。作者討論我國西北各少數民族問題時多認爲哈薩克、土族等人民和其他各族人民一樣，都受到統治階級的掠奪、剝削和壓迫，長期處於封建剝削之下。作者忽略各少數民族社會經濟條件的問題而強調統治階級的剝削和迫害，就學術研究來說，似嫌籠統。作者的論點，顯然把學術與政治混爲一談，未能將學術研究工作建立在客觀的基礎上，是本書美中不足之處。